|第一版| 　　陳明傳 著

警察勤務
與策略

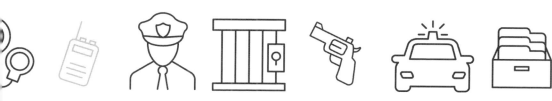

五南圖書出版公司 印行

　　現代警察之發軔，可依始自1829年皮爾爵士（Sir Robert Peel）的英國倫敦首都警察法案（Metropolitan Police Act 1829），然近一百九十餘年來，警政發展產生了數次警政之重要改革。即從傳統理論時期演進到專業化發展時期，一直到社區警政、問題導向警政、國土安全警政，至邁來之大數據警政時期之發展。然而警政之科學，仍應該是處在初期之發展階段，很多之警政典範或者相關之理論，仍然需要不斷積極的投入研究之人力與資源，才足以發展出一個較為完整之理論體系。

　　筆者本諸此警政之發展脈絡，此次擬擇取警察外勤第一線之活動，亦即警察勤務為主題（Police Operation）以及多年來其所形成之勤務策略（Strategies），來加以歸納、整理與闡述之。而警政之發展在實務上尚不到二百年，應屬於一種相對年輕之行業，所以相關理論之研發，正處在一個初創之階段。因此筆者乃自我期許，或許能綜整全球過往警察勤務之理論與實務之發展資料，並且援引管理科學之相關原理原則，而能將警察勤務進一步推進到與「管理科學」暨「公共行政」新思潮同步的另一個新的發展階段。

　　因而，本書遂引述全球警察勤務之最新發展實例，以及我國警察勤務最新之法令、規範與實際之勤務革新作為，來撰寫其內容。因此所引述之資料與法令均為本書面市之前，最新之相關訊息，並將其融會貫通，進而推陳出新。希望能為我國以及全球警察之勤務活動，創制出一個新的改革方向。所以期盼能為對於警察勤務有研究興趣之專家、學者或莘莘學子，提供一個最新與最完整之資料平臺，以為其欲進一步的研究與發展時，較易於搜尋到方便、精確之資訊。

　　本書年份之編撰，因為考量我國實務上與習慣上，在解嚴之前以「民國」來敘述者居多，至其後則以「西元」來論述者較為盛行。因此為了保留讀者對於年代之時代感覺，所以大略的將其前後之年代敘述，以不同之年份標示格式記載之，特此說明。至於參考資料之標示，則以論文寫作之習慣與

格式，以西元年標註之。

　　本書之出版為筆者近四十年來之教學與研究警學的心得整理、歸納而成，其中之疏漏與不足處必定難免，然誠以拋磚引玉之心，以及個人棉薄之力，且不揣譾陋的將此警察勤務之專題編撰成書。是以，敬請各界先進與賢達，能不吝的給予斧正與指導。

陳明傳 序於中央警察大學
2019年初春

目 錄 | CONTENTS

CHAPTER

1

警察勤務發展史

第 一 節　各國警政發展過程

　　本節擬將各國警政發展各個時期較具代表性，且有一定之時代影響者，論述如後。同時由於全球警察之發展歷史資料與文獻之援用，理應是有共同之基礎與來源，因此全球之警察學術界，對於警察演進發展過程，大都有類似之歸納與論述。另外，本章擬進一步將 2001 年 911 之後，美國警政對其遭受恐怖攻擊之後所作的反省檢討，以及其所引發的全球所謂「國土安全警政」之新發展風潮（Homeland Security for Policing），作一整體性的系統化整理。惟國土安全警政之發展，有其一定之發展內涵，如下述 Oliver 所原創的論述內涵，然而其與下列之各種警政新發展亦同樣以「情資導向」之警政（Intelligence Led Policing）為其發展之主軸，因此專注於以「情資」為主軸之警政管理發展策略，卻尚包括有預警式、資訊統計管理、知識經濟管理及情資導向等各種之警政策略。因此，本書筆者遂將其歸類為第五個時期之「國土安全警政時期」的下一個之第六個時期的「以情資為主軸之警政管理發展策略時期」，以歸納其成為以「情資與資訊」為共同發展元素之同一種類的發展時期，在茲特此說明之。至於其各個時期重要之內涵，如下列之所述。

壹、建立時期的警政（Initial Era）

　　「現代警察」概念之形成，最多也只能推至二百餘年前的法國警察，當時警察之概念往往與政府（Government）之涵意雷同。雖然從 16 世紀之君主時代的警察（Monarchical）與 17 世紀之貴族政治的警察（Aristocratic），至 18 世紀之民主時代的警察（Democratic），其概念已漸從政府的警察，專精簡化至執行市鎮及地區安寧之警察概念。希臘文之警察「Polis」，更解釋為維持市內之安寧（for City）。警察之功能亦不僅是控制（Control）及執行某些法令而已，更要追求安寧及祥和之社會（Harmony），是以 Alan Williams 引述多位法國警察學者之著作，總結法國警察在 1750 年以前，僅指政府部門中含有某種警察的功能（a function rather than an entity），而沒有如現代的警察一般，專門指派一批人並成立固定組織，來專責執行其工作（a body of men as the police）（Williams, 1988: 7）。故法國現代警察之形成，應該在 18 世紀中葉，

尤其在 1789 年法國大革命之後更形茁壯。然而，自現代警察形成之後，則民主之理念就逐漸左右警察之發展方向。

　　至英國皮爾爵士（Sir Robert Peel），爲了提高治安效率，以止息當時日漸惡化的治安，在間接的接受歐陸一元化正式警察組織的影響下，並兼顧「受地方控制」（Local Control）與「人權之保障」的英國傳統，而在兩相平衡下，終在 1829 年之「首都警察法案」（Metropolitan Police Act）中以民衆警察之概念（People's Police），擺脫以往政治之干預，並以專業化之概念，創立了大多數警察研究者所公認爲「現代警察」之發軔的現代之警察制度。

　　建立正式警察組織的時期，可區分爲「大陸派」與「海洋派」之警政哲學或思想（Thought of Policing）。惟必須注意者，晚近之發展已使此二制度互相的學習與整合，故二者之鴻溝已漸形模糊。惟其哲學或中心思想之差異，又可從下述幾點加以辨別（酆裕坤，1976：23-33）。

一、在組織方面：「大陸派」警察，如早期的德、法、日等國，採一元化形式，全國爲中央指揮監督之統一性的組織。「海洋派」警察，如初期的英、美、加拿大等國，採地方分權形式，中央對地方通常採輔導、協調及技術指導、協助訓練、經費補助等手段與態度，全國無一元化之指揮監督體系。

二、在權力方面：早期「大陸派」警察權力範圍甚大，除廣泛之行政權外，尙有發布警察命令之立法權，及執行與裁決的秩序罰法之司法權。「海洋派」警察之權力僅止於行政權，並限縮於社會安寧秩序有相關之行政權，且警察儘量尊重人民的權利，並避免使用強制手段。

三、在業務方面：「大陸派」警察所管轄的業務，因行政權廣泛，故除地方安寧秩序的維護外，並包括消防、衛生及執行其他有關行政業務。「海洋派」警察業務，除安寧秩序之維護及交通管理外，其他行政業務均分屬於其他行政機關。

四、在服務取向方面：早期「大陸派」警察以執行法令爲主。「海洋派」警察則特別重視民衆服務，講求警民關係。

五、在文官制度方面：早期「大陸派」警察將警察軍隊化，除軍事化之一元化嚴謹指揮、管理體系外，並將警察視爲輔助正規軍的武力（Paramilitary Force）。「海洋派」警察則認爲警察爲來自民間的文官，與一般公務人員無異。

六、**在法律精神方面**：早期「大陸派」較重犯罪之控制（Crime Control）較不注重程序，而以犯罪事實之發現爲主（Guilty until Proven Innocent）。「海洋派」較重人權之保障（Civil Liberty），故對警察權力的限制甚嚴，除非有相當之證據否則不能任意逮捕嫌犯，同時被告犯罪之成立，必先經政府證明屬實，在此之前均爲無罪，或推定無罪（Innocent until Proven Guilty, or Presumption of Innocence）。

貳、專業化時期的警政（Professional Era）

在此警察專業化發展時期，其中心工作內涵可從和麥先生（August Vollmer）之主張，加上 Wilson 於其經典之作《警察行政》一書中得到一梗概（O. W. Wilson work in Police Administration）（Kelling and Moore, 1987: 38）：

一、**權力**：傳統警察之權力來自於政治及法律。專業化時期之警察是中立且專業的，其權力僅來自於法律。

二、**功能**：專業化時期將範圍廣闊之警察社會服務性角色，變成犯罪控制之功能地位。故而業務量大量的減化。

三、**組織的設計**：組織之形態亦從以往分權之模式，變成爲某種程度的集權模式，即組織上之集權或資源、功能、情報、訓練機構等之共用與整合等。

四、**服務之形態**：以往警察對民衆之需求適時的反應以便提供服務；新的專業化發展則推銷警察爲專業的犯罪抗制者之角色（Crime Fighter）。

五、**環境之關聯性**：爲了防止貪污及發展其專業素養，警察組織試圖避免與社區有密切之關聯性，而以疏遠超然的專業化角色自許。

六、**技術與科技**：預防式的汽車機動巡邏（Preventive Patrol）取代以往傳統之步巡方式，同時更強調「快速報案反應」以處理民衆之報案。如此一方面可有效破案並控制犯罪，使機會犯罪者不敢蠢動，發揮嚇阻之效果。另一方面可使民衆更有安全感，對警察工作更爲滿意。另外，並援用新科技於警察工作上。

七、**工作評估標準**：傳統警察乃爲了滿足政治人物及中、上階層市民之滿足與需求。專業化時期則以犯罪控制之良窳以爲評定警察工作之標準。

是以，隨機化的機動汽車巡邏，快速報案的反應模式，及以犯罪抗制者自居等，便成爲此專業化時期警察行政思想之內涵及其行政策略之主流。

（Normandeau and Leighton, 1990: 43-44）而其發展在大陸與海洋派之警察中均有雷同之軌跡，即均以犯罪抗制者自居。縱然 Wilson 之敘述爲偏重於美國警察（即海洋派）之發展現象；因爲歐洲大陸派之警察其傳統觀念，本來就把警察當作犯罪控制者，而較不講求服務。

參、社區警政時期的警政（Community Policing Era）

專業化警政之哲學與想法，發展到一定階段之後，因爲政治民主化，經濟自由化、社會多元化等事實因素之變遷，與控制犯罪效果之諸多實證研究之檢驗下，發現其想法與措施，並不能眞正有效的控制犯罪，及滿足民眾安全感之基本需求。因而爲了突破其瓶頸，故而有警政復古運動的「社區警政」哲學與想法之形成。因此，「社區警政」乃爲了修正專業化發展之缺失，並且認爲係抗制犯罪較爲有效率與效果的一種新思維。[1]

然而，「社區警政」雖然在全世界的警察實務與學術界形成一種風潮，惟其因時、地之差異，而發展出不同風格的社區警政模式。因而對於「社區警政」之界定，也就眾說紛紜。綜合各家說法，及本章筆者之心得，則所謂「社區警政」者，無非是尋求預防與偵查犯罪並重，並且結合社區資源的較有效之治安新策略。其所發展出來之措施，即對外要求預防、偵查並重，運用社區資源，並以顧客及品質爲警政運作之取向；對內則強調參與、授權及激發同仁的工作意願、成就感與責任感。

它與傳統專業化警政之最大不同，即在傳統之模式較重警察本身能力之加強，及以偵查破案爲主的策略。而「社區警政」則強調預防、偵查並重，並且結合社區資源與民力，以便共同控制犯罪。至於它與我國警勤區制度之最大不同點，乃在於我國警勤區制度雖有散在各個社區的警力部署，但卻以服行共

---

[1] 研究社區警政者咸認為，該策略早植基於1829年英國皮爾爵士理想的新警察（New Police）的概念之中，後因全球警政專業化發展風潮之影響下戛然而止。又經1960年代美國堪薩斯市之預防式巡邏實驗之後（the Kansas City Patrol Experiment），歐美警政遂反省機動巡邏的有效性。至1980年代之後，遂又轉入英國皮爾爵士警民合作、偵防並重的警政復古運動，而被稱為「社區警政」之發展。本書作者遂於1992年首將此概念援引至我國，並有專著面市陳明傳（1992：1-88）。

同勤務為重點工作；另外，一方面未能落實個別勤務的家戶訪查，一方面又不能隨著環境的變遷而調整出多元化的工作新方法，來提升家戶訪查之效果。所以，不若社區警政的落實、深入民間與受當代人的接納與歡迎。因為，其警民間之合作與情資之整合較為落實。

肆、整合時期的警政（Integration Era）

社區警政較強調犯罪之預防及社會資源之整合，惟在犯罪之偵查與警察本身專業化能力之加強上，雖亦有著力，然卻為社區警政策略較不注重者。復以社區警政在犯罪的控制上，並非所有地區都得到預期之效果。故而運作警政之想法與策略，遂進一步結合晚近管理科學新發展之各種趨勢與原則，而導向整合之方向來發展與演進。

至於其發展之軌跡，即一方面繼續加強警察專業化，一方面卻在加強保障人權及提高為民服務之品質，與行政之中立化之上。而這似乎又回到前述1829 年皮爾爵士理想的新警察（New Police）的概念。例如，美國從 1967 年詹森總統指派委員會，調查社會犯罪及貧窮的問題之後，各公私立研究機構及基金會遂相繼成立（陳明傳，1989：12），有助於美國一元化之專業警察研究協調單位之創立。但另一方面到了 1950 年代之後，美國警察卻戮力於公共關係（Public Relation）之推行。而到 1960 年代之後一般警政學者認為，公共關係僅建立警察與中產階級以上之人的關係，故對犯罪偵防與為民服務之效率並不能貫徹，所以始由公共關係，而改變為社區關係及社區警察策略之講求（from Public Relation to Community Relation）。而後又整合傳統專業化與社區警察策略變成了一種複雜、多元，卻又整合各種制度之長處的警政發展新狀態。英國、日本等國之警政，亦都有同樣的發展軌跡出現。在此階段，警察任務與功能為依法行政與行政中立；警察角色為重視民意、加強為民服務；執勤方式則強調警民關係與科學的勤務作為；組織管理則趨向科學的警政管理方式，管理科學的高度運用及自動化與通訊科技之應用；權力及業務的漸趨合理化，執法精神的重視民主與人權並強調服務品質；組織形態則漸趨向分權與開放的系統等等新的整合之發展狀況。而此亦即為整合傳統專業化警政與社區警政之策略，而成為整合型之警政新發展。

又謂整合時期之哲學，亦深受品質管理哲學與趨勢之影響，而融入品質管

理之精神,整合成為新的警政品質之管理(Quality Policing)。至於全面品質管理之內涵,則有下列數端:(一)顧客是品質最後的決定者;(二)品質增進在於事前之過程,而非事後的結果;(三)事前預防,而非事後的檢討與評估;(四)重視團隊的合作,而非個人的績效;(五)組織內全體人員的認同;及(六)對於整個過程持續性的改善(呂育誠,1995)。據此警政的品質管理,則必須具備下列諸條件,才能竟其全功:(一)受過良好溝通訓練的高品質之基層警員;(二)高品質且肯授權之領導幹部;(三)參與式之人性化的工作設計;(四)以提升服務品質及顧客(民眾)為導向的角色之重新定位等(Galloway and Fitzgerald, 1992: 1-7)。同時品質管理之概念,亦於晚近演化及衍生出組織再造(Organization Reinventing)(劉毓玲譯,1993),及學習型組織(Learning Organization)等之原理(Senge, 1990;郭進隆譯,1994),或者邇來新形成之知識經濟之管理等,均深值吾等之探討與援用。而此種警政新策略之演進,顯然與傳統警政強調以半軍事化之指揮體系,及事後評估績效,或破案績效為主之評估方式,有著截然不同的分野。至其成效,在甚多先進國家之實驗中,亦得到甚佳之成果。

伍、國土安全警政時期(Homeland Security for Policing Era)

一、4個時期的警政發展

根據 Kelling 和 Moore 兩位研究者的研究,美國警政經歷了 3 個重要的發展時期,亦即為政治時期、改革時期、社區警政期。為了論述此 3 個時期的重要發展原則,以及進一步隨著社會變遷而衍生出的國土安全警政時期;Oliver 則以下表 1-1 警政策略發展的 4 個時期,並區分為 7 個要素,來探討警察組織不同的4個發展時期的策略。[2] 其 7 個要素分別為:(一)授權(權力的來源);(二)功能;(三)組織設計;(四)與環境的關聯性;(五)社會之期待;(六)

---

[2] Oliver(2007: 45-48)。Oliver引述美國警政之相關經典之文獻,並將警政發展擴展成為四個發展時期。其中國土安全警政時期,為其審度2001年美國遭受911恐怖攻擊之後,美國警政發展遂進入以情資與資源之整合,以及政府各部門的反恐聯合作戰專案小組之創設,並且更進一步進行民間基礎設施機構的密切聯繫,與其合作平臺之建立的治安新策略。

策略和科技，以及（七）效果等要素，來區分警政發展的不同典範與原理原則。其中「授權」是指授與警察權力的根本來源，本質上代表了對警政運作的權力基礎；「功能」描述了組織的價值、功能和目標，其聚焦於警察在社會中角色的扮演；「組織設計」則包含了組織架構、人力資源以及機關的管理方法；「與環境的關聯性」則是與組織外在環境，保持不同親疏的關係；「社會之期待」則是民眾對警察組織與其功能的集權或分權之要求與期盼；「策略和科技」則在說明，組織用來達成其任務與目標的方法或科技，而「效果」則是這些行動後的成果與成效的高低為何。Oliver 藉著論述警政在這 7 個發展面向對於美國警史上的改變，說明不同的警政時期的發展規範與其發展主軸。同時亦可了解 21 世紀警政發展的新方向，應該朝何方向發展以及其應掌握之原則與發展主軸為何。

　　四個警政發展時期中，其所論述之美國的第一個警政發展時期，約在 1840 年代隨著第一個警察機關的成立而開始。當時人民雖然體認到警察組織的必要性，但還不太確定警察在社會中扮演的角色應該為何。當政治對於政府機構握有完全的控制權，警政也變成了政治的一部分。警察的授權在「政治時期」也大部分來自這些政治人物，而在當時較少有其他社會機構的存在，因而警察提供了一系列的服務，從處理犯罪、維護移民勞工之水準，到經營救濟站等等。雖然這些早期的警察組織多有軍事意涵與功能，但由於監督及管理不佳，使其警察權限常被政治完全的掌控與左右。由於如此的發展加上政治的束縛，警察在當時和民眾的距離是很親近的。因為美國早期的警察功能的要求與設定，大多來自地區的政治人物，其為了政治上的利益，要求巡邏警察給民眾最直接的協助。因而「政治時期」的警政成果大部分是以達成政治人物的要求，以及維護秩序為主，並以使得民眾感到滿意為目標。然而政治時期，因為較以政治人物之要求為取向，因而較易形成選擇性的執法，是故警政較易流於腐敗且嚴苛，在公平正義維護上，較不易得到民眾的完全支持。

　　在 1920 年代到 1970 年代這段時期，美國警政如表 1-1 被論述為「改革時期」。在此時期，警政的腐敗因為受到政治人物的束縛而越來越惡化，因而民眾開始要求改革。August Vollmer 及有專業思維的其他領導者，如當時的聯邦調查局長 Edgar J. Hoover 創造了一個新的警政模式，亦即所謂「改革時期」或「專業化發展」之模式（Professional Model）。而此種改變，對於警察的管理和治安策略有所助益。警察授權之概念，以法律為根據成為根深蒂固的鐵

律。至此發展時期，其功能上之改變，則從前述政治發展時期多樣的社會服務中，調整至專業、專責的犯罪控制功能之上。此外，為了防止警察的腐化，採用類似軍事化的組織架構，亦即為傳統的階級制度來運作警政。對於警察服務的要求，則由警察局直接的接受報案與集中的管制，因而警察面對民眾之報案服務，也變得比較專業、超然。同時，亦積極運用新的科技與發展新的執勤方法，例如警用交通工具、廣播與強調預防性的高密度之巡邏，以及對尋求服務的快速反應，如此便創造出全面性警力部署的策略。這種發展的結果，完全聚焦於犯罪的控制之上。因為此種改革，成為較極權的管制與朝向專業化的發展，使其在消除貪腐與嚴謹的選擇性執法之上收到成效。然而，為了避免員警貪腐，則刻意與民眾間保持一定之距離，卻產生了新的社會問題與警民之衝突，特別是在一系列社會快速變遷的 1960 年代美國之人權運動時期。因為警政專業化與民眾產生了距離與隔閡，警民衝突事件便會不斷的衍生。

因而，若警察在工作上想要有效的維護社會安寧與秩序，則需要市民的協助與支持；美國警政之發展，因為對上述此類警民衝突問題的了解，遂如表 1-1 所示，促成了「社區化時期」的發展與形成。此時期對於警察的授權，雖然仍是建立在法律和專業之上，卻更重視當地社區的支持。為了更有效的處理犯罪以及減少民眾對於犯罪的恐懼，警察開始預防式的著手處理造成犯罪之誘因。因而除了犯罪控制之手段與功能之外，警察亦提供早期傳統警政時期之一系列廣泛的服務，以便能促成警民通力的合作，來更為有效的維護社區安全。因而在此時期，警察以一種較分權，而與社區緊密的結合的新策略，而且更快速的回應民眾之需求。至其所採用的策略，則是再次回到步巡，或用馬匹與腳踏車來執行巡邏，以便加強與民眾的聯繫，共同的來打擊犯罪。而且，其亦使用各種問題解決和地理資訊等新的系統來了解治安趨勢，並較為根本的解決犯罪問題，而非僅表面上處理緊急之事故而已。因此，社區警政時期的重點，便是在於民眾之滿意度，以及對社區生活品質的滿意度是否良好等之策略運用之上。然而，雖然社區警政時期，在減少對犯罪的恐懼及生活品質提升上有些許的功效，但在犯罪控制方面，卻仍然是沒有收到一定之成效。

至於 Oliver 所謂新近發展的「國土安全警政發展時期」，則為接續 Kelling 和 Moore 如前所述之美國警政發展的 3 個時期，並根據美國於 2001 年遭受 911 恐怖攻擊之後的新社會發展與應對措施，而產生的警政發展之新策略發展。這個時期警察的授權，是來自 911 事件引起的威脅。此外美國民眾對於

恐怖主義的議題之警覺，也在 911 之後達到了重要之關鍵發展；因而民眾決意授予政府權力，來對付恐怖主義並且保護國土。因此，警察權限之授予，雖然是來自於國家受到威脅，然其授權乃是由民意所支持與同意的。另者，雖然這個時期之警政發展，是以警察對法律較為嚴謹的執法為特色，但其法律之授權，例如「愛國者法」，又常被質疑有違憲與傷害基本人權之虞。

在此時期，警察扮演一個較多法律授權的角色，使得警察在處理恐怖攻擊相關事件時，擔任第一個反應的單位，而且亦擔當復原過程中重要的角色。在此時期的警察功能，將焦點放在對犯罪控制所投入的資源之上，亦即透過犯罪控制與執法，甚或交通之執法，使得許多潛在的威脅被發覺出來，且相關情報得以能有效的匯集與運用。另外，警察也開始擔任反恐的角色，以便使其所轄社區之可能被恐怖攻擊的脆弱點，能有效的降低。至其方法例如，對轄區威脅的評估、相關情報的蒐集、政府間的資訊分享；另外加上經由事先之反恐訓練、創立緊急事件運作中心，以及大規模危機的預防等等措施，來回應與處理恐怖攻擊相關事件。因而，有關情報的蒐集、處理、分析也變成一個必要且重要的功能。在此時期，警察機關的組織，似乎又再次回到比較集權的設計。雖然此時期會需要一個比較集權的組織控制，特別是在處理及分享資料之時，但它主要集權的地方還是在於「決策」的過程。在實際的執行上，將會像社區警政時期一樣，需要一個較分權、有彈性的方法。也就是說，攸關內部的資訊分享，才需要集權的決策；但在各地區執勤的警察，則會以一個較靈活、分權的方法來執行這些決策。因為對組織架構上的要求稍微的集權，對於機構提供的服務的要求也將會更集中。因此，在國土安全警政架構下的警察，與環境的關係是比較專業的。但其與「改革時期」時，警察會因為過於專業化的發展，而與民眾會造成疏遠的關係又有所不同。在國土安全警政架構下的警察，將不會和其所轄社區隔離，畢竟社區是他們資料以及情報的重要來源。至於此時期之警政策略及技術，警察必須在國土安全概念上有一定的認知，是重要的關鍵因素之一，也是警察最不足而需要不停學習的課題。其中，例如風險評估、情報蒐集以及發展對大規模危機或恐怖攻擊的反應能力，雖然並不完全是警察的職責，但需要更多這方面的訓練及教育，以便能配合時代之發展與要求，扮演好政府整體反恐措施中重要的角色。

有關對抗恐怖主義的策略運用，雖然有一部分是過去警政工作的延續，但是必須以更廣泛的資訊與策略來處理與革新。因此，警察將會需要接受新的科

技與技術,而對於這些新的科技與技術的研發與運用,也將需要警察人員積極的合作與參與。至於國土安全警政時期的治安效果,雖然延續前三個警政發展時期的要素,亦即犯罪控制、民眾滿意度以及生活品質提升等;但這一時期的重點將會是,強調能促進民眾對於安全的警覺性提升、減緩恐怖攻擊之反恐策略之靈活運用,以及新的處置方法的援用之上。因而雖然傳統警政所強調之犯罪預防,也是令人渴望的治安維護之效果,但預防恐怖攻擊活動,才是美國警察最新的挑戰,亦是國土安全警政最重要的發展要求。因而,「情資導向之警政策略」(Intelligence Led Policing),遂成為國土安全警政時期在預防恐怖攻擊時,最重要的策略之一。至於情資導向之警政策略的內涵,將於後述文章中詳述之。

表 1-1　警政策略發展的四個時期

時期 要素	政治時期	改革時期	社區警政時期	國土安全警政時期
授權(權力的來源)	政治與法律	法律和專業	社區支援、法律和專業	國家與國際之威脅、法律(政府間合作)和專業
功能	廣泛的社會服務	控制犯罪	廣泛的提供服務	控制犯罪、反恐、情資蒐集
組織設計	分權	集權、階層組織(半軍事化)	分權、專案小組、因地制宜的規劃	決策集權、執行分權
與環境的關聯性	親密	專業、疏遠	親密	專業
社會之期待	對於巡邏區域之分權,並效忠於特定之政治人物	集權	分權	集權
策略和科技	徒步巡邏	預防性巡邏、迅速的報案反應	徒步巡邏、解決問題……等等	風險評估、警察行動中心、資訊系統
效果	民眾對政治的滿意	犯罪的控制	生活品質保證和民眾的滿意	民眾的安全、犯罪的控制和反恐

資料來源:Willard M. Oliver, 2007: 45

二、五種警政發展模式之比較

另外，Oliver 更進一步參酌美國警政之發展與相關之文獻，再次擴大闡明美國警政可以劃分為五種警政模式，這五種模式包含：（一）傳統警政（traditional policing）；（二）社區警政（community policing）；（三）問題導向警政（problem oriented policing）；（四）零容忍警政（zero-tolerance policing）；（五）國土安全警政（homeland security for policing）。

為了要區分這五種模式的異同，經由 12 個面向來比較與論述其不同警政演進之發展主軸與策略。這些面向，如表 1-2 所示，包含：（一）警政焦點；（二）干預形式；（三）警察活動範圍；（四）指揮體系中裁量權的等級（level of discretion at line level）；（五）警察工作文化焦點；（六）決策之主導者；（七）溝通方向；（八）社會參與範圍；（九）與其他部門的連結；（十）組織形態與命令之主導者；（十一）組織發展之狀態；（十二）績效之測量評估。儘管 Oliver 承認這種類型之區分，大部分都只是個啟發、嘗試性的規範，但它可提供一個有效的方式，去比較不同治安模式之內涵。[3]

Oliver 進一步說明，傳統警政大部分是 20 世紀早期的發展，就像美國前述的警政學者 Kelling 和 Moore 的論述一般，它主要聚焦在經由強制執法的犯罪控制模式。如此，藉由犯罪發生後，來加強執法，使得警方幾乎變成一個非常狹隘的反應性機構。在傳統警政模式下，評量的標準變成僅著重於逮捕的數字和犯罪發生率的管控。然而，此種傳統治安模式，至今依舊存在於美國多數的警察機構。

至於社區警政模式大約源自 1980 年代的創新，其主要著重在警民的互助合作和犯罪預防，雖然其依舊執行刑事法上之規定，但是卻更包含行政法和民法，並擴及運用調解和仲裁的處理模式；另外亦藉由與其他社會服務機構共同合作，來提升治安之效果。警察在此種模式下，不僅能更積極的處理犯罪問題，且更注意到秩序維護、社區生活品質提升，及被害恐懼心理之降低等議

---

[3] Oliver（2007: 48-53）。Oliver引述美國警政之相關經典之文獻，並進一步將警政發展擴展成為五個時期，其中國土安全警政時期為其審度2001年美國遭受911恐怖攻擊之後，美國警政發展，遂進入以情資與資源之整合的國土安全警政新的策略發展。而此反恐治安新策略，更延伸至自然災害的預防（prevention）、整備（preparedness）與救災與減災（response & mitigation）、復原（recovery）之上。

題。當警察建構了這些互助關係，他們變成社區中甚多問題之合作夥伴或問題解決者。因此警方積極地參與社區活動，其將與市民溝通作為基本的例行公事，還與其他機構共同合作，以便處理犯罪和違反秩序等相關之問題。從組織上論之，要達到這些效果，則警察必須更適度的分權與授權基層人員。

問題導向警政亦約在 1980 年代經由 Herman Goldstein 的努力變成一個關鍵的警政治安模式之革新策略。此模式亦即著重於處理犯罪、秩序和被害之恐懼等問題。因此，問題導向警政是以問題之處理為工作之核心，以問題的形態來選擇可能的解答。警察組織在執行問題導向警政時，都必須將權力下放給地方之警察主管，但仍需要對中央負責。

Oliver 闡釋零容忍警政，謂其大致起源於 1990 年代，著重於犯罪和秩序之問題，經由主動積極的方法並確實執行各種違反秩序之法令，或誘發犯罪之社會環境因素，來達成其治安維護之效果。例如，其鎖定一個特定之犯罪或違反社會秩序的社會問題，如賣淫、毒品交易、乞討、塗鴉等；或不能容忍引來犯罪之環境誘因，例如很多破舊之社區門窗，或任何社區環境頹敗之現象等，之後集中其警力於此特定之問題或地區之上，並加以立即之解決，如此社區安寧就得以事先有效的預防。在這種模式之下，必須要有高度集中的管控，其即代表著溝通是會被限縮於少數的警察幹部，或僅及於社會服務相關機構的管理階層而已。成功執行零容忍警政的方法，像傳統警政一樣，強調犯罪統計、開罰單或強制執法，並期望更有效的減少不當之反社會行為或社區頹敗之亂象。

關於最新的警政模式之發展，亦即如表 1-2 中 Oliver 所創的國土安全警政的 12 個面向，對於檢視目前或未來的國土安全維護甚有助益。因此，國土安全警政的焦點議題，宜包含安全的概念和反恐之策略為其發展之主軸。是以，確認和評估威脅的等級、整合安全措施，來預防未來之恐怖行動，並發展減輕威脅的方法以及回應威脅等等措施，逐變成國土安全警政的重要發展機制。除此之外，傳統執法和以法律為主的管制，依然在國土安全警政之中保有其重要性。這也就是為什麼干預式的強制性之執法形式，在這種新警政模式之下，依然非常積極的依相關法令來遂行。因為，儘管新的國土安全策略模式，將應用於處理恐怖主義的問題，特別例如「愛國者法」之執行，然而對於大部分警察的指揮官而言，干預性之強制執法的意思，是取締犯罪和交通違規，還有現地的攔停、臨檢等等例行性之工作，亦必須同時兼顧。並以焦點之議題和新、舊的干預形式，為執行安全工作之基礎，因此警察在國土安全警政策略之下的行

動作為，將十分廣泛。所以，新的國土安全措施，將包含威脅評估和風險分析，反恐之行動則是為了緩和破壞與有所整備，還有在實際被攻擊之時，能快速與有效的執行救援與復原之工作。

　　根據威脅之特性，警察工作文化之焦點，應採取整合發展之策略。雖然某些威脅之情資，或國土安全部的資訊傳遞與運用方式，亦或美國各州、郡等機關資訊傳遞之方式，均可能形成一種警察專屬的資訊傳播系統。然而各地之警察機構，亦應改變此傳統之方式，並改採以更為廣泛的對外蒐集相關的地區性情資之新策略。因為，不論是傳統的警政模式或社區警政的夥伴關係之新模式，警察均需要依靠人民提供相關之情資，這也說明警察必須要有一個整合性的社區參與模式與新工作策略與方法。警察和民間之參與，將會依據威脅之情況而被整合。亦即，警方需要和其他機構連結合作，不論官方或者非官方機構均需要連結，以便順利有效的執行任何形式的安全措施。此措施包含相關的公共安全機關，例如消防或相關之執法機構等，亦包括醫院和精神醫療機構，同時亦會大量的運用公共工程、水資源和大眾運輸等機構之功能。為了國土安全之需求，警方將需要和這些機構有比以往更多的連結、合作。

　　組織上來說，國土安全架構之下的警察部門，必須是一個強力中央集權的結構，因此情報蒐集和資訊共享會變得更為重要。不只是因為警方內部資訊傳遞的過程，還有快速傳播情報給第一線的現場指揮官，此種集中式的管理建構，經由有效的作戰指揮中心，可以垂直和水平的連結這些相關機構之情資與資源。因為訊息要被及時的處理及傳播，集中式的作戰指揮中心與決策人員等元素，將成為國土安全導向之新警政策略（Homeland Security for Policing）之組織管制的重要手段。然而，線上人員仍然需要靈活的決定與執行訊息和命令，以及經由常規的警政系統與程序，快速精準的蒐集和傳播相關訊息。

　　因此，國土安全治安策略模式下的效果評量，將不只是評量傳統的逮捕率、交通執法等績效，更必須包括能有效的蒐集、處理和傳播的相關的情資。簡言之，防止恐怖主義，減輕恐怖攻擊影響，有效應對恐怖攻擊等，將成為國土安全警政的主要策略與發展之新主軸（Oliver, 2007: 48-65）。

表 1-2　5 種警政模式演進

警政模式 / 結構面向	傳統警政	社區警政	問題導向警政	零容忍警政	國土安全警政
警政焦點	法律執法	透過犯罪預防建構社會	法律、秩序、針對問題	秩序問題	安全、反恐、法律和程序
干預形式	反應性、以刑法為基礎	積極主動、以刑法、行政法為主	混和、以刑法、行政法為主	積極主動、以刑法、民法、行政法為主	積極主動、用刑法和為了減災和整備
警察活動範圍	狹小、針對犯罪	針對廣大犯罪、秩序、降低懼怕、和生活品質	鎖定問題並縮小問題	狹小、針對地區和行為	廣泛的、安全、恐怖主義、犯罪、害怕
指揮等級	高而不負責	高而對社區和當地主管負責	高而主要對警方高層負責	低但主要對警方高層負責	高而主要對警方高層負責
警察工作文化焦點	向內的、拒絕社會	向外的、構築夥伴	混和、依問題和分析	向內的、針對目標問題攻擊	混和、依威脅和威脅分析
決策之主導者	警方主導、最小化外界參與	社區、警察合作決策和責任	改變的、警察識別問題但與社會共同參與	警察主導、某些與其他機關的連結是必要的	警察主導、與其他機構連結合作
溝通方向	從警察向下到社區	水平的警察與社區溝通	水平的警察與社區溝通	從警察向下到社區	從警察向下到社區
社會參與範圍	低而消極	高而積極	混和、依問題而設定	低而消極	混和的、依威脅之狀態而參與
與其他機構的連結	不佳且斷斷續續	有參與感而且貫串總體過程	有參與感而依問題設定	溫和而斷斷續續	有參與感而且貫串總體過程
組織形態與命令之主導者	中央集權	非中央集權、與社會連結	非中央集權、與地方主管向中央負責	中央集權或分散式但內部聚焦	中央集權作決定、分散式執行

表 1-2　5 種警政模式演進（續）

警政模式 / 結構面向	傳統警政	社區警政	問題導向警政	零容忍警政	國土安全警政
組織發展之狀態	少、組織抗拒發展與變革	多、動態的組織聚焦於與社區的互動	改變的、聚焦於問題解決方式但取決於組織情報和結構	少、有限干預、專注於目標問題、使用很多傳統方法	改變的、聚焦於安全和威脅，但取決於組織情報和結構
績效之測量評估	逮補和犯罪率、特別是嚴重的暴力犯罪	服務、降低懼怕、使用公共空間、社會連結與溝通、更安全的社區	改變的、解決問題	逮捕、警察攔停、減少特定地區之違法或違序之行為	逮捕、警察攔停、情報蒐集、減災和整備

資料來源：Willard M. Oliver, 2007: 49-51

　　另外，在美國發展國土安全之前後期間，英國警政亦有相類似之警政策略之發展，例如證據導向的警政管理（Evidence Management）以及知識導向的警政管理（Knowledge Management）（Harfield ed., 2013: 1-353）。所謂證據導向的警政管理，乃為海洋派警察制度之國家，所創立的治安維護之模式。也就是說犯罪的偵查、訴追與成立與否，都必須以證據為基礎。證據必須是真實不虛，且不能道聽塗說，同時證據的取得必須合於程序正義（procedural integrity）。至於知識導向的警政管理其乃將前述國土安全警政的主要原則，亦即情資導向之警政策略（intelligence-led policing）融入其中，而成為英國式的以知識為基礎的警政策略（knowledge-based policing）。其中尤其是網路世代、資訊科技與各類新興科技的突飛猛進，更加深了警察必須以新的知識，與運用各種新的科技工具，來更有效的執法。

　　至於在前述整合型警政時期或者國土安全時期，均強調必須採取全方位的警政策略發展，也就是說警察工作之新思潮，不僅在工作量上力求提升效率，尤應在工作的品質上，提升其維護社會安寧與為民服務的效果。如此精神表現在勤務作為上，即為偵查與預防並重的策略。然而於偵、防並重之新警政策略之基本原則與具體之革新作為，將於本書第十章第一節及第二節之中加以詳論。至於在偵查技術提升方面亦是發展迅速、一日千里。其中科學的警政與科

技之運用典範之提倡（"scientific policing" and technology）（Rowe, 2014: 271-273），亦即爲偵、防並重其策略發展的重要主軸之一。例如，犯罪熱區之分析（hot spots of crime）、大數據警政之發展（Big Data Policing），以及資訊科技（Information Technology, IT）[4]的大量援引等，均提供警察即時現場影像的掌控，以便更迅速有效的掌握偵查破案之契機，則亦將於後續章、節之中詳論之。

陸、以情資爲主軸之警政管理發展策略——預警式、資訊統計管理、知識經濟管理及情資導向等警政策略之新發展

自 20 世紀末至 21 世紀初，尤其是 2001 年美國遭受 911 恐怖攻擊之後，透過美國國土安全之檢討，復以全球警政發展之新進程，警政策略即從整合之觀念出發，並援引最新的管理趨勢，而研發出下列四種以「情資爲主軸」之新的警政策略，甚值得注意與運用：

一、預警式的警政管理（Proactive Police Management）

此管理模式主張諸般警政措施，包含勤務、人事、組織管理等均要有根據時空因素之變化，而預先分析與計畫之概念，不要以傳統之經驗或規則，一成不變的推展工作。故而科學性（講求實證）、與計畫性（講求資料之蒐集與系統分析），便成爲警政管理的中心工作。是以策略性計畫（Strategic Planning）與決策分析就成爲警政諸多管理工作的重要依據。

而此模式之警政管理亦受管理科學之行爲及系統理論之影響甚鉅。同時亦可視爲補強警政管理新思潮的管理新措施。此措施即強調行政管理的預先分析（Proactive）與計畫性，而不僅是作事後之補救（Reactive）之行政作用而已。

其實「現代警察」從 1829 年在英國倫敦由皮爾爵士之倡導而誕生後，

---

[4] IT產業就是訊息技術或是資訊科技（Information Technology）的簡稱。其之技術主要用於管理和處理訊息所採用的各種技術的總稱。其乃運用電腦科學和通信技術來設計、開發、安裝和實施之訊息系統及其之應用軟體。它也常被稱爲資訊及通訊科技（Information and Communications Technology, ICT）。IT科技的運用包括資訊科學、通訊技術，及其相關之工程以及管理等。這些科技在訊息的管理、傳遞和處理中相互的運用。邇來，各國警政在此方面之發展與援用可謂一日千里，並且產生了非常關鍵之治安維護的效益。

即一直強調先期預防之理念（Crime Prevention）（Thibault, 1985: 4）。而後之所以偏重於事後犯罪偵查被動的行政取向（Reactive），乃受環境之變化（即強調效率與科技）及決策者思考方向之轉變所致。Thibault 等人所提倡之預警式之警政管理，即為修正此偏失，而強調事前的規劃以預防犯罪，及預估未來警政之可能發展，以便及早因應之管理模式（Thibault, 1985: preface）。故而其考量的三大重點即：（一）好的警政管理是必須理論與實務密切的結合；（二）實務之運作若未能作事前之分析，則其決策必定無法落實。傳統專斷式之警政管理或參與式之警政管理，均有其優劣及極限，故應取得二者整合或平衡之模式為佳；（三）預警之模式，即強調諮詢式的管理模式（Consultative Style of Management）；因為它有較寬廣的空間來從事改革與適應環境之變遷（Thibault, 1985: 3-9）。所以它是結合傳統的實務導向之警政管理（Field-oriented）、行為科學模式（Behavioral Approach）、及社區導向模式（Community-oriented）之新的管理模式，而計畫與研究分析為其模式之中心議題所在。

　　而在瑞典的警政發展策略中，則稱此策略為問題導向（problem-oriented policing, POP）的預警式之警政策略（the proactive police work in Swedish police）（Borglund and Nulden, 2014: 61-67）。瑞典的警政創置了一個依照瑞典文 PUM[5] 所謂的以情資為導向的治安維護策略模式（Police Intelligence Methodology）。亦即，援引情資導向（intelligence-led policing）之新警政策略之原則，預警機先的透過情資之蒐集（proactive management），來影響治安維護之決策，以及有效機先的阻斷犯罪之情境；從而治安維護之決策，亦會影響到犯罪情境之形成。其關係與影響方向如圖 1-1 所示。因此瑞典警察策略之 PUM，其所相關的因素有三：（一）警察組織之治理與管理（management and governance）；（二）犯罪之情資（criminal intelligence）；（三）預警機先規劃之勤務活動（scheduled operational activities）。如圖 1-1，犯罪之情資會影響警察組織之治理與管理，警察組織之治理與管理會影響勤務之規劃與活動；預警機先規劃之勤務活動，會回饋至警察組織之治理與管理；警察組織之治理與

5　瑞典文PUM即為英文Police Intelligence Methodology之瑞典文三個字的字首之縮寫，其意即為以情資為導向的瑞典之治安維護策略。

預警機先規劃之勤務活動

警察組織之治理與管理

犯罪之情資

圖 1-1　瑞典警察之 PUM 治安策略（Police Intelligence Methodology）

管理，則會修正犯罪情資之蒐集效果與方式。亦即其認爲，其之 PUM 策略之三元素，在不斷的循環修正與互相影響之下，能比傳統之警政策略更機先有效的處理犯罪之問題。

　　準此以觀，則預警式之警政管理即想要整合傳統與現代警政管理之優點，而以預先分析與計畫之作爲，來預防犯罪之發生，及機先處置組織內部可能產生之危機。而後者涵蓋警察勤務之運作、警力資源之管理、警察裝備之事務管理、警察通訊系統、教育訓練制度等等各類行政事項之管理措施。另外，又如行政院研考會調查發現員警工作意願低落、離職意願高之現象，宜如何作預警式之處理（蔡德輝等，1993：119）。員警自殺問題的一再發生與工作壓力的如何紓解，是否除了設置「關老師」制度外，能否有更預警式的管理方法（陳明傳，1993：3-16）。因公殉職的處理政策，是否能如美國司法部所列舉之預警方式，鉅細靡遺的作好事後告知、安撫、撫卹等一系列的周到安排（Taylor, 1992: 4-5）。組織內部之低、中、高階層員警的認知與目標之兩極化衝突，能否像 Manning 對此一危機如此深刻的體會，並且機先的提出處理之方案（Manning, 1991）。以上諸端僅爲預警式之模式在對組織內部之管理時，能夠更有效處置的舉例說明；然其原理原則，則可適用到警政內部之各項管理措施上。

　　而在外部的預防犯罪之適用效果上，亦以先期分析與規劃之精神，期能作到減少犯罪發生率之境地。故此策略實與社區警政與問題導向警政之原理，有異曲同工之效，故而相輔相成的互爲運用，必更能增強其效果。然亦有部分犯

罪學家，持相反之看法。如 Williams 等人認為，除非環境與民眾之價值觀念改變，否則警察之角色與功能，仍只是定位在執法與事後逮捕之工作上，預防犯罪不宜也不該由警察來擔任（Williams III and Wagoner, 1992: 1-5）。筆者以為警察執行或配合執行犯罪預防之工作，乃增加警察抗制犯罪時能有更多策略的選擇，及更靈活寬廣的運作空間，故而其利必多於弊。另者，因為民眾對警察期待之改變，所以安全感與服務品質之要求日亟，而傳統偵查犯罪已不能滿足此種改變。無怪乎先進國家之警政均已改採整合發展之策略，而預警式之管理，正好滿足此需求。

二、資訊統計管理之警政（CompStat & CitiStat）

　　1990 年代，以 CompStat（Computerized Statistics）與 CitiStat（City Statistics）的資訊統計之管理與分析系統為基礎之管理技術，分別由紐約市與巴爾的摩市引進，此後被其他許多城市仿效。此種管理技術的目標是改善政府機關的執行績效及增加全體同仁之決策參與及分層之授權與責任。Compstat 是「電腦統計比較」（Computer Comparison Statistics, or Computerized Statistics），一個讓警方可以用來即時追蹤犯罪的系統，包含了犯罪資訊、受害者、時間與發生地點，另外還有更詳盡的資料讓警方分析犯罪模式。電腦自動產生的地圖會列出目前全市發生犯罪的地方，藉由高科技「斑點圖法」（Pin-mapping）之方法，警方可以快速的找到犯罪率高的地區，然後策略性地分派資源打擊犯罪。雖然全國其他警察部門也使用電腦打擊犯罪，但紐約市警方更進一步地用在「犯罪防治」之上。在發展 Compstat 時，紐約市警察局將當時全市之 76 個轄區的主管聚集在一起，藉由此方法破除了巡佐、警探與鑑識專家傳統上的隔閡。以往的各自為政已不復存在，因此每週都舉行會議。以輻射狀的方式檢視電腦資料，嚇阻某些地方的犯罪事件。在這些會議中，地方主管會拿著可靠的報表進一步地提出規劃，藉以矯正特定的狀況。另外一個 Compstat 重要的步驟就是持續的評估（Assessment），最後建立，一個警察社群，邀請地方老師、居民、企業負責人一起參與會議協助打擊犯罪（Worcester Regional Research Bureau, 2003）。至於其詳細之執行步驟與程序，論述之如下。

（一）紐約州警察局之資訊統計之管理系統

　　在一開始，資訊統計之管理系統之會議與技術只是一種管理工具，是徹底

的一種革命性的管理思維。因此資訊統計之管理系統亦是一個革命性的警政管理方法，因為它涉入警政基層管理思維。資訊統計之管理系統之會議讓高階主管可以實際監控局內的各項活動，而且它還提供一種機制讓主管可以持續地評估結果並進行微調，以確保持續的成功。而且一些重要的訊息（理念）可以巧妙而且顯著地被傳遞與加強。同時資訊統計之管理系統之會議有支援單位的指揮官、檢察官、司法機構加入，這讓資訊得以廣泛地傳播。雖然這些與會人員不見得要進行報告，然而他們的出席讓警方可以立即地發展整合性的治安之計畫與策略。

至於資訊統計之管理系統之程序則包含下列 4 個步驟：

1. **正確適時的情報**（Accurate and timely intelligence）：為了取得各類的執行績效及發展出處理特殊目標的策略，機關內必須有最精確和最新的治安資訊。至於資料則由一個「資料分析小組」蒐集與分析。

2. **有效的戰術**（Effective tactics）：通常在策略會議之上討論及發展新的因應策略，以解決無法藉由分析資料就可解決的問題。而策略發展則藉由資料蒐集和執行評估中所形成。

3. **人員及資源的快速部署**（Rapid deployment of personnel and resources）：一旦新的因應策略被擬訂出來後，即據此快速的動員此區域的人員與資源。而最佳運用資源之策略往往是由較低的管理階層，或第一線之基層人員之參與決策而討論與決定的。

4. **持續的追蹤和評估**（Relentless follow-up and assessment）：一旦問題被確認、策略被發展、資源被動用，機關就追蹤評估它的進展。亦即，評估策略是否有效？是否有任何棘手的問題？是否有新問題？

所以紐約市警局之資訊統計之管理系統之制度，即於 1994 年在警察局長 William Bratton 的帶領下，發展成犯罪追蹤和責任管理的系統。而兩週一次的犯罪策略會議，則以腦力激盪之方式評估及研討資料的趨勢與因應作為，且更使分局長與會時，對問題疏於準備或不當回應必須負責。至其犯罪策略會議包括：CompStat 簡報會前會、分局管理小組會議、局內精英成員領導的策略評估計畫、每週警察局長對市長的簡報等。

1994 年當時紐約市警察局分成 76 個分局、9 個警察服務區及 12 個地鐵區

域（Transit Districts），計97個分區。[6]每分區每週彙編各種犯罪資料和執行績效類別後，連同重要案件的書面檢討、警察運作和其他有關的資料，傳送到資訊統計之管理系統之單位，並進而彙編分析各分局的資料。其中，則包含15位統計專家分析資料，及10位助理蒐集統計數據。此外，每個分局有3到5位助理蒐集資料。該局於1994年測量7個治安評量指標，2003年則已擴大發展至700個治安之評量指標。該管理系統允許各級主官對資料中任何型態或異常的問題，以及可供參酌的解決方案作回應，並且提供一個資訊分享及討論的平臺（Forum），便於該分局降低犯罪的努力及執行績效的管理。在會議中，執行幕僚成員提問有關犯罪及逮捕事宜，包括特殊案件及分局長逮捕的初始作為，以便找出缺失或使其確定改進。分局長被期待能深入了解各該分局犯罪詳情並發展策略以降低犯罪。當分局長發展特殊策略，執行幕僚則觀察及評估它們的成功與失敗，若沒有能力適應新問題，分局長接受批評，且可能被免職。紐約市警察局則更藉由邀請地區檢察官、教育部門的學校安全委員會，及資訊管理系統部門等參與會議，以擴展資訊統計之管理系統之成果。然而，其成果如下所示：(1) 使用資訊統計之管理系統的前6年（1988-1994）：暴力犯罪率下降15.9%，財產犯罪率下降29.1%；(2) 實施資訊統計之管理系統後六年（1994-2000）：暴力犯罪率下降至47.6%，財產犯罪率下降48.8%。

　　資訊統計之管理系統就像是紐約市當時之市長Giuliani管理整個市政府一樣，市長掌握了警政高層主管所有的活動就如同這些主管掌握他們的指揮官一樣。基本上每一週，警政高階主管都必須要向市長報告績效。就管理上的思維來說，這是一個自然集合組織創意的方式，資訊統計之管理系統可以適用在廣大的群眾或是個人身上。這個思維成功地被其他單位所採納，例如：紐約市立監獄的管理，巴爾的摩市（Baltimore）也用了Compstat思維創造了一個系統名為「Citistat」用來管理市政等（Baltimore Mayor's Office of Citistat, 2016）。

（二）巴爾的摩市的市政之資訊統計管理方案（Baltimore CitiStat）

　　美國巴爾的摩市於西元2000年在該市市政府的警察、消防、住宅等市政

---

[6]　NYPD, Precincts至2019年3月止紐約市警察局有123個分局（prescient）、9個警察服務區（Police Service Area, Housing Bureau）及12個地鐵區域（Transit Districts），計144個分區（或可稱為分局）。https://www1.nyc.gov/site/nypd/bureaus/bureaus.page。

單位援引 CitiStat 的資訊統計管理程序。兩週召開一次各該機關的資訊統計管理會議，並且加強跨機關資訊與資源的整合。在其自創之市政資訊統計管理方案中，創立 311 的市政服務的電話中心，類似緊急治安事件的 911 報案中心，及 411 的查詢服務臺。此 311 的市政服務的電話中心乃在提供市民非緊急性的服務，以免於背誦如此多的市府機關電話，來要求各種類之服務，經此中心接受市民申請服務後，則運用民眾服務管理系統之資料庫（Customer Request Management, CRM database）來追蹤及安排服務之機關。而此管理作為並已經於達拉斯市、休士頓市、芝加哥市、聖荷西市及紐約州等都市推展之中，其結果為相當快速、節省人力及經費，且有成效。

在巴爾的摩市有 11 個市政府機構加入此方案之運作，共僱用了 46 個職員每個月可處理 15,000 個服務案件。然因為此方案牽涉之機關甚為龐大，故而各機關亦有成立相關之方案加以連結及配合，故而資訊統計管理方案正在該市如火如荼的發展之中。

三、知識經濟管理之警政（Knowledge Based Economy）

至 20 世紀末 21 世紀初，管理科學界所盛行的知識經濟之概念（Knowledge Based Economy），此名詞乃源自 1996 年 10 月 8 日在 OECD（經濟合作發展組織）發表的「科學、技術和產業展望」報告中，曾提出「以知識為基礎的經濟」。1998 年世界銀行和聯合國也分別採用知識經濟這個名詞。2000 年我國經建會召開「全國知識經濟會議」，而行政院也函知各公務機關研究「知識經濟的發展方案」。

所謂知識經濟有下列三原則：（一）知識運用的原創性（Creativity or Originality），而非經驗性或重複性使用。此與孟洛教授（Munro）（陳明傳等，2001：133）在論超級警政（Turbo-Cop）時所謂，經驗的誤謬（The Fallacy of Experience），有異曲同工之論理；（二）知識之運用乃直接的使用與投入，而非間接的援用他人之智慧或方法；（三）主動與廣泛的結合與運用各類之知識與科技，而非被動性的遵照既定之規範辦事（高希均等，2000：3-4）。

然筆者亦本諸此精神，認為知識經濟之管理新概念，亦應包含下述另三項之原則，亦即在多元與顧客取向，及著重個人化之世界風潮影響下，並依循前述管理科學之大趨勢，知識經濟之管理新概念更應包含：（一）多元化的

運用知識（Flexibility）；（二）個人化之服務導向（Individualized or Customer-Oriented）；（三）全球同步化（Globalization or Synchronization）之發展取向。故此三原則，筆者深信亦必成爲未來之管理追尋之指標與方向。

至 Thurow 在其所著之《知識經濟時代》一書中謂（齊思賢譯，2000），知識經濟時代國家或社會發展之 13 準則（鐵律）如下所述，深值警政各級之管理階層之省思與參考：

1. 大富不靠儉，儲蓄無法致大富。要抓住機會並在極度不平衡之狀況下勇於投資。
2. 組織要成功一定要壯士斷腕。如要佈新在還成功時就要除舊，如你不作別人會代勞。
3. 組織要快速成長，就要利用技術落差、經濟之差異及掌握社會之轉變。
4. 組織要有自知之明，趨強避弱找出本身優勢投入資源。
5. 在相同程度的通貨膨脹和緊縮之間作抉擇，永遠選擇前者。
6. 創業家之角色無可取代，老幹不去新枝不發。
7. 獨尊秩序不會有創意，缺乏適當秩序之創意將如陷入黑洞一般。要保持混沌與秩序的平衡。
8. 社會多投資基礎建設，必能帶來經濟效益。
9. 重視智慧財產權及所有權制度。
10. 個人面對知識經濟最大挑戰—如何在一個沒有生涯事業可言之體制內開創自己的事業。
11. 只有著眼於後世的人才會投資研發與製作工具。
12. 經濟發展與環境保護是同義字，環保也是財富。
13. 致富需要同時有運氣，單憑才智、衝動和毅力是不足以發財。

綜上所述，知識經濟之管理原則，可歸納成下述之總結：（一）知識成爲財富最重要的新基石；（二）一套制度不能放諸四海而皆準；（三）營建者才能永垂不朽；（四）利用新科技開創新願景。

比爾‧蓋茲（William H. Gates，暱稱 Bill Gates）亦曾對現代管理之突飛猛進作了以下最貼切之註解，他說：「如果 80 年代的主題是品質，90 年代是企業再造，則 2000 年後的關鍵就是速度。面對擾亂的時代，不斷創新是生存的唯一方法。因此，微軟離開失敗永遠只有兩年。」而如圖 1-2 所示，處於知識經濟快速發展與競爭的現代，科技（或新知識）領先與創新，乃致勝之不二

法門。而此創新，永遠影響及擾亂著（The Law of Disruption）政治、經濟與社會之發展速度。故創新與新科技，遂成為知識經濟時代，最關鍵的成敗因素。

復以網路的快速發展，過去創新之體制需要調整，因為網路可以使大學的基礎研究與企業的應用研究合併或同時進行，這就是孵化或育成。如此，可使產業接觸基礎科學，而大學也可得知企業的市場需求，並取得研發資金，而這就是整合（Integration）或產官學的密切合作（高希均等，2000：序文）。如此組織才能創新與突破，也才能有效的提高組織之產值，而永遠站在領先之有利地位。

總之，警政管理亦與管理科學之演進趨勢息息相關。各國警政亦在警政之新策略上，多所援引與本土化應用。故若欲求警政有效的發展，則自當不可不學習與運用此類新的管理趨勢與概念，並援用與研究發展出創新之警察作為。而後述之大數據之警政策略發展，正是警政創作為並運用新的資訊科技的最佳示範，可供警政革新時最好的學習典範與標竿。

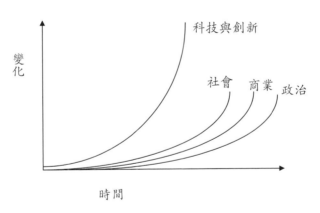

圖 1-2　擾亂定律（The Law of Disruption）

四、國土安全警政時期之情資導向警政（Intelligence Led Policing）

美國自 2001 年 911 恐怖分子攻擊紐約州的雙子星摩天大樓之後，其國內之警政策略即演變成應如何從聯邦、各州及地方警察機構整合、聯繫，以便能以此新衍生之新策略，能更有效的維護國內之治安。進而，又如何在此種建立溝通、聯繫的平臺之上，將過去所謂的資訊（Information）或資料（data）

更進一步發展出有用之情報資訊（Intelligence）以便能制敵機先，建立預警機先之治安策略（Proactive Stance），此即謂為情資導向的新警政策略（Oliver, 2007: 163-169）。而本書前項所述，美國警政學者 Oliver 所論之國土安全警政時期（Homeland Security Policing）之最重要的治安策略，即為以此情資導向的警政發展（Intelligence Led Policing）為其發展之主軸。

尤有進者，美國聯邦調查局（FBI）近年來亦創設了所謂之預測工作小組（Future Working Group, FWG）。其係由聯邦調查局與國際警察未來協會（the Society of Police Futurists International, PFI）合作所組成。其目的為進行預測和發展策略來強化美國之地方、州、聯邦及國際執法機構對於 21 世紀維持和平和安全的效能。在 1991 年，聯邦調查局學院舉辦了「執法的未來國際研討會」。250 個刑事司法工作者和來自 20 個國家的學者出席了本次研討會。在場的人投贊成票，開始一個專業協會，即前述之國際警察未來協會（PFI），致力於研發警政治安未來發展之最新策略。國際警察未來協會和美國聯邦調查局一直保持著緊密的合作關係，2001 年美國遭受 911 恐怖攻擊之後這個關係更為突顯，因為他們面臨更複雜艱難的執法議題，所以他們共同組成了國土安全之預測工作小組。2002 年 2 月，其在維吉尼亞州 Quantico 的 FBI 學院舉行了首次會議。會議期間，訂定了組織規程，也訂出了研究事項。2002 年 4 月 2 日，在聯邦調查局局長 Robert Mueller 和警察未來協會會長 Gerald Konkler 共同簽署協議備忘錄下，警察未來協會正式成立運作（Walker and Katz, 2011: 519-520）。此種結盟與共同協力研究發展國土安全新對應策略之典範甚值仿效與學習。

至於前述之資訊統計之管理警政與此處之情資導向的警政（Intelligence Led Policing, ILP），均為運用資訊與情資於警察治安的維護之上，其發展雖有先後之不同，然在資訊的運用模式上則甚為相近。而其究有何相同與相異處，則本文引述 Oliver 之下列比較表 1-3，以便作更深入之了解（Oliver, 2007: 163）。

根據表 1-3，資訊統計管理之警政策略的特點，乃較以個案與特定轄區之犯罪概況之分析，為治安策略之主軸；反之，情資導向警政策略之特點，則以多元轄區的治安分析，並以威脅為導向及以犯罪集團與恐怖主義之處理，為主軸之治安策略發展。然而，兩者之發展雖然有其先後，但均以預防犯罪之概念、資訊不斷的分析，以及較為精準之勤務作為等策略則是雷同。然其二者若

表 1-3　資訊統計管理警政與情資導向警政異同之比較表

資訊統計管理警政（CompStat）之特點	CompStat與ILP兩者相同點	情資導向警政（ILP）之特點
1. 單一轄區的治安策略。 2. 以個別案件為導向的治安策略。 3. 以社會犯罪與違序行為之處理為主。 4. 以犯罪之製圖技術（Crime Mapping）來維護治安。 5. 以24小時全天候的掌控與立即之回應為主。 6. 以阻斷犯罪之序列發展過程為手段。 7. 以巡邏、專案小組（tactical unit）、以及刑案之偵查為主要之勤務策略。 8. 分析犯罪者之手法（modus operandi, M.O.）。	1. 兩個策略均有預防犯罪之概念。 2. 兩者均需要有組織的多元管理機制。 3. 兩者均需要有資訊的不斷輸入。 4. 兩者均需要有分析資料之機制。 5. 兩者均為由下而上的管理（Bottom-up driven）來滿足勤務之需求。	1. 多元轄區的治安策略。 2. 以威脅為導向的治安策略。 3. 以犯罪集團與恐怖主義之處理為主。 4. 以犯罪之流向與人流、物流與金流之掌握為主（Commodity flow & Logistics）。 5. 以策略性、重點式的掌握核心問題並回應之為主。 6. 以阻斷犯罪之團體或組織之運作為手段。 7. 以聯合打擊恐怖主義部隊（Joint Terrorism Task Forces, JTTF）、組織犯罪之調查以及特勤專責警力（task forces）為主要之勤務策略。 8. 分析犯罪集團或組織之手法（enterprise M.O.）。

資料來源：Willard M. Oliver, 2007: 163

能互補並整合的運用，則將更能彰顯其治安維護之效果。至於後述之大數據警政策略之最新發展，則更是擴大情資的整合，以及更深入分析與運用資訊的最新之警政策略發展。

　　根據以上新的治安策略發展之基本原則，我國新北市警察局之「治安白皮書」中，亦曾揭示此一類似之治安策略與願景，其之發展主軸即為：「打造一個讓民眾安居樂業的新北市」。其中之三個策略為：「（一）優質警政、安全社區；（二）服務優先、因地制宜；（三）科技建警、偵防並重」。其即根據情資導向警政為基礎的新發展規劃。據此治安策略新發展趨勢，新北市警察局自2011 年 8 月 24 日起，由該局保安民防科成立「情資整合中心」（Intelligence Integrated Center, IIC），設置監視器管理相關八項系統，以及大型電視牆等硬體設備，以監錄系統之監控中心為主要功能，後由資訊室統籌管理。該局積極

導入 E 化及 M 化的科技與管制措施，結合高科技無線通訊技術、即時動態管理系統，能掌握案發機先時刻，有效處理犯罪案件。又在即時回應民眾需求方面，例如推動「即時到位」交通服務，提供民眾便捷交通，免於塞車之苦。在推動「快速打擊部隊」勤務措施方面，即為能即時打擊街頭犯罪，提供民眾即時安全服務。在推動「防竊達人」與「報案到宅服務」方面，亦能即時提供民眾居家安全服務等。

　　由於新北市警察局成立「情資整合中心」，可提供全方位即時安全服務，其即以科技為主軸，以情資整合為導向，運用現代化的科技設備與技術，透過有效的資源整合，精進治安服務效能，並整合建構從住家安全、社區安全到整體都市安全，發展多層次之安全防衛機制，發揮空間防衛之效能，以達成勤務指揮視覺化、治安管理智慧化、事件防控即時化、勤務運作數位化與提升犯罪科技偵防能量，達成型塑現代「科技防衛城」之目標（陳明傳等，2016：92）。為擴大發揮該情資整合中心功能，強化該局科技辦案效能，提升犯罪偵防與治安治理能量，遂於 2013 年 1 月 16 日自保安民防科、資訊室、刑事警察大隊、交通警察大隊各調派專責人員進駐，以任務編組型態來運作，以便推動各項業務工作。該中心之任務包括如下：（一）資料查詢作業服務；（二）犯罪資料分析服務；（三）各類犯罪偵查應用系統諮詢服務（共 44 項服務）；（四）影像分析服務；（五）即時影像傳輸服務；（六）網路情資蒐集服務。至其中心之未來重點工作則包括：（一）推廣雲端智慧影像分析及檢索系統；（二）強化科技維安工作；（三）強化情資整合分析能量。至於在前第三項之強化情資整合分析能量方面，則該局規劃如下：（一）該局 2016 年度擬派遣員警出國實務參訪並參加專業講習課程；（二）積極培育該局資料整合分析專業人才，以該局建置之海量倉儲資料（俗稱大數據），協助刑事案件偵查；（三）精進情資整合分析模式，協助該局各業務單位推動各項警政措施與犯罪偵防工作（新北市警察局，2016）。然而此情資整合中心成立以來，一直只是個任務編組，而至 2019 年 1 月 1 日，情資整合中心終於正式納入新北市警察局資訊室之下的情資整合股。

柒、大數據時代的警政策略（Big Data or Mega Data Policing）新發展

　　大數據（Big Data），或稱巨量資料、海量資料、大資料，指的是資料量規模巨大到無法透過人工或者計算機，在合理的時間內達到擷取、管理、處理、並整理成為人類能解讀的形式的資訊。在總資料量相同的情況下，與個別分析獨立的小型資料集（Data set）相比，將各個小型資料集合併後，進行分析可得出許多額外的資訊和資料之關聯性，其可用來偵防犯罪、了解商業趨勢、避免疾病擴散或測定即時交通路況等。截至 2012 年，技術上可在合理時間內分析處理的資料集，其之單位稱為艾位元組（exabytes）。在許多領域，由於資料集過度龐大，科學家經常在分析處理上遭遇限制和阻礙；這些領域包括氣象學、基因學、複雜的物理模擬，以及生物和環境研究等。這樣的限制也對治安維護之策略規劃與執行造成影響（維基百科，大數據，2017）。

　　然而從情報理論（Theory of Intelligence）以觀，資料的運用到實際決策（Decision Making）尚有一段距離。一般而言，資料到決策的運用中間尚包括兩個步驟，分別為資訊（Data or Information）與情報（Intelligence）。資料屬於外部，亦是未處理之原始資料；資訊即是結構化處理後的資料，通常為內部文件。資訊到情報階段之中，一個重要特徵為任務賦予，亦即從決策端而來的任務要求，根據任務之需求而將結構化資料，綜整成能夠用以決策的情報。換言之，情報與資訊的最大不同在於目的性，亦即情報是有目的的，而資訊則沒有。從情報理論來檢視海量資料，即需要進一步思考在海量資料分析過程中，何者是「資訊」？何者是「情報」？並且將決策透過「海量資料決策之需求」，規劃成為可據以蒐集及分析的資料與資訊，或可資有效運用之大數據情報（科技產業資訊室，2016）。

　　據此大數據之概念，我國內政部警政署亦曾經於 2016 年舉行之「2016 年警政治安策略研討會」，選定「大數據時代的警政策略」為主題，邀請專家學者及各警察機關共同討論。警政署並已規劃建置「全國毒品情資資料庫」，律定、整合毒品情資通報模式，未來將透過大數據分析毒品流通、交易網絡，有助向上溯源，有效瓦解毒品犯罪集團，並結合政府各部門及民間的力量，共同防制毒品犯罪。因此，「科技建警、偵防並重」是 2016 年警政發展的方向，並以大數據運用在警政工作上，是該年工作重點之一。另外，警政署亦曾於

2015 年從加強雲端網路應用及整合系統開始發展「情資導向」的警政，並已整合全國錄影監視、人、車、案件系統，建置涉案車輛查緝網整合平臺、治安資訊整合中心、雲端影像調閱系統、擴充「警政服務 App」功能與利用視訊進行會議和訓練等，同時也初步運用數據分析、通訊軟體協助疏導重點時段車流與傳遞訊息。2016 年則更持續以「科技領航」爲警政藍圖，帶動發展警政巨量資料分析、治安資訊整合系統、提升 110 E 化指管派遣效能、辦理科技犯罪偵查教育訓練、推動科技犯罪偵查隊法制化等新措施，希望借助資訊科技強化打擊犯罪能量，讓治安工作也能與時俱進。

另外，警政署也同時依據此科技建警之典範，規劃各警察局展示其創新警政之作爲。其中，例如嘉義市政府警察局「i Patrol Car 雲端智慧巡邏車—行動派出所進化版 2.0」巡邏車之規劃，即爲新的警政發展方案。該局運用 4G 科技，在巡邏車的前、後、左、右位置，配置高解析百萬畫素並具廣角、望遠功能的攝影鏡頭，透過無線雲端智慧錄監系統，即時收錄現場畫面，使勤務指揮中心能掌握執勤畫面，機動調派警力支援，有效輔助員警執法、蒐證，提升各種勤務狀況處置決策品質（內政部警政署全球資訊網，2017）。嘉義市政府警察局於 2016 年 6 月完成全市 12 個派出所及保安隊、交通隊共 14 部雲端智慧巡邏車，雲端智慧巡邏車上有 8 具百萬畫素廣角及望遠鏡頭，透過 4G 無線網路上傳，嘉義市政府警察局各級勤務指揮中心可即時收錄現場狀況，必要時立即派遣警力支援。該系統不但可以輔助員警執法，串聯固定式路口監視器，更可提供市府相關單位運用，如市容景觀、天然災害（查報）、大型活動等，以發揮該系統最大功效（警光新聞雲，2017）。目前該局 12 個派出所裝有此種系統之巡邏車，於車側均標識有「雲端智慧巡邏車」字樣，其爲「行動派出所2.0 版」，仍由各派出所依轄區治安、交安熱點規劃勤務，機動派駐於定點守望，並持續提供現場受理報案功能，該局稱將持續朝科技建警邁進，讓第一線同仁能有一個安全的執勤環境，也讓該市治安得到更爲有效之維護。

因而大數據的運用是近年來相當熱門的話題，由行政院推出、落實到內政部警政署的「警政雲端運算發展計畫」，以雲端運算技術建構高安全性、高可靠度、具擴充性的警政雲，發揮科技破案成效，讓民眾在安全防護上「確實有感」。警政雲在第一階段（2012 年至 2015 年），持續整合並運用新科技充實警政資訊應用系統與設施，運用雲端運算技術建構各項雲端服務，導入多元化智慧型手持裝置（M-Police），提升員警使用資訊系統的便利性，提高勤務效

率，在治安、交通環境及警政服務上成效卓著。隨著第一階段計畫的結束，接下來的規劃重點，將深化、加強大數據分析及智慧化影像處理應用的技術。

綜觀警政雲第二期計畫的發展方向，可以發現警政署更細膩地運用現有資料作為評估機制，發揮資料庫的最大價值；同時，從其積極建置智慧影像分析決策系統來看，警政署已自過去的犯罪偵查角度，逐漸轉向犯罪的預防，以期在事件發生前便能加以偵測並及時預防。因而「科技建警、偵防並重」是當時警政治安工作的重點策略，以便強化科技辦案能力，提升犯罪偵防與治安治理能量。因此藉由大數據與雲端運算技術，建構免於恐懼的安心生活環境，才能真正達到我國智慧警政革新的目的（劉雨靈，2017）。又如內政部警政署近日推廣與全國執行之「各警察機關 Web 2.0 社群網站及 APPS」應用軟體的推廣，即為運用此雲端系統的最典型之勤務與服務之革新，甚值得發展與期盼。（內政部警政署，各警察機關 Web 2.0 社群網站及 APPS）

另外，在美國之西雅圖市警察局亦曾推動名為 SeaStat 的新方案。其即使用大數據，來幫助消滅整個西雅圖市的「犯罪熱點」（crime hot spots）。邇來，SeaStat 的測試曾發現，西雅圖市的市中心附近的犯罪率在上升，因而據此大數據，西雅圖警方在當地增加了巡邏的密度。類似於 SeaStat 這樣的系統，如前節之所述，也已經在紐約和洛杉磯推出，通常被稱為「CompStat」。在洛杉磯，該大數據技術，嘗試使用預測性分析，來預測可能發生的罪行。例如，該市的大數據技術系統，在其三分之一的區域內，使用了一種叫作 PredPol 的商業技術，透過顏色編碼地圖，來使得員警了解哪些地方最有可能發生犯罪。西雅圖市警察局也在使用此大數據系統，來預測什麼地方可能發生槍支暴力；而亞特蘭大市警察局則用它來預測搶劫。因此預測警察勤務作為，僅僅是這類大數據新方案裡的一個工具，此類科技並廣泛的運用於各類的偵查和預防犯罪的方案之上。因此，世界各先進國家的執法機構都採用了這類新技術，其能提供各國警察更多更好的資訊技術之支援。然而，雖然這些新的科技工具，受到執法機構的歡迎，不過其亦衍生出有關隱私、監控權限的爭議（舜華，2016）。因此，現今正在推展大數據警政發展的我國警政機構必須以此為鑑，注意此類人權之議題，以便更加圓滿、周延的發展此種治安維護的新策略。

至於紐約市警察局（New York City Police Department, NYPD）以及洛杉磯市警察局（Los Angeles Police Department, LAPD），近年來亦曾更擴大此類

大數據警政策略之推廣與運用技術之層級,其對於治安維護之效果產生比傳統警政策略更好之效果(Woodie, 2014)。例如,紐約市警察局與微軟聯手合作在 2012 年研發並使用所謂之轄區警報系統(the Domain Awareness System, DAS)。此 DAS 系統乃整合警察之資料庫、閉路監視系統(CCTV)的錄影畫面、輻射型的感應器資訊、車牌探測器,以及公共網絡所使用之相關訊息等,來分析、歸納、整理並預測治安的問題,達成機先預防犯罪之效果。又如洛杉磯市警察局使用一套從 Palantir 公司(情報與資訊工程之機構)所提供的一系列大數據之工具(big data tools),來整合、分析與研判現有的各類資料,以便提供警察辦案之參考。其資訊來源包括從警察的案件管理系統、偵訊或現場之紀錄、車牌的判讀器資料,或者車禍的紀錄等等,從而促使傳統警政較無結構性之情資分析模式,變成為更全面、深入而有價值的警察情資新系統;藉此使得此新的情資分析系統,能更為有效的預測與預防犯罪。

在一個休士頓市 2015 年對於警民接觸的效果(Public Attitudes Toward The Police, PATP)之研究報告中,研究者以警察局大數據資料的相關統計資料,包括 2008 年以及 2010 年民眾對於警察執法之滿意度、公平性與信任度等市內電話之問卷調查統計資料,以及 2012 年和 2014 年民眾對於警察執法之滿意度、公平性與信任度等之市內電話與「手機族」的問卷調查統計資料,並將以上之 1,197 份有效問卷調查,與下列之統計資料作相關聯性之分析比較,其之統計資料包括:(一)問卷調查回應者的居住位置;(二)2011 年調查當年之刑案分布圖的統計資料;(三)該年刑案發生地點與接受問卷調查者之關係位置圖(包括:1. 報案者同時是為被調查者之同一地點之統計圖;2. 在調查之 12 個月內有常報案之地點統計圖;3. 案件與被調查者有 3 英哩距離內的位置統計圖等)(Ren, 2015)。[7] 經此比較分析之後,再將其關係位置與警察單位巡邏之位置與線路作一比對,如此的運用治安相關大數據統計資料之運算與比對,則可研究分析出警察之勤務是否與案件之發生位置、民眾之滿意度、治安維護之策略與勤務之實際作為等,是否完全的吻合與有效。

- - - - - - - - - - - - - -

[7] 任寧,Ling Ren, Associate ProfessorSam Houston State University, Public Attitudes Toward The Police in the U.S., Prepared for the Invited Lecture in National Taipei University, 10/3/2015。美國德州州立聖休士頓大學刑事司法學院副教授任寧小姐,於2015年10月亦曾到中央警察大學警察政策研究所作此同一議題之專題演講,引述之資料為其演講之資料。

　　然而近年來，大數據也開始在大陸的公安領域得到普及應用。在其所謂的「安防」領域中，大數據在公安及交通之議題上應用得比較早，相關的解決方案和技術也比較成熟。在廣西等地也已經有相關的專案在執行，大數據應用系統已經在大陸的公安機構上線營運。以相關的案例來講，則廣西公安廳全力的投入並使用大數據系統，其對每天在所有道路上產生的上千萬條資訊，亦即每年大約 30 億條的資料，進行分散式儲存和快速檢索。在此基礎上，可以給公安機構提供進一步的解決方案，和增強交通服務之效益。這些大數據方案亦可提供多功能的查詢，讓公安機關能快速科學地偵破案件（華為企業互動中心，2016）。

　　另外於 2014 年 3 月一種依靠「大數據」理念，透過對以往案件之統計數據、人口與地理之訊息，與相關之多種數據分析等，用以預測轄區內某地區案件可能發生之概率的全新科技系統，亦即所謂之「犯罪預測系統」，已在江蘇省蘇州市公安局，投入公安破案實戰之運作。因此，蘇州市在社會治理現代化主題下，再次提升其機能，展現了「大數據」實戰運用的巨大效果。該新的機制可以在 10 秒內，發出相關之治安訊息給最近的員警，以便處置相關之治安事務。亦即依據基礎之信息系統，支持大數據實戰化的順利推展。蘇州市公安局稱，其之所謂「雲計算」，即計算機資源的雲化，特點是超大規模和前所未有的計算能力。大數據和雲計算之間的關係，就像一枚硬幣的正反面一樣密切：大數據的特色在於對海量訊息進行數據之挖掘，並依據雲計算對訊息進行捕捉、存儲、管理、分析等，其即為運用多種學科之技術與方法。而單靠某一先進系統，誠難以實現大數據理念下的治安資訊的整合，如若要發揮出科技警務的真正效益，則離不開基礎訊息實力的累積與技術不斷的升級。蘇州市公安局早在 2012 年就基於建設訊息化提升工程之計畫，實現了 11 個政府部門訊息共享機制，2013 年又擴展到 15 個部門，目前累積的基礎數據已超過 63 億條，基本滿足了犯罪預測系統的技術性能指標，並且與國外同類項目基本上同步的發展中（丁國鋒，2017）。同時，其在為民服務與警民合作方面，亦透過網路聯繫之途徑，得到更有效率之成果。例如，其有所謂「指尖服務」之功能，即以線上即時對談之方式，用網絡把民眾與警察緊密聯繫起來，並透過網上之即時服務系統，給民眾提供即時的服務與諮詢之勤務執行之新型態。又如有所謂「網絡（警）志願者招募者」之方案，即為依據《江蘇網警志願者工作規範》招募民眾參與在網路上，協助警察來共同維護安全之警民合作方案（蘇州網路

警察，2017）。

　　又大陸之武漢市亦已加快推進公安資訊化建設應用，有效提升了武漢公安維護治安的能力和水準。武漢公安大數據工程則實行一次規劃、分步實施。其步驟為：建設一個大資料公安雲，達成破案打擊、立體防範、綜合管理、民生服務等綜合應用平臺，實現公安資訊化由封閉、分散、孤立、簡單的業務應用，向開放、集成、共用、智慧的高端應用轉型，實現警務模式由被動向主動的轉變、由傳統向現代的轉變，推動基礎資訊集約化、指揮調度扁平化、偵查破案一體化、治安防控體系化、服務民生便捷化的治安維護目的（陳劍，2016）。武漢市公安之大數據工程建設，乃充分利用外力資源、實行服務外包，邀請業界最先進的企業，幫助該市完善規劃、建設系統、維護系統，並實現建用結合，通過市場化運作，建立長期服務合作機制。因之，該市之公安大數據工程是武漢市之「智慧城市」建設的重要組成部分，亦甚值得警政革新時之參酌。

第二節　我國警察勤務發展概述

　　我國現代警察乃源於大陸派警察之制度，故除中央一元化的統一指揮外，警察勤務方面強調犯罪偵查及破案之模式亦為其特色之一，故而較不注重犯罪預防之策略。雖在民國 36 年，內政部明令將民國 25 年採行之「警管區」改稱為「警勤區」，並於民國 37 年 11 月 25 日發布「警察勤務試行通則」，且於該通則第 4 條規定，警察勤務區為警察基本單位，由警員擔任。故而，此制與日本之派出所制類似。惟在實際的運用上，吾國現仍重視巡邏與偵防犯罪之功能，而日本之基層卻同時著重警民關係、情報佈建及預防犯罪之功能。

　　民國 38 年播遷來臺後，吾國警察勤務之策略及重點，仍然受傳統大陸派警政制度之影響，而以執法及犯罪偵查為主。其中間或有變革，如民國 51 年勤務改革之「日新專案」、民國 67 年開始的「改進警政工作方案」、民國 68 年的「革新勤務制度」、民國 73 年的「主動打擊、消滅犯罪綱要計畫」推展四人一網的組合機動警力運用等（內政部警政署，1987：1），但大都圍繞在如何有效的進行事後偵查，或增加巡邏之密度、機動性，與報案反應時間求其迅速的窠臼上，較少對預防犯罪及警政全面性的改革之工作上著力。然自民國

74年起，遂有二個重要的警政建設方案的提出，期對日漸惡化的社會治安及警政整體治安的效果能有所裨益。

此二方案，即五年警政建設及後續五年警政建設方案（民國74年至84年）。其五大工作計畫，即改進組織制度、教育訓練、待遇福利（後續方案改為維護士氣端正風紀）、充實裝備器材，及整理法令規章。然經評估後發現，此二方案仍圍繞在裝備之強化與偵查為主軸的策略上努力，此乃呼應當時社會發展之所需。惟環境及情勢已如前所述，已有相當大之變遷下，此種專業化發展的策略，已遭遇到瓶頸，而必須從基本的策略上，加以調整才足以因應時代之需求（王國明、陳明傳等，1996）。而此種策略上之轉向，亦必牽動著組織結構、人事制度、教育制度與勤務方式的變革與配合。民國81年警察勤務方面亦曾嘗試試行「三班制」勤務時間之改革，但因其他勤務組織、勤務方式等的不能全方位的配套改革而無疾而終。而後亦有多項隨著全球警政策略之新發展、我國之解嚴效應與警察體系出任警政首長的專業發展等，而有「專責警勤區」、「社區警政」等新勤務制度之推展與試行。綜上，根據我國警察勤務之發展，將其過程略分為下列6個時期概要的敘述之。其中各個時期之發展，雖然有其時間序列的先後順序，惟近期之發展則亦有治安策略與其模式重疊之處，其乃邇來各種策略之多樣化之援引與運用之下，致各時期推展之策略，有因為多管齊下策略之影響，自會有重疊之狀況出現。例如，第四時期之「解嚴後之社區警政發展期」與第五時期之「近期警政發展之創新模式時期」之發展過程，因為在同一時序內，其二時期之警政與勤務之策略，為同時平行的在進行研究與發展的狀況之中，故而會有重疊之處，特此說明。

壹、國民政府遷臺前之草創暨發展期

民國初年，臨時政府於南京設內政部並總攬全國警務，惟大陸各縣地方治安維護，仍多賴保甲、團練或保安團隊等組織，用以自衛；當時之保長、甲長即近似農村警察。民國肇始，中央改民政部為內務部，是時軍閥割據，中央政權不能及於各地，故內務部雖有警政司之設，而地方建警工作，形同停滯。各省既有盤踞之軍閥，一手包辦地方行政，則其規制，各自互異。

至於縣以下鄉鎮地方，則其編制更不一致。有設警衛股主任主其事者，亦有設警衛幹事辦理警務者。然事實上偏僻之縣，縣府組織極為簡單，經費所

限，多無設置警察局之財力。故行政院於民國 30 年 3 月索性通令全國，規定各省屬縣地方，以設警佐為原則，要街地區，人口稠密之縣，始准設警察局。其時正值戰亂，焦土遍野，於縣以下之鄉鎮警務，幾乎全部癱瘓。是故，此期間全國警政之發展，尚在雛型時期（國民政府內政史料，1989：139）。綜觀國民政府遷臺之前，警察勤務發展較具代表性約有（鄭文竹，2011）：

一、民國 14 年江蘇省南通縣試辦「擔當區」制（亦即現時警勤區），此實為我國施行警勤區制度之嚆矢。

二、民國 18 年江蘇省民政廳將「擔當區」改名為「巡邏區」，但因與守望、巡邏勤務之名詞混淆，一般社會人士不免忽視此制度之存在。

三、民國 19 年內政部公布「警長、警士服務規程」。

四、民國 23 年浙江省警官學校校長兼杭州市警察局局長趙龍文，以杭州市警察局為實驗地區，創立了「巡守互換制」勤務（亦即巡邏與守望勤務互換）。

五、民國 24 年 6 月陳果夫主政江蘇，指定崑山縣為「警管區」實驗縣，並任張達先為該縣警察局局長，試行結果成效良好，舉國景從。

六、民國 25 年 7 月 25 日，行政院頒布「各級警察機關編制綱要」，首都定名為警察廳，各省為警務處、警察局。其中第 11 條規定：「各級警察局、所警察勤務，以採用巡邏制為原則，並得劃分若干警管區，為警察擔任勤務之基本單位。」初步確定了我國警察勤務制度之採用巡邏制與警勤區之基本單位。

貳、臺灣光復後之發展期

民國 34 年光復後臺灣之警政發展，因受大陸派警察制度之影響，故而其勤務制度仍以傳統之警力機動化發展為其主軸，並以偵查為較重點之工作要求。至於勤務之發展，則由建設反共基地、掌控社會、軍人擔任警政領導之治安思維所主導，較為重要之勤務革新乃以「勤務時間」之研究發展為最大宗，而次及於落實警勤區與戶口查察、戶警合一、與派出所之存廢等議題之上。茲將臺灣光復後初期警察勤務較重要之措施摘要如下：

一、民國 34 年臺灣光復之前原由日本占領，其間 50 年臺灣地區之勤務制度，比照當時日本勤務制度。直至 1914 年（民國 3 年），日本駐臺總督四健

治郎對臺灣警政進行重大改革，州設警務部，廳設警務科，市設警務署，衝要地方並設警務科分室，其下設派出所，派出所即比照日本本國地區由若干受持區組成，在番地（臺灣山地原住民區）則設駐在所。

二、採行「戶警合一」，臺灣光復之初，戶政事務由警察機關接收辦理。民國 35 年，依「戶籍法」之規定，移交民政機關接管，於 6 月間開始辦理戶籍登記，並依「戶籍法」之規定，強行查記行政統一，亦即各機關所需之戶口資料，以戶籍登記為準，除法律另有規定外，不得另辦他種戶口查記。因而警察機關對於純以稽核嫌疑人口為目的而舉辦之流動人口登記，亦不得辦理。其強行統一的結果，因不足以適應治安上需要，於是民國 37 年 12 月，臺灣省政府乃依照內政部之規定另訂頒「臺灣省各縣市主辦戶政機關與警察機關辦理戶口查記聯繫辦法」，規定流動人口及外僑戶口之查記、嫌疑居民之偵查、特種營業之檢查、廠場店舖之開歇、傭工僱辭及失蹤人口之查記，由警察機關辦理；其他一切戶籍登記，由戶政機關辦理，以戶籍申請書一份送警察派出所查考。警察機關負外勤查察催報戶口動態之責；戶政機關負內勤過錄登記抄發證書及分送資料之責，彼此分工合作，以適應治安上之需要（六十年來的中國警察編輯委員會，1971：211）。

三、民國 36 年 8 月 31 日，內政部因輿論責難政府藉警察採用「警管區」來「管」人民，故明令將「警管區」改稱「警勤區」；並於同年 11 月 1 日發布「建警試行警員制方案」，試辦結果成效卓著。

四、民國 37 年 11 月 25 日，內政部又頒布「警察勤務試行通則」，普遍推行「警員制」，並確定「警勤區為警察勤務基本單位，由警員擔任」。

五、民國 38 年大陸局勢逆轉，各省人民大批來臺，戶籍登記工作日益增加，因戶籍法制缺漏殊多，致空漏戶口，以及登記錯誤情事迭出，於是臺灣省之戶政，究應由警察機關辦理，抑應由自治機關辦理，遂起爭議。內政部於民國 40 年，召集有關機關及專家學者幾經研究，當時意見紛歧。但其結果係以維持現制為宜。無奈制度終因有欠健全，空漏戶口，既無法防止，且日益增多，入境旅客及在逃人犯，又多不知去向，治安堪虞，為嚴密戶口查記，適應戡亂動員需要，乃有戶警合一之議。迨民國 40 年 11 月間，上級明白指示：「臺灣省戶籍必須交由警察機關主持，如有困難，應設法克服。」並飭妥擬辦法，限期實施。於是內政部與臺灣省政府乃會商

實施辦法，經過數易其制，於民國 58 年 7 月，始獲初步實施（六十年來的中國警察編輯委員會，1971：211）。

六、在警察勤務制度方面，民國 38 年國民政府播遷來臺之後，乃參酌日本在臺灣所建構「受持區」制度之基礎，但名稱改為大陸各地實施之「警勤區」；另日本警察掌理人民動、靜態之「戶口查察」制度，在警勤區執行勤區查察勤務中，仍繼續存在及實施，以因應社會情勢變化及治安環境需求。

七、民國 45 年警務處長樂幹為加強巡邏勤務，乃針對警察勤務活動方式、輪服時間、編配方法加以改進，實施「四八巡守互換制」。

八、民國 47 年警務處長郭永參照日本三班制勤務，訂定「三班勤務制（適用市鎮）與鄉村勤務制」兩種勤務方式實施。

九、民國 51 年 11 月警務處長張國彊提出「日新專案」計畫，並分甲、乙兩案試辦，甲案：撤銷派出所；乙案：保留派出所，且僅執行個別勤務，而共同勤務由分局執行，結果均不了了之。另民國 52 年 4 月復訂定改進警察勤務八項原則，惟試辦結果又產生困難。

十、民國 56 年 11 月 4 日，臺灣省依據「警察勤務試行通則」，並參酌省實際情形與地方需要，訂定「臺灣省警察勤務規則」施行。

十一、民國 55 年 3 月 18 日，臺灣省警務處為加強警勤區工作，訂頒「加強各縣市警察局警勤區工作實施方案」，經各縣市警察局區分階段、落實警勤區工作之實施。

十二、民國 55 年臺灣省政府為加強戶籍登記與管理，以適應動員戡亂需要，又擬具「臺灣省區戶警聯繫辦法」，呈奉行政院於民國 55 年 12 月令准先試辦一年，並於民國 57 年 1 月起正式實施。

十三、民國 57 年內政部依據同年 3 月 2 日國家安全會議第 7 次會議指示：「鑑於韓、越兩國共黨在鄉里間滲透與窩藏的實例，對於我國治安與戶警合一之加強，以及鄰里連保連坐之推行，更應切實研究，限期於六個月內實施。」於是成立專案小組，擬訂各種有關方案、辦法，其中關於戶警合一實施方案部分，呈奉行政院 57 年 11 月核示：「內政部應依據本方案原則訂定實施辦法，報院核定後令准先行試辦一年。期滿再行檢討修正戶籍法令。」內政部當即會同臺灣省政府擬訂「戡亂時期臺灣地區戶政管理辦法草案」一種，呈奉行政院於 58 年 5 月令頒「戡亂時期臺灣

地區戶政改進辦法」，准自民國 58 年 7 月 1 日起試行一年（六十年來的中國警察編輯委員會，1971：216）。

參、法制化與專業化發展時期

我國「警察法」自民國 36 年 6 月起草，至民國 42 年 6 月制定公布，先後達六年之久。足見此一法典之產生，洵非易事（國民政府內政史料，1989：142）。之後，內政部為貫徹「警察法」第 3 條規定，警察勤務制度由中央立法並執行或交由省縣執行之，故於民國 61 年 8 月 28 日公布施行由立法院三讀通過之「警察勤務條例」，此條例係亦同時參酌前項發展時期之「警察勤務試行通則」及「臺灣省警察勤務規則」而制定，及至民國 92 年 6 月頒行「警察職權行使法」，使我國警察勤務與職權正式邁入法制期。

民國 60 年代起，臺灣警察勤務進入法制化發展時期，本時期之勤務及職權發展之變革如下：

一、民國 60 年內政部警政署組織條例頒行。

二、民國 61 年 8 月 28 日，政府公布施行「警察勤務條例」。

三、民國 62 年基於戡亂時期嚴密戶口管理，配合治安需要，民國 58 年試辦戶警合一制度，於民國 62 年正式將戶政業務由民政單位劃歸警察機關主管，並將鄉鎮市區公所之戶籍課改為各縣市鄉鎮市區戶政事務所，隸屬各縣、市政府警察局。

四、民國 63 年 1 月 7 日，臺灣省警務處頒行「紮根專案初期實施要領」，分別從健全基層組織、充實基層警力、加強基層勤務等方面採取改進措施。

五、民國 68 年 2 月 12 日，警政署長孔令晟訂定「革新警察勤務制度初步構想」，分別實驗「都市警察勤務」、「城鎮警察勤務」及「鄉村警察勤務」，並依據實驗結果，規定全省各縣市警察局均須指定一或兩個分局，於民國 69 年 2 月開始實施革新勤務制度，廢除派出所制度；惟因反對聲浪甚高，致使革新制度停頓。此種變革，係比照日本勤務制度，廢除以派出所為勤務執行中心之制度，即在派出所僅保留部分勤區查察（戶口查察）人員，其餘警力集中在分局勤務組，分別編組，每日按各班勤務班次，由指定人員帶班，在指定轄區執勤；惟因傳統觀念作祟，民眾沒有安全感，機動反應遲緩等之因素，致使此次變革失敗。

六、民國 69 年 6 月，何恩廷署長接任後重新檢討上述革新勤務制度，秉持著取其精華去其弊害之旨意，訂定「加強警察勤務具體措施」實施，民國 70 年依此「具體措施」訂頒「警察勤務規劃」。

七、民國 71 年修訂「警察勤務規劃」爲「警察勤務規範」。

八、民國 73 年先後訂定「主動打擊、消滅犯罪綱要計畫」、「主動打擊、消滅犯罪實施計畫」，並依試行結果，又加以修正，並推行「機動警網勤務」，亦即巡邏勤務以 4 人爲一組之張網巡邏勤務活動，後因署長之更迭與基層員警不同之看法而停止機動警網勤務之推行。

九、民國 75 年 11 月 10 日，修正「警察勤務條例」第 11 條爲「勤區查察：於警勤區內，由警勤區警員查察之，以戶口查察爲主，並擔任社會治安調查等任務。」

　　本時期以訂定警察勤務條例通過立法爲主軸，而其發展主要亦以「快速反應」（rapid response）的巡邏模式之效率提升爲主。因而其發展之重點在於勤務裝備的更新、勤務時間的實驗，以及報案反應的時間上多所改革，在勤務制度的典範轉換之上較無突破。

　　在警政專業化方面，最重要的改革者爲孔令晟署長，孔署長於西元 1975 年（民國 64 年）在美國陸戰隊指揮參謀大學受教育時，學習到 C³I 管理觀念，該理論最早爲軍方所採用，後爲美國企業界所應用。C³I 是指 command（指揮）、control（控制）、communication（通信）和 information（資訊）。孔署長將 C3 比喻爲人的頭腦和神經，主導控制和指揮的功能，而把 I 當成是人的五官，掌理訊息情報的功能。

　　孔令晟署長深信警政改革方案的提出，必須有理論作後盾，如此根基才會厚實，否則猶如沙灘築塔，禁不起浪打雨沖。然而徒有理論是不足以自行，還需要有具體的細部計畫，發展出細微端末的執行方案，依著執行方案，作有效的實施。縱觀孔署長警政改革方案的形成，可分爲兩階段：第一階段是民國 66 年 5 月 4 日向中常會所提出的「警政報告」，在這次報告裡，其就組織、人事、教育、工作結構及警政最高指導原則，提出未來應努力的方向，可說是警政改革的初步構想；第二階段則是於民國 67 年 8 月向行政院所提出的「改進警政工作方案」，這項方案係以中常會的報告爲基礎，並接續擴充內容和項目，範圍較初步構想更廣、方向更明確，而且更加細緻化。「改進警政工作方案」包括有 46 項執行計畫，至此改革事業方向已定。

　　在未來警政努力之方向，孔令晟署長提出「警力現代化」的觀念。對於「警力」，他的詮釋是這樣的：「警力，不僅是人數。」「它是指警察執行任務的能力，是勤務制度、組織、編制員額、裝備、人事、教育訓練與領導管理等之綜合力量。」因此，警力現代化是其在警政現代化部分花費最多經費，投注最多時間與精神的項目。警力現代化工作主要有兩項，一是警察組織的現代化，一是人事教育的現代化。在警察組織現代化裡，其目的是想要提升整體勤務功能，他從建立警察勤務指揮管制體系及革新基層勤務功能二方面著手。前者設立署、局、分局的三級勤務指揮中心、建立電腦、縮影、傳眞爲主的資料處理系統、並建立以有線、微波爲主的通信系統。

　　其次，在革新基層勤務功能上，孔令晟署長想要建立的是機動化的警力，這部分可說是受英、美必特制度（beat system）的影響甚大。他認爲在人口較多，都市化較發達的城市，可採用警力集中運用方式，因此亟欲調整部分的派出所，將之整併，擴大警勤區，把多餘的警力集中在分局，保持機動性。然而既要保持警力的機動，就必須要有精良的無線電和機動車輛的裝備，前者是要讓線上巡邏的員警，可與勤務指揮中心保持良好聯繫；後者是要警力摩托化，把警力延伸到每一角落，讓治安沒有死角。警力現代化，是改革警政工程中最容易看得到的成果。

　　另外於新勤務制度在基層之組織革新之上，其於民國 69 年 2 月從全國各個警察局，挑選部分分局實施警力之集中運用策略，即裁併派出所共 85 所，後因地方民意之反彈，而終告無法遂行改革基層組織之重新設置與部署。同年 7 月，至孔令晟署長離開警界後 1 個月，除了 11 個派出所改爲勤務組外，餘 74 所派出所全數恢復，裁併派出所一事，於是宣告終止。有關此次勤務革新之重要影響包括：

一、在勤務指揮體系之後續影響方面

　　（一）勤務指揮中心：民國 66 年 9 月以任務編組方式成立，至民國 76 年 5 月 27 日修正「內政部組織條例」，將該中心納入編制，成爲正式單位。現今是勤務運作不可缺少的中樞機制。

　　（二）固定通信系統：經歷任署長的接續努力之下終於民國 79 年年底完成，是當時全國最大的通信系統。

　　（三）電子資料處理：民國 67 年 7 月 1 日成立任務編組的電子處理資料

推行組，民國 76 年成立資訊室，成為正式編制。警察電腦為警察提供快速有效之治安資訊，不可一日無它。

二、在基層警力機動化之後續影響方面

（一）地面警力：自民國 68 年始，按年度編列預算，分批採購汽、機車分發基層外勤員警使用，日後警察汽、機車設備即以此為基準，逐漸擴充。

（二）空中警力：民國 68 年 6 月成立空中警察隊，計畫購置直昇機 17 架，執行空中各項任務，分北、中、南三區，依各區勤務狀況，隨時支持調配使用。現於內政部之下設置內政部空中勤務總隊，簡稱空勤總隊。該隊成立於民國 94 年 11 月 9 日，是由警政署空中警察隊、消防署空中消防隊籌備處、交通部民用航空局航空隊及行政院海岸巡防署空中偵巡隊所整併成立。五大主要任務為救災、救難、救護、運輸及觀測偵巡。整合消防、救災與警政治安之功能。

（三）自製無線電機：民國 68 年 11 月 23 日第一批自製警光無線電機，生產成功，除將成品分交各縣市警察局基層員警使用，並繼續研發改進。直至民國 73 年羅張署長時代，因民間無線電發展迅速，自製已不符效益，於是改由民間採購，警光無線電機停止生產（郭世雅，2001：51-162）。

肆、解嚴後之社區警政發展期

民國 76 年解嚴後各種社會力的迅速激發，警察勤務亦在社會環境與全球警政之社區警政（community policing）之影響下，逐漸在民眾之服務與民力資源的整合方面多所突破，例如三班制勤務時間之實驗、專責警勤區之試辦、勤區查察修正「警察勤務條例」第 11 條以「家戶訪查」為主、各類民力之整合與開發，以及與治安有相關之服務項目的開發等。

此外，解嚴之後警政之發展亦逐漸回歸至以警察之專業來領導與運作警政，並期待以社會安寧維護與司法之手段，來較平和與有效的處理解嚴之後各種社會力迅速激發所衍生之群眾運動問題，故而在上述雙重因素的交互影響之下，其中警政發展較重要之策略轉變之一，乃於民國 79 年首由警政系統出身之刑事警察局長莊亨岱出任警政署長，之後歷任之署長亦本諸此專業而任用，並根據其個人過往之專業背景，而在偵查犯罪策略之上或預防犯罪策略之上，

多所落實、著力與建樹。例如根據前述，民國 81 年元月起，警政署訂定「警察勤務改進方案」陸續分階段擇地試辦，為期二年，即所稱「新勤務制度」或「三班勤務制」，至民國 82 年底試辦期滿。此為警察勤務時間革新科學研究的重要里程碑，後雖然因為人事更迭與組織配套因素未能完備的配合而停辦，唯已經立下一個勤務科學研究的良好示範與典範。

　　至於民國 84 年擔任警政署長的顏世錫先生，更以各種警政「制度面」有系統性、有結構性的全方位之改革為重點與主軸，進行有計畫、有節奏的警政制度革新；其之革新包含組織制度、教育制度、人事制度、勤務制度等等。其在勤務制度方面，更規劃與函頒「強化警察勤務功能策進作法」，據以為執行警察勤務之策進作為。其重大之影響乃在於警力運用必須視任務需要，變更過去「優勢警力」觀念為「適當警力」，並應依地區特性、治安狀況、警力多寡、民眾需求等因素適當調配、彈性派遣、打破建制，相互支援，以組合警力實施共同性勤務作為，強化勤務指揮中心硬體設備及執勤同仁主動指揮調度管制能力，改善無線電通訊品質，以現代化、科技化之電腦資訊網路，有效發揮勤務指揮調度管制功能，對勤務之思想與策略之後續影響至深且巨。茲將解嚴後之警察勤務發展摘要如下：

一、內政部於民國 76 年 7 月 24 日發布「戶口查察實施辦法」，規定戶口查察由警勤區警員於警勤區內實施之，必要時得派員協助之，除查對戶籍資料外，並應執行社會治安調查，推行政令宣導及提供為民服務。

二、民國 77 年 5 月訂定「改進警察勤務方式規定事項」，並依試辦結果，修正為「警察勤務方式、時間執行規定」，於民國 78 年 5 月 8 日函頒實施。

三、民國 81 年 1 月 5 日起，警政署訂定「警察勤務改進方案」，陸續分階段擇地試辦，為期二年，即所稱「新勤務制度」或「三班勤務制」，至民國 82 年底試辦期滿。本項試辦制度係將員警勤務時間 12 小時（8 小時正常勤務時間和 4 小時超勤時間）合併執行，將單位所有員警分為三個梯次來執行勤務，即 8 時至 20 時一個梯次，20 時至 8 時一個梯次，另一梯次為 10 時至 22 時、12 時至 24 時或 14 時至 2 時不等，到後來之檢討，因機動警力不易控制、業務推展不易、民眾洽公不便、主管考核不周、有風紀疑慮、深夜不易落實等問題而未實施。

四、民國 81 年 7 月戶警分隸，有關戶政事務所業務，移由戶政機關辦理。

五、民國 83 年 3 月 11 日，警政署依據試辦結果函頒「警察勤務現階段作法」。

六、民國84年3月消警分隸，有關消防救災業務，移由消防機關辦理。

七、民國84年10月11日，警政署函頒「強化警察勤務功能策進作法」，據以為執行警察勤務之策進作為。該警政署之函示：警力運用視任務需要，變更過去「優勢警力」觀念為「適當警力」（含適當裝備），應依地區特性、治安狀況、警力多寡、民眾需求等因素適當調配、彈性派遣、打破建制，相互支援，以組合警力實施共同性勤務作為（本項得視任務而定，如對聚眾活動無法掌握其狀況演變時，自可使用優勢警力），並修正「主動打擊，消滅犯罪實施計畫」，取消原來之「警網編組」規定，以彈性編配組合或個別警力執勤，增加勤務密度。並強化勤務指揮中心硬體設備及執勤同仁主動指揮調度管制能力，改善無線電通訊品質，以現代化、科技化之電腦資訊網路，有效發揮勤務指揮調度管制功能（內政部警政署，1995）。

八、民國85年5月1日，警政署函頒「警察重要工作實施計畫」，作為警察工作實施之準則。

九、民國88年3月臺北市及臺中縣警察局擇定若干分局試辦專責警勤區，專責警勤區人員除勤區查察及值班外，不服其他共同勤務，試辦結果，難見成效，故沒有進一步推展。

十、民國89年1月26日，華總一義字第8900018510號令制定「行政院海岸巡防署組織條例」，水上警察業務移由海岸巡防署辦理，將「內政部警政署水上警察局」改隸行政院海岸巡防署，更名為「海岸巡防總局」。

十一、內政部於民國89年10月31日檢討廢止「戶口查察實施辦法」，而再進一步修訂原民國79年9月頒布的「戶口查察作業規定」，暫以家戶訪問取代戶口查察。

十二、民國90年6月警政署編印「警察機關分駐（派出）所常用勤務執行程序彙編」，作為各警察機關勤務執行程序之準則。民國96年修正二版，民國99年修正三版。

十三、民國90年12月14日，司法院大法官釋字第535號，將「警察勤務條例」之性質界定為非單純之組織法，實兼有行為法（作用法）之性質，並對臨檢勤務之要件、程序與救濟進行規範，進而期許警政單位二年內通盤檢討訂定警察執行職務之法規。

十四、民國92年6月5日，公布「警察職權行使法」，規範警察執行職務時，

依法採取應有職權之具體措施，共 32 條條文，本法自民國 92 年 12 月 1 日開始施行。

十五、民國 92 年 11 月 27 日，內政部依據「警察職權行使法」第 15 條第 3 項之授權，訂定「治安顧慮人口查訪辦法」，其中第 5 條規定，警察實施查訪，應選擇適當時間、地點、以家戶訪查方式或其他適當方法為之，為家戶訪查取代戶口查察埋下伏筆。

十六、民國 93 年 9 月 15 日，公布新修正「戶口查察作業規定」，將一種戶規範對象與治安顧慮人口相結合，且在一、二、三種戶之查察次數有調整等規定。

十七、民國 94 年 11 月 8 日，由立法院三讀通過，設置內政部入出國及移民署，並於 96 年 1 月 2 日，正式掛牌運作，將民國 61 年 9 月成立之「內政部警政署入出境管理局」有關入出境管理之工作正式從警察工作中移出。

十八、民國 96 年 7 月 4 日，「警察勤務條例」第 11 條第 1 款修訂為：「勤區查察：於警勤區內，由警勤區員警執行之，以家戶訪查方式，擔任犯罪預防、為民服務及社會治安調查等任務；其家戶訪查辦法，由內政部定之。」

十九、內政部於民國 96 年 12 月 13 日發布「警察勤務區家戶訪查辦法」共 17 條。

二十、內政部警政署於民國 97 年發布「警察勤務區家戶訪查作業規定」，民國 99 年 10 月再次修訂。

二十一、民國 97 年「警察勤務條例」第 5 條修訂為：「警察勤務區，為警察勤務基本單位，由員警一人負責」。因而理論上警員、巡佐或巡官皆可擔任勤區工作，惟實際上並未推行之。

二十二、民國 100 年 4 月 27 日，修訂「警察職權行使法」第 15 條治安顧慮人口部分對象。

二十三、民國 101 年內政部警政署曾以民國 101 年 1 月 20 日警署行字第 1010040754 號函，檢送「警察機關設置及巡簽巡邏箱實施要點」一份，該巡簽巡邏箱實施要點之第 5 點規定，警察勤務單位規劃員警巡簽巡邏箱時，應於巡邏箱設置處周遭適當範圍，實施重點「守望勤務」5 分鐘至 10 分鐘，執行瞭望、警戒、警衛、受理民眾諮詢、整理交通秩序及其他一般警察勤務，並適時採徒步巡邏方式，深入社區、

接觸民眾，增加警民互動合作機會，有效預防犯罪。該要點之第 6 點又規定，警察勤務單位應考量員警巡邏區（線）路程遠近及「巡守合一」勤務等時間因素，設置適量之巡邏箱供員警巡簽。（內政部警政署，2012 年 1 月 20 日警署行字第 1010040754 號函）

二十四、內政部於民國 107 年 4 月 11 日發布「警察勤務區訪查辦法」共 11 條，在其立法理由與意旨之修正總說明中闡述，因警勤區訪查屬任意性行政行為，為免員警執行發生偏差，爰依「警察勤務條例」第 11 條第 1 款規定增訂第 2 項，其之內容為：警勤區訪查之目的為達成犯罪預防、為民服務及社會治安調查等任務。（內政部主管法規查詢系統，「警察勤務區訪查辦法」）

伍、近期警政發展之創新模式時期

　　然而，近年來由於社會發展的快速，民眾對警察工作之品質要求日高，且參與公共事務之意願亦相對提升。在此狀況下，警察工作之遂行，不僅要求要提高服務之量與量化之績效（如破案率等），更要提升服務之品質。我國警察勤務亦採取若干創新與嘗試，包括：

一、民國 92 年臺中縣警察局將多年研發的「推行社區警政視訊暨勤務執行方案」整合完成，並成為該局之發展主軸。並以 QCC 方法與步驟（品管圈「由下而上的管理模式」），完成各類互為配套的研發工作。該局為落實品質提升與創新研究發展，特成立「臭皮匠品質政策創意圈」（Research & Development Circle），結合「學習型組織」（Learning Organization）及該局「全面提升服務品質實施計畫」，融入 QCC 精神推動該局「工作圈」及基層單位「勤教學習圈」（Operation Learning Circle），讓全體員工一起參與、共同研發創新（臺中縣警察局，2004）。

二、民國 93 年臺東縣警察局局本部各單位共成立了 26 個品管圈（Quality Control Circle, QCC），各分局與分駐（派出）所亦均比照辦理，全方位的進行品管的持續改革，並定期的進行觀摩與比賽（臺東縣警察局，2004）。

三、民國 94 年嘉義市警察局之革新，乃是警政業務全面的資訊科技化，並提供一個最標準、有系統及專業化的便捷模式為民眾服務。為達成此目的該

局有數項根據 ISO 而研發成之本土策略之配套作為，以便順利推展此願景。其援引品管圈之技術與步驟，來研發創新下列六項便捷服務程序之方案：（一）警政 E-POWER 專案；（二）交通事故處理系統；（三）建置重要路口監錄系統；（四）校園治安淨化區 E 化專案；（五）巡邏車裝置 D8 錄影系統；（六）住宅防竊環境安全檢測（嘉義市警察局，2005）。

四、民國 97 年桃園縣警察局的服務理念如下：（一）積極引進企業「全面品質管理」、「顧客導向」、「創新加值服務」等理念及作法，並持續性改善；（二）整合社區資源，促進全民參與，關懷弱勢團體，強調公共利益；（三）善用現代化科技，建立完整管理流程，提升效率；（四）對該局組織定位、願景與領導，形成共識；掌握環境發展趨勢，貼近民意需求。另外，其有下列 2 大項關鍵之革新作為（桃園縣警察局，2008）：

1. 警政科技整合與運用：(1) 運用科技，達到快速反應、縮短流程，提升服務效能；(2) 結合 110 系統、勤務規劃、派遣、GPS、GIS、治安分析及行政管理等七大子系統，另整合天羅地網、交通號控系統，發揮最大功效。

2. 現代化派出所：該局是全國首創警政改造工程，85 個分駐派出所，同步推動現代化派出所行動方案。並包含下述 5 個發展方向：(1) 科技化；(2) 人性化；(3) 多元化；(4) 顧客導向；(5) 創新加值服務。而期達成環境佳、效率高、態度好，及創新的加值服務等效益，以便提升治安維護之效率與效果。

五、民國 98 年臺中縣警察局創新勤、業務精進作為。為因應日益增加之民眾需求，持續創新各項服務其服務之理念為：（一）以客為尊；（二）全員參與；（三）持續改善。其創新精進之作為包括：魅「荔」四射，無線藍芽 ─ ICOS 系統、試驗紅外線簽巡邏箱、學生賃居治安風險安全認證、農漁牧機具烙碼、自行車刻碼、整合性查贓系統等，期能提供人性化、多元化高品質專業服務，透過 E 化高科技，發揮協助治安之功能，確保民眾生命財產安全（臺中縣警察局，2004）。

六、民國 98 年新竹市警察局「三區共構」新警民協力式警政治理之基本理念，乃根據民間化警力發展之全球趨勢，其運用之民間資源或為整合前述之「第三造警力」（Third Party Policing）概念與作為可謂甚為多元。該局根據前述之「社區警政」與「第三造警力」新趨勢與發展之原則，故而提

出「三區共構」（勤區、學區、社區）理念，認為除治安維護外，更結合
社區巡守隊與學校資源，透過三區共構的綿密網絡與平臺，扮演社區與學
校連結的良好橋樑，整合警民資源，共同維護社區與學區安全。該創新警
政作為，乃運用鄰里之巡守隊，透過勤區、學區、社區三區共構的綿密網
絡，藉由更有組織的運作與聯繫，強化社區安全，減少社區治安顧慮（新
竹市警察局，2010a）。其具體作為如下：

（一）「三區共構」之新警民協力式警政治理：認為治安維護應結合社區
　　　巡守隊與學校資源，透過三區共構的綿密網絡與平臺，扮演社區與
　　　學校連結的良好橋樑，整合警民資源，共同維護社區與學區安全。

（二）整合科技、人文與地方特色的綿密治安網絡—竹安工程—「千眼守
　　　護聞聲救苦」：以警車衛星定位派遣系統與路口監視錄影系統為主
　　　架構，以觀光警察鐵騎隊、「一里一巡守隊」、試驗以紅外線簽巡
　　　邏箱為輔，以補主架構之不足，讓歹徒無所遁形。在運用整合資
　　　訊、通訊及影像分析等先進技術方面，亦即建構路口監視錄影系
　　　統、平安燈緊急報案系統、車牌辨識系統、智慧型影像分析系統、
　　　金融機構緊急報案系統及 GPS 警車衛星定位派遣等六大系統，24
　　　小時守護陪伴民眾，服務不打烊。在設置緊急通報系統（平安燈）
　　　方面，則將具有警示、監視錄影、警報器及通話等多功能之平安
　　　燈，裝置在港南育樂中心、海天一線、公道五綠地公園及赤土崎公
　　　園等四處風景區等處所，有效發揮嚇阻歹徒犯案之作用，提供即時
　　　為民服務工作（新竹市警察局，2010b）。

近期警察勤務之改革，因為社會多元化與地方自治如火如荼的發展，各地
方之警察機構常推出勤務革新之創意策略與作為，然綜觀其之發展主軸可歸納
成下述三個大原則：

一、**創新**：在基層組織之硬體環境或勤、業務裝備及機具上力求改變與創新，
　　更必須在勤、業務執行時之軟體作業流程或管理技術上，創造新的作業程
　　序及適合本轄區之應用軟體，以便領導治安維護之技能，而更有效且輕鬆
　　簡便的推展治安勤務與任務。

二、**資訊流通 E 化**：此乃 21 世紀另一個新的警政管理新理念。警察基層組織
　　必須運用警政內部之資通平臺及外部之資訊資源，不但要整合內、外之資
　　源，並且要更進一步研發及提供內部顧客（即本轄員警），及外部顧客

（即本轄民眾）E 化之多樣性便捷服務，以便更有效的執行其勤務與遂行其業務。

三、**整合**：整合警察組織內部之縱向與橫向之資源與功能，而不僅是單向的接納與使用為已足。並且要整合警察組織外部（含政府相關機構與民間資源）之相關機制與功能。另外，從工作執行的方法上，更應整合治安維護相關學術之方法，例如，預防犯罪之理論與技術，建築規範之人身與社區安全設計等等多元的方法，並據以研發與推廣資源整合之新勤務策略與作為。

在此期間，各縣市警察與各專業警察單位，紛紛推出各類勤務革新策略，本文所介紹之實務革新案例，僅為冰山之一隅。隨著社會環境的變遷、地方自治的重視、管理科學的發展，警察勤務之革新亦呈現本土化、多元化、多角化及資源整合的發展趨勢。

陸、未來以情資導向來發展警察勤務之時期

如本章前節所述，國土安全警政發展時期強調的發展主軸之一，即為情資導向之警政發展策略，而大數據科技之運用即成為情資導向警政最佳之發展工具與運用之輔助功能；因而警察勤務之發展自然就必須掌握此大趨勢，而加以變革其勤務之型態與其勤務策略，以便提升勤務之效率並且擴大為民服務之廣度、便利性與其效率。

故而我國內政部警政署遂如前所述，曾經於 2016 年舉行「2016 年警政治安策略研討會」，選定「大數據時代的警政策略」為主題，邀請專家學者及各警察機關共同討論。警政署並已規劃建置「全國毒品情資資料庫」，律定、整合毒品情資通報模式，未來將透過大數據分析毒品流通、交易網絡，有助向上溯源，有效瓦解毒品犯罪集團，並結合政府各部門及民間的力量，共同防制毒品犯罪。警政署亦曾於 2015 年從加強雲端網路應用及整合系統開始發展「情資導向」的警政，並已整合全國錄影監視、人、車、案件系統，建置涉案車輛查緝網整合平臺、治安資訊整合中心、雲端影像調閱系統、擴充「警政服務 App」功能與利用視訊進行會議和訓練等，同時也初步運用數據分析、通訊軟體協助疏導重點時段車流與傳遞訊息。2016 年則更持續以「科技領航」為警政藍圖，帶動發展警政巨量資料分析、治安資訊整合系統、提升 110 E 化指

管派遣效能、辦理科技犯罪偵查教育訓練、推動科技犯罪偵查隊法制化等新措施，希望借助資訊科技強化打擊犯罪能量，讓治安工作也能與時俱進。又如內政部警政署近日推廣與全國執行之「各警察機關 Web 2.0 社群網站及 APPS」應用軟體的推廣，即為運用此雲端系統的最典型之勤務與服務之革新，甚值得發展與期盼（內政部警政署，各警察機關 Web 2.0 社群網站及 APPS）。而我國此種新勤務策略之發展模式，或可稱之謂「情資導向之警察勤務發展策略」。

參考書目

一、中文部分

內政部警政署（1987年8月20日），五年警政建設方案，行政院函核定修正。

內政部警政署（1995年10月11日），強化警察勤務功能策進作，內政部警政署警署行字第69119號函。

內政部警政署（2012年1月20日），警察機關設置及巡簽巡邏箱實施要點，內政部警政署警署行字第1010040754號函。

六十年來的中國警察編輯委員會（1971），六十年來的中國警察，中央警官學校。

王國明、陳明傳等撰（1996），後續警政建設方案之評估，臺北：行政院研考會。

呂育誠（1995），組織能力的再提昇－全面品質管理（TQM）兼論行政機關運用之可行性，中國行政，第58期。

桃園縣警察局（2008），民國97年行政院政府品質獎－「警網勤務派遣系統」簡介。

高希均等（2000），知識經濟之路，天下文化出版社。

國民政府內政史料（1989），警政史料第一冊－整建時期，國史館印行。

郭世雅（2001），孔令晟與警政現代化，中央警察大學行政警察研究所碩士論文。

郭進隆譯（1994），第五項修練－學習型組織的藝術與實務，天下文化出版社。

陳明傳（1989），警察行政之發展趨勢，警學叢刊，19卷3期，中央警察大學印行。

陳明傳（1992、1993年8月），論社區警察的發展，中央警察大學出版社。

陳明傳（1993），論警察的工作壓力，警學叢刊，24卷2期，中央警官學校印行。

陳明傳、Jim L. Munro等（2001），警政基礎理念－警政哲學與倫理的幾個議題（The Basic Principle of Policing-Issues of Philosophy & Ethics），中央警察大學出版。

陳明傳等（2016），國土安全專論，五南圖書出版社。

新北市警察局（2016），新北市政府警察局情資整合中心業務簡報。

新竹市警察局（2010a），行政院第二屆「政府服務品質獎」參獎申請書。

新竹市警察局（2010b），推動「三區共構警政策略」精進會議紀錄。

嘉義市警察局（2005），民國94年提升服務品質績效報告。

臺中縣警察局（2004）。92年度提升服務品質績效報告。

臺東縣警察局（2004年8月），民國93年品管圈QCC競賽。

齊思賢譯，Lester C. Thurow著（2000），知識經濟時代（Building Wealth-The New Rules for Individuals, Companies, and Nations in a Knowledge-Based Economy），時報文化。

劉毓玲譯（1993），新政府運動（Reinventing Government），天下文化出版社。

蔡德輝等（1993），基層員警對工作環境及家庭生活之適應問題，行政院研考會專案研究。

鄭文竹（2011），警察勤務，中央警察大學印行。

酆裕坤（1976），警察行政學，中央警官學校印行。

丁國鋒（2017年5月1日），法制網記者，大數據給公安警務改革帶來了什麼，取自：http://dr16drkasm.pixnet.net/blog/post/258914356-%E2%80%9C%E5%A4%A7%E6%95%B8%E6%93%9A%E2%80%9D%E7%B5%A6%E5%85%AC%E5%AE%89%E8%AD%A6%E5%8B%99%E6%94%B9%E9%9D%A9%E5%B8%B6%E4%BE%86%E4%BA%86%E4%BB%80%E9%BA%BC。

內政部主管法規查詢系統（2019年3月1日），警察勤務區訪查辦法，取自：http://glrs.moi.gov.tw/LawContentSource.aspx?id=FL044766#lawmenu。

內政部警政署全球資訊網（2017年5月1日），警署建置「全國毒品情資資料庫」投入反毒戰，取自：內政部警政署全球資訊網https://www.npa.gov.tw/NPAGip/wSite/ct?xItem=80330&ctNode=11435。

科技產業資訊室（2017年10月25日），海量資料分析與精準情報決策，取自：科技產業資訊室http://cdnet.stpi.narl.org.tw/techroom/analysis/2013/pat_13_A002.htm。

陳劍（2016年10月25日），武漢市計畫利用三年時間建成公安大資料工程，取自：新華網新聞http://www.hb.xinhuanet.com/2015-04/21/c_1115033223.htm。

舜華（2016年10月25日），西雅圖警方利用大數據打擊犯罪，取自：大紀元http://www.epochtimes.com/b5/14/9/25/n4256515.htm。

華為企業互動中心（2017年10月25日），深度解析大資料在公安領域的應用，取自：華為企業互動中心http://forum.huawei.com/enterprise/thread-162865.html

維基百科（2017年5月1日），大數據，取自：https://zh.wikipedia.org/zh-hant/%E5%A4%A7%E6%95%B8%E6%93%9A; also see http://en.wikipedia.org/wiki/Big_data。

劉雨靈（2017年5月1日），內政部警政署署長陳國恩專訪，科技建警、偵防並重警政署融入大數據分析，取自：全球安防科技網http://www.asmag.com.tw/article/article_detail.aspx?aid=10026。

蘇州網路警察（2017年5月1日），「蘇州網絡（警）志願者招募啟事」以及「指尖服務破解警務工作難題」，取自：http://www.wjzd.suzhou.gov.cn/article/210.html以及http://www.wjzd.suzhou.gov.cn/article/216.html。

警光新聞雲（2016年7月22日），警政科技化@嘉義市雲端智慧巡邏車＋全面上線，取自：http://policetorch.blogspot.tw/2016/07/blog-post_22.html。

二、外文部分

Baltimore Mayor's Office of Citistat (2016), retrieved Oct. 25, 2016 from http://www.baltimorecity.gov.

Borglund, Erik, and Urban Nulden (2014), The Soap Opera Rationale: A Complementary Information Management Construct in Police Work Practice, in Mechor C. de Guzman et. al., the Evolution of Policing: Worldwide Innovations and Insights, NY: CRC Press, Taylor & Francis Group., pp: 61-76.

Galloway, Robert, Fitzgerald, and Laurie A. (1992), Service Quality in policing, FBI Law Enforcement Bulletin, Nov, pp.1-7.

Harfield, Clive ed. (2013), Blackstone's Police Operational handbook: Practice & Procedure, UK: Oxford University Press.

Kelling, George L., and Mark H. Moore (1987), From Political to Reform to Community：The Evolving Strategy of Police, a Paper Produced at Harvard University's Kennedy School of Government, Cambridge, MA.

Manning, Peter K. (1991), Toward A Theory of Police Organization：Polarities and Change.社會變遷與警察工作國際學術研討會，中央警官學校。

Normandeau, Andre,and Barry Leighton (1990), A Vision of the Future of Policing in Canada: Police-Challenge 2000, Police and Security Branch, Ministry Secretariat Solicitor General, Canada.

NYPD, Bureaus-Precincts, retrieved March 1, 2019 from https://www1.nyc.gov/site/nypd/bureaus/bureaus.page.

Oliver Willard M. (2007), Homeland Security for Policing. NJ: Person Education.

Ren, Ling（任寧）(2015), Associate Professor Sam Houston State University, Public Attitudes Toward The Police in the u.s., Prepared for the Invited Lecture in National Taipei University.

Rowe, Michael (2014), Introduction to Policing 2nd. Ed., Los Angeles: Sage.

Taylor, Toby L. (1992), Police Policy, FBI Law Enforcement Bulletin, August, pp.4-5.

Thibault, Edward T., et al. (1985), Proactive Police Management, 2nd ed., N.J.: Prentice Hall.

Walker Samuel, Katz, and Charles M. (2011), The Police in America-An Introduction, 7th ed.,

NY.: McGraw Hill.

Williams Ⅲ, Frank P., McShane, and Marilyn D. (1988), Criminological Theory, NJ: Prentice Hall.

Williams Ⅲ, Frank P., Wagoner, and Carl P. Wagoner (1992), Making the Police Proactive: An Impossible Task for Improbable Reasons, Police Forum, A.C.J.S. Police Section, June, pp.1-5.

Williams, Alan (1988), The police of Paris: 1748-1789, Baton Rouge: Louisiana State University Press.

Woodie, Alex (2014), Police Push the Limits of Big Data Technology, in Datanami, retrieved May 1, 2017 from https://www.datanami.com/2014/07/31/police-push-limits-big-data-technology/.

Worcester Regional Research Bureau (2003), Compstat and Citistat: Should Worcester Adopt These Management Techniques? Worcester Regional Research Bureau Report No. 03-01 February 18, 2003, retrieved Oct. 25, 2017 from http://www.wrrb.org/reports/03-01compstat.pdf/200.

CHAPTER

2

警察勤務機構

第 一 節　我國勤務機構之演進過程

　　我國警察勤務之實施依據「警察勤務條例」第 3 條之規定，以行政警察為中心，其他各種警察配合之。至於警察勤務機構若以行政警察論之，則包含勤務執行機構的分駐所、派出所，勤務規劃監督及重點性勤務執行機構的警察分局，以及勤務規劃監督機構的警察局。基本上，在各縣、市均設有警察局，於各鄉鎮或縣轄市設有警察分局，而其勤務之規劃與監督，數十年來均保持一定之規範與穩定性，較無重大之變異或改變。至於分駐所、派出所屬於第一線的勤務執行機構，與民眾之接觸甚為全面與頻繁，因而經常隨著社會環境之演進而經常必須調整其執勤策略，以滿足社會與民眾之需求。因此，本章將以其之變革為探討之核心重點。

　　民國肇始，國民政府從省、市、縣到區、鄉、鎮普遍設置警察機構，建立了一套十分龐大的地方警察系統，並延伸至社會的各個領域。其在省會和市警察機關方面之發展，則省會警察局乃是省會警察事務的專管機關，在設置警務處的省份，其乃隸屬於省警務處；在不設警務處的省份，則直屬於民政廳。由局長綜理局務，並指揮監督所屬機關和職員。局內設總務科、行政科、司法科和督察處，並於必要時增設外事科和其他專管科。省會警察局之下，就管轄區域劃分若干區，區設警察分局，分局以下設警察分駐所和派出所，並劃分警管區。省會警察局還編制有保衛地方安寧的保安隊，查訪要案、偵緝盜匪的偵緝隊，以及消防、交通、水警等警察隊，並為訓練警察，附設警察訓練所（中國社會科學院法學研究所法制史研究室，1985：341-342）。

　　雖然民國成立後正值戰亂頻仍，百廢待舉，各地方警察機構發展遲速不一，然根據文獻仍有散在制機構的發展，而其規範仍然影響著光復之後以及國民政府遷臺後之警政發展與其機構設置之規範。然而，光復前之臺灣地區因為亦曾受日本之殖民統治，所以基層警察組織之警察派出所，仍存在有日本警察的遺風，亦受日本警察派出所制度一定程度之影響。因此，若追溯日本派出所的起因，及第二次世界大戰之後日本警察制度的變革與發展，以綜觀現今派出所存在之功能，形式上似與百餘年前設置之屯所、交番所相去不遠，但在實際作用上，則已大異其趣。

　　臺灣在西元 1895 年，依中日馬關條約割讓給日本，日人占領之初，為遂

其統治目的，乃實施所謂三階段政策，即凡山地及情勢雜亂地區，由軍隊控制，盜匪較少之偏僻地區，由憲兵駐守，城市附近地區，則由警察負責。由於這段時期尚在軍政時期，所以幾無警察實質可言。直至西元 1901 年，總督府成立警察本署，下設調查、警務、衛生、蕃務、保安各課，以警視總長為署長，警視總長於職務範圍內，有指揮廳長之權，同時總督府又廢縣設廳，初分全島為 20 廳，廳下並設置分廳。1909 年又將臺灣全島劃分為 12 廳，其下並設 86 支廳，並於西元 1910 年將蕃務從警察本署中獨立出來，成立蕃務本署。到 1915 年臺灣地區蕃亂平定，始再在警察本署中，成立理蕃課。

1919 年起日本在臺灣另設臺灣軍司令官，獨立於臺灣總督府之外，故自 1901 年至 1920 年的二十年間，是日本據臺的警察時代。因此，臺灣島內的民政業務，包括治安、勸業，乃至一般公共事務，都得靠警政系統配合才得推動。1920 年日本欲革新臺灣行政，乃實行準自治制，劃分全臺為五州三廳，並改警察本署為警務局，下設庶務及警務、保安、理蕃、衛生四課。州設警察部，廳設警務課。而州下之市設警察署，廳下之郡即設警察課，並於主要地區，設警察課分室，分轄所屬之派出所及分駐所。

至西元 1932 年左右，臺灣警察機構已具規模，是日本治理臺灣最盛的時期。日據時期，藉助派出所（分駐所）之散在配合分布於臺灣全境，逐使警察成為日本殖民統治臺灣的主要工具。其統治期間之過程，除初時曾一度以軍隊、憲兵肩負警察任務外，未幾即確定警察為推行政令、維持治安之唯一工具。換言之，臺灣在日據時候，除警察官署外，別無行使警察權之機關，實已作到以警治內的境界。揆其原因，在於警察透過派出所掌握保甲，並以調查戶口為派出所警察之主要業務，這種深入民間，於民間遍布無形之警察，對政令之貫徹，耳目之增強，以及警察實力之增強作用極大。再加上，警察掌管防疫、保健及理蕃等諸多行政作用，勤區警察在一般人的印象中甚是權威，而有被尊為「大人」的說法（鄭文竹，2011：71-73）。

民國 35 年秋，二次大戰結束，臺、澎地區由國民政府接收，胡福相奉命接管警政各項庶務，當時（日人撤離臺灣時候）共有派出所、駐在所 1,497 個，臺籍警察 5,750 位。由於日據時代的臺灣派出所，深入民間、普及全臺各地，對治安能有效掌握，因此國民政府繼續保留其派出所制度。僅裁撤部分派出所、駐在所，並重新設立部分派出所（駐在所）計 1,329 所，並立即招募警察人員。

　　如前所述，至民國 61 年 8 月 28 日公布施行由立法院三讀通過之「警察勤務條例」，此條例係參酌「警察勤務試行通則」及「臺灣省警察勤務規則」而制定，使我國警察勤務與職權正式邁入法制期。然在此期間警察勤務機構，從警察局、警察分局、警察分駐所、派出所基本上並無較根本之革新，亦即依循傳統警政之經營方式在運作，亦即前述之「快速反應」（rapid response）的勤務模式。其中，除了於民國 68 年 2 月 12 日，警政署長孔令晟訂定「革新警察勤務制度初步構想」，分別實驗「都市警察勤務」、「城鎮警察勤務」及「鄉村警察勤務」，並依據實驗結果，規定全省各縣市警察局均須指定一或兩個分局，於民國 69 年 2 月開始實施革新勤務制度，廢除派出所制度；惟因反對聲浪甚高，致使革新制度停頓之外，並無較重要之勤務結構上的改變。

　　然一直到民國 95 年前後，內政部警政署認為警政的首要工作在於改善治安、提升服務效能，並要能重視民眾感受，積極回應民眾的要求。因此除強化偵防作為、改善治安之首要任務，且指標性重大刑案幾乎都要偵破，以便交出亮麗成績之外，提升服務效能更是警政建設的主流思維。而廣布全國各地，能直接提供警政服務，與民眾日常生活息息相關的警察分駐所、派出所，成為強化第一線優質警政服務的先鋒。而此觀念之轉變亦與社區警政（community policing）之全球潮流，以及國內社會民主化之進程息息相關。因此，於民國 95 年前後警察機關遂據此趨勢，推展警察服務識別標誌暨派出所 CIS（Corporate Identification System）及報案 E 化之創新作為，並且重塑其外顯之形象的一項改革案，其識別標誌之設計理念中，有關「盾形袖招」之設計理念為：「警徽」為正面展翅之金黃色警鴿，徽頂正中置青天白日國徽，外繞黃色嘉禾。其中國徽，象徵效忠中華民國，保護國土之意涵。金黃色警鴿，象徵警戒、和平、效率。警鴿雙翅各繪大羽 8 支、小羽 5 支、尾羽 3 支，意涵三民主義、五權憲法及四維八德。嘉禾葉、穗左右各七，意涵周而復始、不眠不休服勤。警徽與 POLICE 的運用，連結了創新與傳統意象，POLICE 英文字呈現，方便外國人士辨識，強化警察保衛人民及維護治安之視覺呈現，底色層次設計呈現活潑氣氛緩和嚴肅感。

　　然而，由於警察服務識別標誌於民國 93 年伊始設計時，行政院已推動「營造英語環境雙語」，故其圖面為「警徽」與「POLICE」之標誌結合，如圖 2-1 之圖 A 所示。然而復經民意反映，政府機關之標誌只有英文而無中文，民眾不易辨識，故而警政署乃重新思考，將圖面加上「警察」2 字，並經試辦後於

民國 98 年 12 月 21 日起正式加註「警察」2 字,供各單位於各項資料標誌時使用,如圖 2-1 之圖 B 所示。(內政部,常見問答—警政署何謂「警察服務識別標誌」;內政部警政署,警察服務識別標誌)

　　據上述新設計之服務識別標誌,派出所門首新設計之橫式識別標誌與其整體之外觀,則如圖 2-2、圖 2-3 所示,在試辦期間亦據以隨之修改。惟此「橫式」識別標誌,因為試辦的結果太過於耗電,因此大部分派出所業已不再使用,而如袖招之標誌,則仍然掛於派出所之門首。然而其之設計理念,和平鴿乃象徵警察捍衛正義、維護社會和平,和平鴿飛揚舞動的紅色線條如同警察積極的行動力,充滿著活力與效率,同時柔化警察的嚴肅感,拉近與民眾的距離。110 乃不論對老人、小孩或外國人而言,是警察服務最簡單好記的代名詞。110 火紅造型顯現民眾對警察的需求,結合活潑電話筒設計表現警察積極服務,以此造型呈現讓民眾更容易記憶與識別。灰色乃如同執法時的鐵面無私,象徵警察科技化與專業化的形象。紅色乃代表警察服務民眾的熱血與熱忱。國際化乃派出所之中、英文名稱,使國人及外國人士均能辨讀,符合國際化要求,並以斜體字呈現出警察迅速的行動力。

圖 A　民國 94 年新設計完成之袖招　　　圖 B　民國 98 年再次修正之袖招

圖 2-1　新設計之警察「盾形袖招」識別標誌與再次修正之比較圖
資料來源:內政部警政署,警察服務識別標誌網頁

圖 2-2　新設計之警察派出所之識別標誌
資料來源：內政部警政署，警察服務識別標誌網頁

圖 2-3　新設計之警察派出所之識別標誌及其整體外觀
資料來源：內政部警政署，警察服務識別標誌網頁

　　由於臺灣社會的快速發展，民眾對警察工作之品質要求日高，且參與公共事務之意願亦相對提升。在此狀況下，警察工作之遂行，不僅要求要提高服務量化之績效（如破案率等），更要提升服務之品質。故 21 世紀各國警政發展之主流，實均在如何改革警政工作品質上多所琢磨與著力。其中，勤務之創新與新的嘗試在先進國家之警政與我國勤務之新發展上，均衍生出一些創新的勤務典範（paradigm），此新的勤務發展風潮如前所述之警政新嘗試，亦可如下圖 2-4 看出其新的發展現狀與其端倪。

圖 2-4　桃園縣政府警察局桃園分局中路派出所外觀

資料來源：桃園縣政府警察局，2008

第 二 節　我國警察勤務機構之規範

　　依據我國之「警察勤務條例」第 4 條之規定，警察勤務機構區分為基本單位、執行機構及規劃監督機構。我國各級警察機關組織體制暨指揮監督系統，乃行政院為全國最高行政機關。內政部為掌理全國警察行政，並指導監督各直轄市警政、警衛及縣（市）警衛之實施。內政部警政署乃承內政部部長之命，執行全國警察行政事務，統一指揮及監督全國警察機關執行警察任務。內政部警政署則下轄六都之直轄市政府警察局及各縣市 16 個警察局，其乃掌理各直轄市，以及各縣（市）轄區警察行政及業務。至警察機關之組織架構如下圖2-5所示。而警政署則設有行政組等 18 個內部幕僚單位，分掌各項全國性警察業務之規劃、督導及考核，並統一指揮監督全國警察機關執行警察任務。警政署下設 20 個附屬機關（構）學校，分別掌理各項專業警察任務。至於地方警察機關，則全國計有 6 個直轄市政府警察局、16 個縣（市）警察局、159 個分局，若統計至 105 年 12 月底止，則全國警察機關預算員額 73,747 人，現有員額 68,145 人（內政部警政署，2018a）。

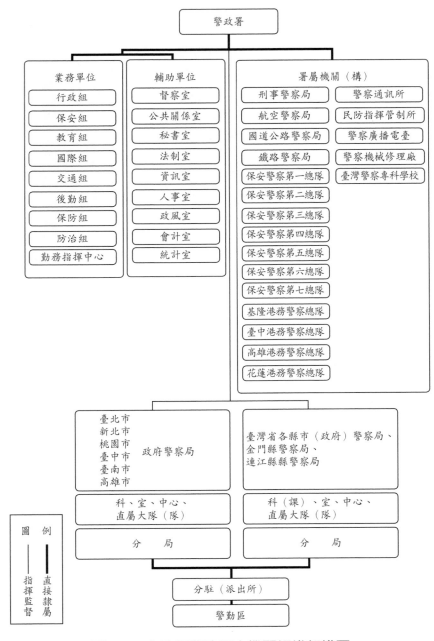

圖 2-5　內政部警政署之機關組織架構圖

資料來源：內政部警政署，106年警政工作年報第九章，2018a：244

　　圖 2-5 之左上側爲警政署直接隸屬之署內部的幕僚單位，右上側則爲警政署直接隸屬之專業警察單位，以上署之幕僚與直屬之專業外勤單位，均爲警政署直接隸屬之單位。圖 2-5 下側之 6 個直轄市警察局，以及 16 個各縣市警察局，依照地方自治的相關規定，隸屬於各個直轄市及各縣市政府，但因爲我國乃中央一元化之警察體制，根據「警察法」第 3 條之規定，警察官制、官規、教育、服制、勤務制度及其他全國性警察法制，由中央立法並執行之，或交由直轄市、縣（市）執行之。有關直轄市警政、警衛及縣（市）警衛之實施事項，其立法及執行，應分屬於直轄市、縣（市）。又同法第 4 條之規定，內政部掌理全國警察行政，並「**指導監督**」各直轄市警政、警衛及縣（市）警衛之實施。因此對於上述之各縣市警察局，仍有警政一體之指揮監督權限。

　　至於警察組織最爲端末之基本單位的警察勤務區之規範，依據「警察勤務條例」第 5 條之規定，警察勤務區，爲警察勤務基本單位，由員警 1 人負責。又第 7 條規定，警察分駐所、派出所爲勤務執行機構，負責警勤區之規劃、勤務執行及督導。另第 9 條規定，警察分局爲勤務規劃監督及重點性勤務執行機構，負責規劃、指揮、管制、督導及考核轄區各勤務執行機構之勤務實施，**並執行重點性勤務**。而第 10 條則規定，警察局爲勤務規劃監督機構，負責轄區警察勤務之規劃、指揮、管制、督導及考核，並對重點性勤務，「**得**」逕爲執行。茲分述之如下。

壹、警察勤務區

一、警察勤務區之規範

　　警察勤務區爲警察勤務基本單位，由員警 1 人負責。此處所謂之「員警」二字，爲 2008 年修正「警察勤務條例」時，將第 5 條「警察勤務區爲警察勤務基本單位，由**警員** 1 人負責」，修正爲由員警 1 人負責。該次修正該條文之立法理由乃是：「爲強化並提升警勤區服務效能，爰將警勤區由警員負責，修正爲由員警負責，以遴選優秀之警員、巡佐、巡官擔任之。」（植根法律網，法規資訊─「警察勤務條例」）此種改革之重要性，乃認爲警勤區甚爲重要，其實爲社區安寧與社會秩序維護最前線奠基之磐石，因此必須提升其執法人員之品質，以致於必須提高其警察之位階以便對應之。縱然在警察的實務運作中，並未落實此次修法之深意，而派遣較高職務之員警至警勤區任職，不過此

思維誠與前述之民國 25 年 7 月 25 日行政院頒布「各級警察機關編制綱要」有同等重要的革新之價值。其編制綱要中第 11 條規定：「各級警察局、所警察勤務，以採用巡邏制為原則，並得劃分若干警管區，為**警察**擔任勤務之基本單位。」其初步確定了我國警察勤務制度之採用巡邏制與警勤區之基本單位，並由符合任用資格之警察人員擔任之，而非為當時較未具備任用資格之警長或警士擔任之。而 2008 年修訂「警察勤務條例」第 5 條，對於提高擔任警勤區工作之員警的資格方面，有同等重要之時代意義。

2000 年全國警勤區有 16,082 個，刑責區 2,304 個，依據警政署 2004 年 8 月的警力統計，當時全國偵查員為 4,723 人，刑責區總數已增至 2,356 個。大體上，警勤區工作係以戶口查察、為民服務、政令宣導、發覺治安死角為主；刑責區工作則以情報諮詢、地區探查、刑案偵查為主，二者主要重疊之處在於社會治安情資，且以治安顧慮人口及易於犯罪場所為主（張平吾、劉勤章，2004）。而上述之刑事責任區，根據「警察勤務條例」第 6 條之規定，刑事、外事警察，得配合警勤區劃分其責任區。因而刑事責任區乃與警察勤務區為類似之層級，而專責刑事之勤、業務之基本單位，至於外事警察責任區亦比照之，為外事警察專門負責外事警察之勤、業務的基本單位。

二、警察勤務區之劃分與其工作量之調查研究

至於警勤區之劃分，依據「警察勤務條例」第 6 條之規定，警勤區依下列規定劃分：（一）依自治區域，以一村里劃設一警勤區；村里過小者，得以二以上村里劃設一警勤區；村里過大者，得將一村里劃設二以上警勤區。（二）依人口疏密，以 2,000 人口或 500 戶以下劃設一警勤區。前項警勤區之劃分，應參酌治安狀況、地區特性、警力多寡、工作繁簡、面積廣狹、交通電信設施及未來發展趨勢等情形，適當調整之。前述警勤區劃分的基本原則，根據「警察勤務區家戶訪查作業規定」第 2 章，警勤區劃分原則第 10 點之規定，為使警勤區制度能合理有效施行，警勤區劃分應依人口疏密，並參酌治安狀況、地區特性、警力多寡、工作繁簡、面積廣狹、交通電信設施、未來發展趨勢及配合電子化資料能正確對應傳遞，依自治區域以不分割鄰之原則，由分局每年定期檢討調整，並陳報警察局核備。前述作業規定第 11 點更進一步規定，分駐（派出）所各警勤區人口數顯著差異時，所長應於該所警力員額內，提出重新劃分警勤區建議，重新劃分警勤區後，警力負擔仍過重者，應建請增設警

勤區；負擔如過輕者，應合併鄰近警勤區，以達勞逸平均（內政部警政署，2018b：306）。另根據「警察勤務區勤務規範」第6點之規定，警勤區之劃設，應考量整體情況，由警察分局定期檢討調整。劃設時，應參酌警力分配、社區居民意見及下列要素辦理（內政部警政署，2018b：316）：

（一）人口疏密：以當前轄區總戶口及人口數除以所有警勤區數為基準，每個警勤區以不逾 2,000 人口或 500 戶為原則。

（二）配合自治區域：於不割鄰之情形下，以一村里劃設一警勤區為原則。村里過小者，得以二以上村里劃設一警勤區；村里過大者，得將一村里劃設二警勤區。

（三）地區特性：包括區域別、金融機構、重要機關、學校、團體、特殊場所、特定營業場所等特性。

（四）治安狀況：最近 6 個月內每一警勤區所發生治安事故之統計數，包括重大及一般刑案、違法（規）案件等。

（五）交通狀況：妨害交通事件（故）、交通繁雜或交通及通訊良窳等。

（六）面積大小：面積之計算，以實際勤區查察地區之實際面積定之。

在警勤區員警之工作量評估方面，前述我國之警政發展確曾於 1979 年 2 月 12 日，警政署長孔令晟為了推動「警政現代化」，並訂定「革新警察勤務制度初步構想」（內政部警政署，1979），而指派姚高橋先生擔任基隆市警察局副局長，並曾在該局第一分局實驗新的警察勤務，當時即曾經調查基層派出所員警轄區之工作量，並設計一個多元（複）迴歸分析（Multiple Regression Analysis）方程式，其統計方法為杜立德法（Doolittle's Method）（內政部警政署，1979：42-44）其乃以警勤區警員「平均」每日之工作時間為應變數（筆者按：或者一般社會科學研究稱之謂依變項，Dependent Variable），警勤區之「基本資料」及「員警個人能力資料」為自變數（筆者按：或謂自變項 Indenpardent Variable），輸入電腦並以統計軟體求得各變數（項）的交互相關係數，遂得出如下列公式 1 之複迴歸方程式，並將其作為評估各個警勤區工作量之量表。據此量表再逐一將現有每一警勤區之各項資料，納入（代入）此方程式中加以計算，即可求得每一警勤區每日之平均工作時間，以每日 8 小時計算，即可得知其是否符合服勤時間與工作量之標準。如若未達或超過標準，則應予擴大或裁減其轄區或工作量。實驗之基隆市警察局第一分局 24 個警勤區之各項資料，輸入中山科學研究院之電腦，求得之複回歸方程式如下。方程式

中的每一個數值即為該項自變項經運算後之參考常數，作為日後輸入每一警勤區該項資料時相乘之常數，如此可得出該勤區之工作量安排是否合理恰當。

　　基隆市警察局第一分局實驗新的警察勤務時，設有調查研究編組，以「隨勤觀察」方式，從事各項工作量調查。該研究小組洽請當時之中央警官學校派遣學生 76 名，在實驗單位第一分局以「人盯人」方式隨勤觀察，以便進行工作量調查。自 1979 年 2 月 3 日至 3 月 10 日為期 36 天。根據調查所得資料，以電腦作業系統之分析與研究。

　　該研究並請大學的統計教授設計而援用了一個複迴歸方程式，來統計與分析相關之資料。該方程式如下列公式 1，在公式之中，Y = 警勤區每日平均工作時間，X1 = 勤區人口數，X2 = 一種戶數量，X3 = 二種戶數量，X4 = 三種戶數量，X5 = 勤區內人口之職（行）業（已換算成係數），X6 = 勤區人口之教育程度（已換算成係數），X7 = 勤區轄境面積，X8 = 區域別（指商業區，並將其數量化為 5），X9 = 勤區之金融機構數量，X10 = 勤區之機關學校團體數量，X11 = 勤區之特殊場所數量，X12 = 勤區之特定營業場所數量，X13 = 勤區員警年齡，X14 = 勤區員警服務年資，X15 = 勤區員警智商，X16 = 勤區重大刑案發生數，X17 = 勤區一般刑案發生數，X18 = 勤區竊盜案發生數，X19 = 勤區違警數量，X20 = 勤區交通事故數量。至於各變項前之數據，為經過統計之後與該項變項有關之常數，將此類「常數」（本研究迴歸分析研究之後，所得之數據量表）當作標準之運算數值，然後再輸入各個勤區之該項工作量之後，即可算出該勤區的工作時間。從各項常數加以判斷則 X8（區域別，指商業區）、X9（勤區之金融機構數量）對於工作時間之影響最大；其次為 X13（勤區員警年齡）、X18（勤區竊盜案發生數）及 X12（勤區之特定營業場所數量）次之，此種統計之結果，似乎亦與一般對治安與工作繁簡之主觀見解相吻合。至於公式的最後一個數值即為複迴歸分析的殘差數值（Residual）。

　　經此運算之後，實驗之基隆市警察局第一分局 24 個警勤區中，超過 8 小時工作時間者只有 3 個勤區，工作時間最長者為第 23 勤區的 9 小時 14 分鐘，最短者為第 7 勤區的 3 小時 46 分鐘。因此有 21 個勤區占所有 24 個勤區的 87.5% 工作量不足 8 小時，顯示警勤區之工作不會太繁重。得此方程式之後，即可適用於全國各勤區工作時間的運算之上，若然則可更合理的規劃勤區的轄境與其工作量。

公式 1 勤區員警工作時間與工作量等資料之複迴歸方程式

$Y = (0.00223817) X1 + (-0.0123504) X2 + (-0.0589572) X3 + (-0.0059875) X4$
$+ (0.0114896) X5 + (-0.0044491) X6 + (0.0370228) X7 + (0.8377974) X8$
$+ (-1.0059908) X9 + (0.0886093) X10 + (-0.0453280) X11 + (0.1051684) X12$
$+ (-0.1679975) X13 + (0.0916369) X14 + (-0.0159514) X15 + (0.0730006) X16$
$+ (-0.0376412) X17 + (0.15533419) X18 + (-0.0011845) X19$
$+ (-0.0134282) X20 + 5.9909311$

　　然而該實驗亦有數個研究方法、理論依據及統計方法在信度（Reliability）與效度（Validity）上的不周延之處，故而可能造成該工作量之數量化結果，與實際勤區之工作負荷產生誤差與不同之結果。其中之可供改進之處，例如：（一）該研究實際僅運用社會科學研究方法中之觀察者「非參與式的觀察法」（Non-participant Observation Method），[1] 此種較偏向於質化之研究法（或謂定性之研究法，Qualitative Approach），為了避免其過於主觀，或可配合實地調查法、個案研究法、或實地實驗法等量化之研究法（或謂定量之研究法，Quantitative Approach），或許能更全方位的發覺勤務時間的真相。其中之準實驗設計（Quasi-Experimental Study Designs）（Shadish, Cook, and Campbell, 2002），有其一定之方法與研究設計必須遵循，然而當時該研究專案，可能僅為初探性的研究（Pioneer Study），所以並未能顧及於此研究規範，例如在研究中就無所謂之對照組（或謂控制組，Control Group）與實驗組（Experimental Group or Treatment Group）之研究設計，以便作科學性的評比與校正等。因此單一組別的研究設計，而又無多次重複實驗，或者設計成為不同時段與實驗處

----

[1] 社會科學的研究方法中質化之研究法可包括有個案研究法、觀察法、訪談法、內容分析法、歷史文獻回顧法等等。其中觀察法指在自然的情境中，透過感覺器官及有關的工具以蒐集研究資料的歷程，其之種類又可分為直接觀察與間接觀察、結構觀察法與無架構觀察法、參與觀察法與非參與觀察法等。而基隆市第一分局之實驗研究，乃洽請中央警官學校派遣學生76名，在實驗單位第一分局以「人盯人」方式隨勤觀察，只進行觀察而並未參與工作，因此屬於非參與觀察，因為非參與觀察法乃是指觀察者不參與被觀察者的任何活動，完全以局外人的身分進行觀察之研究法，該研究恰屬之。

置（Treatments）的差別交互比較，因此該研究就很容易陷於單一觀察法之研究設計，而極其可能產生誤判的結果。

（二）又例如此種觀察研究法，易造成所謂之霍桑效應（Hawthorne effect），[2]因為以76位警官學校學生以「人盯人」的方式來計算員警的工作量，則可能產生因為有學生盯著，或有人在觀察研究，而無法測得真實的狀況與數據。即如有名的「霍桑實驗」所產生電子工廠員工，因為有人觀察而加倍努力工作之霍桑效應就會產生。這也可能造成上述勤區工作之實驗，其所測得第一分局 24 個勤區員警，有接近 9 成的勤區，其工作時間之不足，就可能因為此霍桑效應所使然之不太真實之結果。

（三）與警勤區工作時間可能相關之影響因素，則應該對於各種理論與前人之國、內外研究多所援引，不宜太主觀的自行設定影響因素。應該要能旁徵博引，才能更真實的研究出其之因果關係，否則其決定係數（Coefficient of Determination）一定不會太高，也就是說無法更為正確的測量出實際的真相。

（四）複迴歸統計法最為忌諱的就是類別變項太多（Nominal Data），該研究確實對於該種變項，作過多的加權（至少 3 項加權，使其成為量化之數據，包括職業、教育程度及商業區等），復以各變項間的交互作用（Interaction）亦會產生誤差，因此以上兩種缺失，將會對統計效度（Statistical Validity）產生影響，致而誤判研究之現象。所以在未來之研究時，必須考慮不同或者較為適宜的統計方法，以便降低誤差。尤其，邇來統計軟體的日新月異，例如 SPSS 等統計軟體，只要依循其要件輸入電腦運算之，均可得到快速與精確的運算結果，可供勤區規劃政策擬定時之參考。

（五）因為複迴歸統計法之要求，該研究確實有儘量對於類別之變項，作

---

[2] 霍桑效應起源於1927年至1932年期間，美國哈佛大學心理學教授George Elton Mayo帶領學生和研究人員在西方電器公司（Western Electric）位於伊利諾州的霍桑工廠（Hawthorne Works）進行的一系列心理學實驗。實驗假設的各項條件並非是唯一的或決定性的生產效率影響因素。對此，Mayo的解釋是，受試者對於新的實驗處理會產生正向反應，即由於環境的改變（亦即實驗者的出現）而改變他們的行為。所以績效的提高，並非由實驗操控變項（或因素）所造成，而是實驗者的出現，而間接的激發其表現與努力以赴工作之意願。這種效果就是我們所稱的「霍桑效應」。維基百科，霍桑效應https://zh.wikipedia.org/wiki/%E9%9C%8D%E6%A1%91%E6%95%88%E5%BA%94。

數量化之加權，以致於對職業、教育程度及商業區等作加權與數量化之處理，但必須要有相關理論作爲支持此種加權之根據，否則易流於過於主觀之偏見。至於警員的智商能力之智力測驗，係採加州心理成熟測驗第五種，適用於初中三年級至一般成人，在 24 名員警之中，落入可計算的 9 人之平均智商僅爲 82.22，足見測驗量表之信度（Relibility）與穩定性，似乎亦不太合於我國員警之智力測驗。因此必須更積極的建立適合我國員警智力測驗的常模，才能夠進一步作工作量與勤務時間相關性之實證研究，以便於更精確的量化與統計分析。

　　綜上所述，當時雖然僅初步具備有量化之技術與方法，然而勤務科學化之革新，確實已略見曙光，縱然可能有筆者所論上述之諸多不足處，但可謂是瑕不掩瑜矣！然而當時因過於主張集中警力，而欲裁撤部分派出所，而未得層峰之認可，致使得署長突遭調職，警政改革遂軋然而止，之後就再無此類警政量化之規劃與革新之作爲。

　　綜上所述，雖然我國之警勤區得作適當的彈性之調整，惟有關應參酌的地區治安、交通與治安等等各類因素之考量，則一直沒有較爲量化數據（Quantitative Data）的評量標準與規範，實與美國前述之專業化警政時期（Professionalization Era）的警察行政著名學者 Orlando. W. Wilson（Benzkofer, Chicago Tribune），其於 1940 年代時任威奇特市（Wichita, Kansa）警察局長，及至 1960 年代之後的芝加哥市警察局長時，其力倡更爲專業化與科學化的規劃該市之警察巡邏區（或謂必特區，Beat），亦即以量化之「社區需求因素」的勤務規劃之方法（proportionate need factors）（Taylor, 1981），兩者之規劃模式與程度，實相差甚遠。因此應該積極的發展我國警勤區之劃分，達到較爲科學的規劃之進步模式。雖然依據「警察勤務條例」第 7 條第 2 項之規定，分駐所、派出所設置基準，由內政部警政署定之。而如前述於 1995 年，時任警政署長的顏世錫先生，更以各種警政「制度面」有系統性、有結構性的全方位之改革，並進行有計畫、有節奏的警政制度革新，其之革新包含組織制度、教育制度、人事制度、勤務制度等等。其在勤務制度方面，更規劃與函頒「強化警察勤務功能策進作法」對於勤務之規範亦有較爲彈性之規定，然而對於警勤區之劃分並無較爲詳盡、具體與科學之劃分規範，此乃爾後我國警勤區劃分時，在法制規範與實際作爲上，必須努力發展與研究之處。若然才能眞正提升我國警察警勤區之效率與功能。

三、警察勤務區為勤務基本單位之議題

論者或有謂我國警察勤務「基本單位」或者同性質、同層級之單位，應該有三種，亦即警勤區、駐在所及入山檢查哨，然或有論者稱其為「準警勤區」者，亦即依據「警察勤務條例」第6條第3項之規定，刑事、外事警察，得配合警勤區劃分其責任區，故而刑事責任區與外事責任區，或可視之為「準警勤區」，但筆者以為亦不宜視之為警察勤務條例中之基本單位。因此，筆者認為我國警察之基本單位應該只有警勤區一種，而刑責區與外責區，僅為配合警勤區而劃分之專門業務的責任區，至若駐在所與入山檢查哨，更應視之為基層之小型「組織」，而非為「基本單位」。今分別從法制與組織理論之基本原則論述之如下。

（一）法制方面規範之不同：依據「警察勤務條例」第5條之規定，警察勤務區為警察勤務基本單位，該條文明定基本單位為警勤區一種而已。至於駐在所根據同法第7條第3項之規定，偏遠警勤區不能與其他警勤區聯合實施共同勤務者，得設警察駐在所，由員警單獨執行勤務。其之前一項即為規範分駐所、派出所之設置規範，因此駐在所之屬性（雖然員警較少，通常只有1位警員），應該是屬於「小型派出所」之組織、機構之設置，而非屬於基本單位。另外，根據「人民入出臺灣地區山地管制區作業規定」第4點規定，山地管制區應由各該管警察局評估選定適當地點，報請警政署核准設置檢查所，由警察局派專勤員警執勤。如警力不敷分配時，得報請警政署核准僱用原住民役畢青年協助執行勤務，並應指定警察1人為所長。又該規定第5點規定，檢查所勤務分固定檢查與流動檢查，固定檢查24小時執行，流動檢查視需要機動派遣，受該管分駐所、派出所指揮監督，執行入出山地管制區人員、車輛及物品之檢查與管制（內政部警政署，2018b：745-746）。因此，入山檢查所為類似派出所專責管制入山程序之機構，而且可以由原住民役畢青年多人協助執行勤務，故其實為一種執勤之「機構」，非為1人專責之警勤區的基本單位。至於固定檢查之「崗哨」，亦為入山檢查勤務執行之組織或機構，亦可視之為前述駐在所之性質，因此實非等同於警勤區為警察勤務之「基本單位」之性質。是以，從法制規範面以觀，駐在所及入山檢查哨之性質乃屬於小型之組織規範，顯然與基本單位之警勤區，其屬性完全不同。

（二）組織理論之基本原則方面之不同：組織之理論發展雖然有傳統理

論、人群關係理論與系統權變理論的不同見解，抑或謂之爲 X、Y、Z 理論之演進（Wren and Bedeian, 2017），雖然近年來組織理論一直在尋求一個共同的詞彙（common vocabulary），但它仍然是一個尚待認定與研究的領域。然而，這不表示在組織理論中毫無任何共同的要素（common elements）。至於大部分的教科書中都網羅了幾個典型的論題，包括正式的結構、小團體、領導、管理模式與機制、人際關係、官僚體制、溝通、創新和變遷、組織發展、權威和管制、決策與評估等等（彭文賢，1991：4-5）。而在組織結構的運作方面（Organizing），則必須要有 4 項程序：1. 確認其權責爲何；2. 設定如何安排所屬員警之工作時間與工作流程與工作分派；3. 規劃權責單位之層次，例如基層警員、巡佐、所長、督察、分局長、局長等指揮監督體系；4. 指派職務之責任與權利的規範相符（Swanson, Territo, and Taylor, 2008: 223-225）。因此，無論從組織理論之內涵，或者組織結構的運作，警勤區以基本單位之「**虛擬組織或功能取向**」之質性，是無法滿足及運作上述組織原則之規範。反之，駐在所及入山檢查哨，雖然是小型之組織結構型態，然而卻是五臟俱全且能運作上述組織之大部分要素（elements）與功能的「**實體運作取向**」之機構。綜上所述，從組織理論之基本原則方面以觀，駐在所及入山檢查哨已具備有組織與結構之功能與作用，而非所謂之基本單位。而所謂警察勤務之基本單位，應該只有警勤區而已，因爲其並未具備有上述之組織要件與功能。

四、我國警察勤務區與日本受持區、新加坡的鄰里警崗暨歐美之必特區的相關性

（一）我國警察勤務區與日本受持區及新加坡的鄰里警崗的相關性

依據我國「警察勤務條例」第 11 條第 1 款之規定，警察勤務之勤區查察乃於警勤區內，由警勤區員警執行之，以家戶訪查方式，擔任犯罪預防、爲民服務及社會治安調查等任務，其家戶訪查辦法，由內政部定之。又根據內政部於 2018 年所新修訂之「警察勤務區訪查辦法」第 2 條第 2 項之規定，警勤區訪查之目的爲達成犯罪預防、爲民服務及社會治安調查等任務。該辦法第 3 條又規定，警勤區員警訪查時，得實施下列事項：

1. 犯罪預防：從事犯罪預防宣導，指導社區治安，並鼓勵社區居民參與，共同預防犯罪。

2. 爲民服務：發現、諮詢及妥適處理社區居民治安需求，並依其他法規執

行有關行政協助事項。

　　3.社會治安調查：透過與社區居民、組織、團體或相關機關（構）之聯繫及互動，諮詢社區治安相關問題及建議事項。

　　因此我國警勤區之職能實乃以犯罪預防、治安之情資蒐集與治安調查，以及為民服務為其設置之主要功能。而其顯然與日本之受持區（Fixed Beats）、新加坡的鄰里警崗（Neighborhood Police Post）以預防為主之職能與治安維護之策略雷同。然其與歐美國家傳統巡邏之必特區，以快速回應民眾報案以及偵查為主之功能大異其趣，雖然其均為警察勤務執行最基本之勤務措施，然其設置之職能與功用卻不同。

　　日本之受持區，乃為日本各地的警察局將其分局劃分為數個派出所，派出所下轄數個受持區，派出所（Koban）乃是分配到各個受持區（類似我國警勤區）員警執勤的輪番與休息、換班之基地。由分局之地域課（Community Police Affairs Bureau，過去稱之為巡邏課）每日指派員警，至派出所執行該受持區之任務。派出所及駐在所的勤務則分為社區警政勤務（Community Police Activities）及社區警察的機動巡邏（Mobile Units of Community Police）兩大類。派出所員警則以 24 小時輪班工作，通過各種服務確保民眾的安全，其勤務則包括：1. 對報案事件和事故的回應；2. 給予問路之諮詢；3. 遺失物品的處理；4. 給予安全與其他相關問題提供建議；5. 巡邏轄區；6. 受持責任區之家戶訪問（Door to Door Visit）等（東京都警視廳，KOBAN 交番）。因此，派出所下設之受持區之勤務，乃以預防之模式為主，而且有地區責任制之指派。我國之警勤區與新加坡的鄰里警崗，均為師法日本之派出所與受持區，因此比較近似。

　　新加坡的鄰里警崗乃於 1980 年代，新加坡原來以機動巡邏為主之勤務，卻無法有效的控制逐漸惡化的犯罪問題。因此於 1981 年 10 月由其時之總理李光耀指派內政部長（Minister of State for Home Affairs, Professor S. Jayakumar）率隊至日本考察警政，而學習了日本的派出所之受持區制度，遂創造了新加坡的鄰里警崗制度，其乃取法預防犯罪及警民合作之社區警政之概念（Yeo）。惟鄰里警崗雖有社區警政發展之情況，但較為類似我國小型之派出所或駐在所等機構，而非如我國警勤區為地區責任制之「基本單位」的任務指派。新加坡第一個類似日本 koban 的勤務機構，被稱為鄰里警崗（Neighborhood Police Post, NPP）是於 1983 年 6 月在 Toa Payoh 設置的 Khe Bong 鄰里警崗。至

1993 年止，新加坡共有 91 個鄰里警崗之設置。改革後的鄰里警崗，其勤務活動已依據日本警察社區警政之模式，其顯然與傳統之高密度巡邏之模式有所改變，而調整後之勤務方式如下（Singh）：

1. 提高員警巡邏之見警率（High profile police presence or high visibility patrols）。
2. 提供更有效率的值班臺之服務（Provide efficient counter service）。
3. 家戶訪問（House visits，如日本的 Door to Door Visits）。
4. 犯罪預防（Crime prevention）。
5. 社區的聯繫（Community liaison）。
6. 安寧的維護及群眾運動之處理（Security coverage/crowd control）。

然而於 1997 年檢討了此鄰里警崗制之後，遂進一步的改革並成立了鄰里警察中心（Neighbourhood Police Centre, NPC）。其目的乃爲了適度合併各鄰里警崗，以便整合其之各類資源，而能爲更多的民眾提供「一站式、全面性的社區警察服務之警察中心」（one-stop, total community policing center）。該項整併鄰里警崗之第 1 階段於 1999 年 2 月實施，涵蓋西部地區共設置 6 個鄰里警察中心；第 2 階段於 1999 年 10 月涵蓋東部和東北地區共設置 12 個鄰里警察中心；第 3 階段計畫於 2000 年 7 月在中部地區設置 11 個鄰里警察中心。至此，共有 32 個鄰里警察中心，至於其所下轄之鄰里警崗的數目，從 1997 年的 91 個減少到 2000 年的 66 個（Wikipedia, Neighborhood Police Centre）。至今（2018 年 12 月），在新加坡總共 7 個地區性的警察分局（Police Division）之下，共有 35 個鄰里警察中心及 60 個鄰里警崗（Singapore Police Force, Contact Us）。自新加坡建立新的鄰里警察中心以來，警察與社區之間即可保持著密切的融洽關係與合作。這種夥伴關係，使得民眾能協助社區的治安維護與協助逮捕犯罪者，因此降低了犯罪率。此種仿效日本派出所之類似社區警務（Community Policing）之勤務發展，對於確保社區免受安全威脅，也是相當有成效的。同時鄰里警察中心，亦不斷的教育和提高公眾對安全威脅的認識，以及社區如何與警方合作，來共同打擊犯罪與恐怖主義。所以，鄰里警察中心成爲新加坡第一線行政警察的唯一機制，在重新整併的系統中，該鄰里警察中心對社區治安的總體結果負責。因此，過去之鄰里警崗對於社區警務相關的服務之提供較爲有限，然而改革後之鄰里警察中心卻能提供「一站式、全面性的社區警政」較爲全方位之服務。最近對試驗階段執行情況的

審查顯示，其之目標已基本實現（US Department of Justice, 2000）。鄰里警察中心之勤務則包括：1. 傳統快速報案反應之機動巡邏（fast response patrols or Reactive Patrols）；2. 預警功能之勤務（包括家戶訪問、警民合作、情資蒐集等 proactive functions such as house visits）；3. 24 小時的服務臺之值班制度（Counter Service）等。至於未被整併之原來的鄰里警崗，晚上則無值班之安排。因此，新加坡之鄰里警察中心類似我國分駐所（大型派出所）之功能，鄰里警崗則類似我國派出所或駐在所（小型派出所）之功能。而其警民合作與預防犯罪之規範，則近似日本之受持區與我國之警勤區。然而若以受持區之責任制，與功能取向之「虛擬組織」之機制而言，則我國之警勤區比新加坡之鄰里警崗更類似日本之受持區制度。

（二）我國警察勤務區與歐美之必特區的相關性

　　如上所述，警勤區之經營乃由勤區員警執行之，以家戶訪查方式，擔任犯罪預防、為民服務及社會治安調查等任務。即以責任區之指派，並且以預防犯罪及整合社區資源之模式，來專責的經營指定之轄區。其類似日本的受持區。故而其與歐美西方國家的警察所執行機動巡邏的必特區之隨機式的巡邏（Random Patrol）大相逕庭。而我國之警察勤務發展如前所述，最初乃於民國 18 年江蘇省民政廳將「擔當區」改名為「巡邏區」，此乃師法英國新的勤務變革，將數個守望崗連成一條巡邏線，巡警在守望崗之間遊動巡防，不但可節省守望之諸多人力而且治安效果更好。因此，於民國 25 年 7 月 25 日行政院頒布「各級警察機關編制綱要」，其中第 11 條規定：「各級警察局、所警察勤務，以採用巡邏制為原則，並得劃分若干警管區，為警察擔任勤務之基本單位。」初步確定了我國警察勤務制度之採用巡邏制與警勤區之基本單位。

　　在觀諸歐美國家原創之巡邏制度，其乃在其巡邏之區域內，機動隨機式的巡守，而稱其所劃分之巡邏區域為必特區。因此，其乃我國之巡邏制，而非為警勤區之功能。根據我國「警察勤務條例」第 11 條第 2 款之規定，巡邏勤務乃為劃分巡邏區（線），由服勤人員循指定區（線）巡視，以查察奸宄，防止危害為主，並執行檢查、取締、盤詰及其他一般警察勤務。故而，我國之巡邏勤務乃類似執行歐美警察必特區之巡邏職能。因為歐美之必特區，除了以機動式的執勤，並以偵查犯罪為主之模式外，其傳統上並無固定責任區之指定，因此與我國警勤區以固定指派勤區，以及預防為主之策略，截然不同。縱

然歐美之警察在 1970 年代的堪薩斯市的預防式巡邏實驗之後（the Kansas City Preventive Patrol Experiment），了解巡邏亦有其不足處。因此至 1980 年代，又以復古式的社區警政（Community Policing）來革新其勤務，所以才有所謂固定式的必特區之嘗試。因此，固定式的必特區之社區警政之推展，就有點雷同我國之警勤區，因為其乃為固定的指派工作區域，並且亦強調預防與警民合作之策略。

因此，進一步觀察英美國家警察之巡邏，乃定義為員警負責確保特定地區的安寧與秩序，並在此轄區內來回的巡守稱之謂巡邏，而此活動之區域稱為必特區。該巡警以徒步、騎自行車或機動車巡守活動於一定之區域，並且以雙警或單警執行任務。透過定期在同一地區巡邏，員警了解該地區的狀況，以及該地區居民與工商業狀況，並且能更準確的判斷該地區可能發生治安問題的時間與地點，以便能予以有效的掌控。而巡邏之活動可包括以下活動：1. 監測可疑或異常活動；2. 快速回應民眾之報案並進行偵查；3. 開出交通罰單或違規停車之罰單；4. 調查廢棄車輛；5. 處理違法以及未經核可的群眾活動；6. 排解各類疑難，例如交通號誌失靈、失蹤兒童或走私老年人等疑難之排解。（McQuerrey, 2018; Adams, 2007: 146-147）。綜上所述，巡邏勤務其執行工作之區域稱之為「必特區」，實際與我國巡邏區之規範與職能相似，然卻與我國以固定式之指派的專責區，並以預防犯罪與整合社區資源為主之「警勤區」，在功能與職責上有所不同。然而如前所述，歐美警政自 1980 年代之後的固定式的必特區，其以固定區域之責任區指派，並且遂行社區警政之整合資源與預防犯罪之工作策略，則又相當類似我國之警勤區與日本的受持區。

貳、警察分駐所、派出所

一、我國之分駐所、派出所

依警政署 2017 年統計資料顯示，全國有 1,295 個派出所、212 個分駐所，4 個警察所，共計 1,507 個分駐（派出）所及 4 個警察所。（內政部警政署，105 年工作年報—附件七全國分駐所、派出所警察所數量統計表）依據我國「警察勤務條例」第 7 條之規定，警察分駐所、派出所為勤務執行機構，負責警勤區之規劃、勤務執行及督導。前項分駐所、派出所設置基準，由內政部警政署定之。偏遠警勤區不能與其他警勤區聯合實施共同勤務者，得設警察駐在

所，由員警單獨執行勤務。因此，我國之分駐所、派出所實類似日本的派出所制度[3]。惟我國之派出所雖屬不能獨立的對外行文之機關，但已具備有固定之基地與由分局專責派任之所長與多位員警。其與前述之日本的派出所實有些許之不同，因為日本各地的警察局將其分局劃分為數個派出所，派出所下轄數個受持區，派出所乃是分配到各個受持區（類似我國警勤區）員警執勤的輪番與休息、換班之基地；其並由分局之地域課，每日指派員警至派出所執行該受持區之任務，而其派出所並無所長之指派，勤務完全由分局來掌握。日本於 1990 年代之後，由於社會變遷，警察所需處理的事件日漸複雜及困難，導致社區警察對於事件無法有效處理。每當發生事件，至多只能應付一番，或者機械性的巡邏而已，泰半事件都需轉由其他部門解決。此外，原本的巡官階級（日本警部補之階級），大都只是例行性地督勤查簽，對於現場事件如何處理等問題，並未作有效的指導。因此，日本警察從 1991 年開始至 1996 年為止，擬以六年時間將原本類似我國之警員、巡佐、巡官的人數比率，由 3：2：1 調整為 1：1：1，亦即巡官職務將比原來增加一倍，以應付日漸困難的治安情勢，並賦予巡官（日本稱警部補）更明確的責任。而這些升任的巡官仍然必須留在基層，並負責派出所的統合任務，以便讓社區警察能與社區再度融合。所以，在該時期日本之巡官人數經調整後，已由原來的 32,000 人，增加為 63,000 人，這些增加的人手都需下派至派出所，實際負責第一線責任，以便一方面指導警員提高解決問題的能力，二方面負責與社區溝通。然而，日本之派出所服勤人員，仍然係由分局每日指派不同組之員警至派出所輪流服勤，故昨日的事件今日的服勤者不見得能完全了解，故需導入白天班的派出所所長制，或者常駐派出所的組長制，以便確立統一窗口的社區派出所之責任制（鄭善印，2001：1-22）。至今，根據日本警察廳之資料顯示，日本現在之派出所所長（或稱主管，Police Box Chief）原則上每天工作 8 小時，每週工作 5 天，他們被分配到派出所工作。大多數派出所所長都是警部補階級（偶爾也有高一階的警部之階級）。所長除了指揮下屬之外，必要時還必須與其員警分擔同樣的職責，並負有與其轄區內的市政當局聯絡之職責（National Police Agency Japan, Japanese

---

[3] Koban，日文稱「交番」，乃日本受持區之警察，每日由分局地域課指派至派出所勤務執行時，交換勤務與休息之基地也。

Community Police and Police Box System）。所以，我國之派出所有固定員警常駐該基地，而且有所長固定職務之派任，顯然比日本之派出所更具有機關之性質，理論上也應該更能推展社區警政之策略。

　　至於我國之警察分駐所與派出所之設置標準，依據前述之我國「警察勤務條例」第 7 條之規定，由內政部警政署定之。又根據「警察分駐所與派出所之設置基準」第 2 點之規定，分駐所、派出所依下列規定設置：（一）轄區內應有二個以上警察勤務區；（二）轄區以不跨越鄉（鎮、市、區）為原則；（三）轄區以不分割村里自治區域為原則。未設警察分局之鄉（鎮、市、區）公所所在地得設置分駐所。又因執行專業性警察任務、特定地區守護任務或為民服務工作，設置分駐所或派出所者，得不受前一項規定之限制（內政部警政署，2018b：226）。

二、他國推展「社區警政」之類似我國派出所之新制

　　如前所述，新加坡於 1997 年檢討了鄰里警崗制之後，遂變革並成立了鄰里警察中心（NPC），其目的乃為了適度合併各鄰里警崗，以便整合其各類資源，而能為更多的民眾提供「一站式、全面性的社區警察之警察中心」（one-stop, total community policing center）。此革新即如前述日本派出所，於 1990 年代提升其派出所之功能一樣，同受歐美國家之社區警政潮流之影響所作之改革。新加坡之鄰里警察中心就如同我國大型之派出所或分駐所，而其之鄰里警察崗就如同我國小型之派出所或駐在所。

　　歐美國家之警政，傳統上是以機動集中警力運用為主之勤務策略，因此警力集中於分局，並強調機動與反應式的巡邏策略（Random Response patrol），所以其往往沒有散在制的警力部署之派出所。然而至 1970 年代堪薩斯市預防式巡邏實驗，證明巡邏有其不足之處，加上 1980 年代社區警政復古式的風潮興起，故而此集中警力與機動隨機式的巡邏策略，即有所調整與革新，而朝向某種散在式與地區責任制的發展。其中，例如洛杉磯市警察局新推展之基礎車輛巡邏計畫（Basic Car Plan）（LAPD, Basic Car Plan），其乃為洛杉磯市警察局與社區組織、企業、社區居民和地區民選官員合作的新勤務革新系統。其將該市總局下轄的 4 個地區勤務執行局（Operation Bureaus）之下共劃分為 18 個地理區域，在此 18 個地理區域中的每一個地理區之內（district）都設置有一個社區警察站或者可視之為分局（Community Police Station）。這些

站或者分局，進一步被劃分成爲各個社區之單位，這種單位被稱之爲基礎車輛系統。每個社區警察站或者稱其爲分局者，大約設置有 8 到 10 個基礎車輛巡邏區（area），而每個基礎車輛巡邏區內，則固定分配有 2 到 3 個基礎巡邏之車輛。而此車輛及人員，則都固定的分配到該社區（One patrol car permanently assigned to provide service in that neighborhood），以便提供地區責任式之服務。分局下轄的每一個基礎車輛巡邏區之內，都設置有一名協調巡佐（Basic Car District Coordinator, BCDC），負責該地區的協調工作。該協調工作之巡佐，負責與該轄區內之固定指派的基礎車輛之員警、社區、交通執法和人員，大家一起共同合作，以便處理其地區的犯罪和提升生活品質等等問題。此種革新之新巡邏勤務執行系統，使洛杉磯警察總局能夠向市民提供最高品質的警察之服務，同時根據個別社區的需要，調整執法和公共安全的工作範疇。

洛杉磯市警察局新推展之基礎車輛巡邏計畫之中，每一個基礎車輛巡邏車都分配了 3 個小組的員警 24 小時在該社區巡邏，每部巡邏車都以 3 個 8 小時輪班之制度，來執行巡邏勤務。這些員警在該社區巡邏、防止犯罪，並接聽無線電呼叫趕赴現場。而分配到該基礎車輛巡邏系統的員警，通常不會輪換到其他警車，他們會一直被分配到該社區，以便熟悉當地民眾以及社區可能出現的問題。雖然還可能有其他警車可以被指派到同一地區協助之，但該基礎車輛之員警，在接聽及回應其管轄內的所有電話方面有優先權。綜上，可以看出洛杉磯市警察局此種革新，就類似我國散在制之派出所，與固定責任區的警勤區制度，唯一不同處即其以警車之系統來代替我國之派出所，而使其成爲「虛擬式」的勤務基地之功能而已。

另者，例如休士頓警察局亦於 1989 年底建立了 19 個警察門市服務站（storefronts），其並在 1990 年再開設 10 個警察門市服務站來爲民服務（Wikipedia, Houston police Department）。然而至 2019 年止，休士頓警察局的警察門市服務站已設置有 26 個，但不是 24 小時的提供服務，至於提供 24 小時服務的小警察站（substation）則有 14 個之多（Houston Police Department, HPD Substations and HPD Stortfronts）。另外，在美國的威斯康辛州的麥迪森市（Madison, Wisconsin），亦曾實驗警力散在式部署的門市部服務站之設置（storefront police station），並以固定式的指派專責之員警至該警察門市服務站，其目的亦是期以社區警政之概念，改變其傳統機動巡邏之勤務部署模式，藉此期能提升治安維護之效率（Gramckow and Jacoby, 1993: 22）。截至 2019

年，麥迪森市的社區警政小組的員警（Community Police Team），都被分配到各該社區，這些員警負責監控其所負責地區的犯罪和鄰里的治安問題。這些被指派至社區警政轄區內的所謂之鄰里員警（Neighborhood officer），通常被分配到該社區長達 4 年，因此他們對自己的街坊鄰里和居民非常的熟悉，如此以便遂行社區警政工作，亦即結合民力共創社區之安寧（Madison Police Department, Community Police Team）。

綜上所述，歐美傳統之警政思維在 20 世紀末之前，皆以集中式機動警力之模式，來提高報案反應之速度與治安之效率，並且可避免警民接觸頻繁，而易產生警察之風紀與貪污事件等問題。然而 20 世紀末之後，有學者根據上述社區警政之新發展趨勢，遂提出固定巡邏區之概念（Oliver, 2017: 112），希望借警民之密切合作，而真正提高治安之效率。若然，則類似我國派出所與警勤區之散在式的警力部署模式，遂在社區警政的潮流之中，得到甚多的迴響與仿效。

三、機動派出所與派出所之整併

根據「警察勤務條例」第 14 條之規定，各級勤務機構因治安需要，得指派人員編組機動隊（組），運用組合警力，在指定地區執行巡邏、路檢、臨檢等勤務以達成取締、檢肅、查緝等法定任務，並得保留預備警力，機動使用。此規定或可被認定是我國某些縣市警察局曾推動之機動派出所之依據，抑或內政部警政署亦曾於民國 92 年 11 月 26 日警署行字第 0920154958 號函發布「推動機動派出所實施計畫」，亦或可當作機動派出所規劃之參考。而其目的為嚴密勤務部署，強化機動能力，適時淨化社會治安、交通熱點，主動接觸民眾，提供服務與關懷，建立良好警察形象，提升為民服務品質等（高雄市政府警察局，2016）。

2014 年臺北市長柯文哲先生亦曾拋出裁撤臺北市警察局派出所話題，警大前副教授葉毓蘭表示，柯改革警政，跳出框架的革新作法並沒有不好，但能否經得起檢驗，有待觀察。她認為，先簡化派出所業務，派出所可以裁併，而非裁撤。本書筆者當時則認為：「柯文哲先生裁撤派出所讓警力集中警分局的概念，早在 1978 年左右，前警政署長孔令晟就有此想法，但最後未能成真，而這是仿效英美的警力集中制，而非日本的散在制。至於散在制，若以日本為例，散在派出所之預防式警力約占日本警察的 36%，而具有主動攻擊且快速

反應與內勤警力約占 64%，攻擊與預防之警力二者合作無間，而讓日本當時之破案率達 75%。」（中時電子報，2014）也就是說，至 2004 年 4 月止之統計，日本基層派出所共有 6,500 個派出所、7,600 個駐在所，全國 245,000 個警察有 88,000 個員警約占 36% 在此基層單位，從事社區警政的社區治安與預防的任務。[4] 因此根據日本之經驗，派出所對治安維護有一定之貢獻，所以裁撤可能是不錯的想法，但應有配套措施。因為，派出所能預防犯罪，而我國之派出所若僅有家戶訪查，卻把重點用在共同勤務爭取績效之上是行不通的。再者，柯市長所提行動派出所的概念，倒不如讓派出所 E 化成為虛擬派出所，其功能可以更方便的結合民力，也較能提升治安之效率。

因此，臺北市警察局自 2015 年 7 月 1 日試辦上路，5 輛行動派出所警備車分別於中山、大安、松山與信義 4 區試行，每車投入約百萬元經費改裝及裝設電腦、監視器、報案系統等設備。惟試辦 4 個月，原本受理報案的主要功能，並未達到預期成效，反而成為民眾問路、代保管物品及參觀拍照的景點，警界及民眾普遍認為浪費警力又效率不高。因此臺北市警察局表示，未來將行動派出所更名為機動派出所，該機動派出所將在全市各區巡邏及駐點，如遇北市辦理各項大型活動時，也可隨時支援派駐，更能發揮機動性及為民服務等功能。此一更名行動，也意味行動派出所將走入歷史，勤務工作將轉為兼具巡邏與駐點性質的機動據點（中時電子報，2015）。

歐美西方國家在推展社區警政之策略時，除了前述之門市服務站之推展外，在機動派出所類似的機制發展上，亦依循此精神與擴大便民服務之基本原則，而有相同之新發展。例如，前述之美國的威斯康辛州的麥迪森市，即於邇來推展所謂之「鄰里資源拖車」（Neighborhood Resource Trailer）之新便民的服務創舉（City of Madison Police Department）。此種由麥迪森市警察局所倡導之鄰里資源拖車，可供麥迪森社區組織自願性的參加鄰里之活動，活動側重於建立社區聯繫、更多的社會教育的機會、健康的生活方式和擴大市民的社會化與社區參與。拖車包括有燒烤架、麥克風和揚聲器、桌椅、服務平臺、儲物櫃、發電機及白黑板等配備。任何街坊鄰里團體，都可以預訂此鄰里資源拖

---

[4]　筆者按：至2016年止日本警察廳公布的最新資料顯示，日本警察共有295,700人，而派出所有6,300個，駐在所有6,400個。日本警察廳，POLICE OF JAPAN 2017 (Overview of Japanese Police)，https://www.npa.go.jp/english/POJcontents.html。

車。但是在活動期間，需要由申請之成年人負責管理此拖車，包括照顧拖車和所有的設備。警察局會提供此拖車之服務，並且於活動完畢後收回。此拖車乃經由美國司法部的拜恩刑事司法創新基金會的贈款（Byrne Criminal Justice Innovation Grant），透過這筆贈款麥迪森市警察局得以購買拖車。在此過程中，該市警局與國家社會發展基金會（Common Wealth Development）以及其他非營利組織（non-profit organizations）建立了合作關係，共同來推展此種社會服務。這筆贈款與購車有助於在社區內建立社會凝聚的效能、社區安全以及夥伴的關係。當然對於民眾之服務與警民關係之建立，以及社區資源的整合，來共同維護社區安寧等等方面，均一定會有正面之效果。而且警察此種因地制宜的結合社區資源之聰明的警政作為（Smart Policing），亦甚值得援引與推廣。

綜上所述，我國之派出所受到共同勤務為主之勤務編排，以及繁多業務之牽絆，因此派出所治安維護之效率，不若日本之派出所能全力的與社區民眾及其資源充分的整合運用，所以日本之派出所得以發揮社區警政預期之治安效果。反之，我國之派出所則空有散在式警力部署之架構，但卻不能整合資源並達到預防犯罪之效果。至於裁撤或整併都會型之派出所，雖然有其可行之環境與地理、交通等方面之方便條件，惟若勤務之模式與重點不同時調整，復以派出所之業務不能免辦或簡化，即便是裁併派出所，則仍然是緣木求魚，無怪乎臺北市警察局前述之革新無法持續的推行。

至於前述於 2018 年有鑑於派出所訪查勤務效率的提升，以及民主警政重視人權及隱私權的遂行，特將「警察勤務區家戶訪查辦法」修正成為「警察勤務區訪查辦法」，亦即根據內政部於 2018 年所新修訂之「警察勤務區訪查辦法」第 2 條第 2 項之規定，警勤區訪查之目的應調整為達成犯罪預防、為民服務及社會治安調查等任務，但是此種類似社區警政之新模式的變革，是否能真正落實到實務工作之上，則仍有待後續的觀察。另外「警察勤務區訪查辦法」乃根據「警察勤務條例」第 11 條第 1 款之規定：「勤區查察：於警勤區內，由警勤區員警執行之，以家戶訪查方式，擔任犯罪預防、為民服務及社會治安調查等任務；其家戶訪查辦法，由內政部定之。」然而，為了強調勤區查察乃為了達成犯罪預防、為民服務及社會治安調查等任務，故原辦法刪除「家戶」二字，但其所依據之「警察勤務條例」，卻未能先行修正為「其訪查辦法，由內政部定之」，因此，應即刻補正此修法之程序，以便完成內政部修正「警察

勤務區訪查辦法」之法制作業。另其所規範之「警察勤務區家戶訪查作業規定」，亦應由警政署一併隨之修正。再者，前述歐美國家將其第一線基層勤務聰明的警政執勤之革新勤務作為，如警察門市部等等新的經營方式，乃根據各地區之特性而據以改變其勤務之策略模式，亦值得我國派出所革新之時，對於此種掌握地區特性與多元發展之精神與原則，以便能更有效率的執行勤務，多所學習與仿效。

參、警察分局與警察局

一、警察分局與警察局之規範

根據「警察勤務條例」第 9 條之規定，警察分局為勤務規劃監督及重點性勤務執行機構，負責規劃、指揮、管制、督導及考核轄區各勤務執行機構之勤務實施，並執行重點性勤務。同法第 10 條規定，警察局為勤務規劃監督機構，負責轄區警察勤務之規劃、指揮、管制、督導及考核，並對重點性勤務，得逕為執行。又第 27 條規定，本警察勤務條例之規定，於各專業警察機關執行各該專屬勤務時準用之。該條例第 3 條規定，警察勤務之實施，應畫夜執行，普及轄區，並以行政警察為中心，其他各種警察配合之。又第 20 條警察局或分局設有各種警察隊（組）者，應依其任務，分派人員，服行各該專屬勤務，構成轄區點、線、面，整體勤務之實施。因此，警察勤務之執行乃以行政警察為中心，其他各種專業警察或者專屬勤務執行者配合，並比照辦理之。此處所謂之專業警察單位，則為直接隸屬於警政署之下的各類專業職能之警察單位，例如保安警察、刑事警察、航空警察、港務警察等等。又此類之專業警察單位執行其專門之勤務時，稱之為專業警察的「專屬勤務」。同時根據上述該條例第 3 條之立法意旨與精神，當以行政警察勤務為標準，來規劃其專門之勤務型態或執行方式。

然而，上述所規範之專業警察之專屬勤務，與該勤務條例第 20 條所規定行政警察體系內之專屬勤務又有些許不同。因為，第 20 條所規定之專屬勤務，乃為警察局或分局設有各種警察隊（組）者，其所服行之各該專屬之勤務。因此，其乃在行政警察體系內，各縣市警察局下轄之專屬之警察隊，例如刑事警察（大）隊、交通警察（大）隊、保安警察（大）隊或婦幼隊、少年隊等，亦或者在各縣市警察分局下轄之直屬的警備隊，勤務隊（組）等之專屬之

勤務，其所執行專屬之勤務，當較類似地區的行政警察的勤務方式。因此，上述行政警察之直屬（大）隊或組之專屬勤務，仍宜視之為行政警察勤務中之專屬勤務。反之，所謂專業警察之專業性質之勤務，則宜視之為專業警察之專屬勤務，其與行政警察之勤務型態與方式，雖仍應以行政警察為中心與標準，然其之勤務型態差異則較大。

至於警察分局為勤務規劃監督及重點性勤務執行機構，負責規劃、指揮、管制、督導及考核轄區各勤務執行機構之勤務實施「並執行重點性勤務」。警察局為勤務規劃監督機構，負責轄區警察勤務之規劃、指揮、管制、督導及考核，並對重點性勤務，「得逕為執行」。其二者在重點式勤務的執行差異上，乃警察分局屬於縣市警察局下轄之分支機構，其除了負責規劃、指揮、管制、督導及考核轄區各勤務執行機構之分駐所、派出所或分局直屬之警備隊之第一線之勤務實施外，對於重點性之勤務，例如重大刑案、重大交通事故或者分局轄內之重大集會遊行等事物，必須執行之。至於警察局，乃負責縣市所轄之整體轄區警察勤務之規劃監督機構，並對重點性勤務「得逕為執行」，亦即其乃以勤務之規劃與督導為主。對於前述有關全轄境之重要的事務，得作出要親自執行或僅授權由其下轄之機構執行的選擇，亦即不一定必須執行之，僅要指揮監督之即可。

二、警察分局與警察局結構與功能之議題

（一）宜否總攬警察業務之議題

如前所述，我國警察除了勤務類型較為繁雜之外，同時基層之派出所另應接受分局指導之警政工作必須依法主辦之 15 項職權上之本職工作之外，另加上傳統上所謂之 100 餘種的協辦業務（現稱之為職務協助）。因此，我國基層之勤務執行機構，在負擔所有第一線勤務之執行外，仍要執行分局所交辦的各項業務，致使每一位基層派出所員警，都需要分配到相當沉重的業務辦理之牽絆，而較無法如海洋派警察制度國家之警察業務之較為簡化，而其大都採集中式的警力部署，而將人力集中於分局。故而其分局之巡邏，則專責於巡邏勤務之執行，而分局內勤人員因為警力集中於分局，而業務由分局內勤人員總攬承辦就有其可行性。至於前述同屬於大陸派警察制度與散在式警力部署的日本警察，其派出所則以犯罪預防、家戶訪問及徒步或腳踏車巡邏為主之勤務執行方式，並且在不兼辦業務為主的狀況下，當然在社區資源的整合與警民合作的成

效上，較有時間與精神來全力的推展，所以其治安維護之成果自然較佳。否則我國警察之勤、業務管理，若不作任何革新，則在業務壓力與勤務繁忙的現況下，可能勤、業務兩方面均不能達到預期之效果，可謂得不償失。

　　所以，我國警察之分局與警察局的結構，如果選擇總攬所有業務之承辦之模式，則必須透過修法，更嚴謹的規範職務協助之法律要件，或者強化其他機關之業務執行能力，以便逐行所謂之「廣義的警察權」至各該機關，而不必事事請求警察機關之職務協助。如此，才能真正的達到減少警察職務協助項目之目的。若然，則分局以現有之編制規模不作任何之調整，則或許較有可能來總攬並承辦所有之業務，亦即才有可能如日本的警察制度一般，不必將業務全部下交端末的派出所來協助辦理。否則，必須擴大警察局與分局承辦業務之人員編制，將原來散在式之警力部署，作適當的調整與調動。若然，則才可能如集中警力於分局之國家，有充足的內勤承辦人員來處理所有業務。綜上，我國警察在勤務之執行與業務的分配方面，必須先思考宜採何種運作模式，對治安之維護最為有效，之後再透過工作量與人力資源整體的大數據之評估分析，才能釐定出合理化以及具體可行之組織結構之規劃與改革的方案。前述 1979 年基隆市第一分局警勤區工作量調查（Workload Analysis）或可當作一個參考與革新之範例。

（二）宜否集中警力與內外勤警力分配比率之議題

　　如前所述，1979 年我國之警察勤務革新之議，曾有裁併派出所與集中警力之研議。後臺北市政府於 2015 年亦有集中警力運用並成立行動派出所之實驗。雖然以上兩次集中警力之倡議，均因社會之不能認同與相關配套措施無法到位，而宣告終止。然而，若以前述之新加坡 1990 年代之警察整併鄰里警察崗哨，成立鄰里警察中心之改革經驗，可見得都會型之警察機構，確實有集中警力運用之社會發展條件。因為人口的集中於都會區，加上交通的便捷與執勤工具的日新月異，誠造就了集中警力運用的條件。都會區相較於城鄉乃較為地狹人稠，加上交通又快捷便利，實無此必要在咫尺之間設立多個派出所。因此，新加坡才會在 1980 年代學習日本之散在式警力部署之派出所與受持區制度，而創立鄰里警崗。之後又由於城市之快速發展，更將數個崗哨之警力集中運用，而於 1990 年代革新為鄰里警察中心。其目的即欲藉由警力之集中於一處，而在都會區中提升社區維護之效率與品質，改革結果效益甚佳。所以是否

集中警力運用裁併派出所，實應考量地區之不同而來建置。若為城鄉地區地廣人稀，警力無法快速到達，則派出所甚而駐在所之設置有其必要；若為都會區則適度的裁併或許治安維護之效益更佳。當然，若在都會區人口較集中之區塊要進行整併，則相關之配套措施必須要先整備到位，才能真正彰顯其效果，否則改革就容易半途而廢。例如，警察內部組織之討論與共識的形成、原有之派出所服務之替代方案，以及各類勤務技術與機具的搭配更新等等，都必須透過科學分析、量化評估的實證手段，加以有步驟的漸進式革新才能終底於成。

至於我國警力所謂之內、外勤比率的問題，宜否如 1990 年代日本為了提升其社區警政之功能，而適度的調整其內外勤比率。從日本警察以 1991 年至 1996 年 6 年時間將原本類似我國之警員、巡佐、巡官的人數比率，由 3：2：1 調整為 1：1：1，亦即巡官職務將比原來增加一倍，以應付日漸困難的治安情勢，並賦予巡官更明確的責任之經驗，來據以規劃我國警力部署警察比率，則必須先設定發展之模式，而後以科學的量化評估分析，才能找到最佳之比例模式。然依據內政部警政署「地方警察機關員額設置基準」（內政部警政署，2018b：176），各地方警察局員額設置以：1.轄區人口數；2.轄區面積；3.轄區機動車輛數；4.轄區犯罪率等核算設置員額之多寡，而警政署再視全國警力實際現況訂定編制員額。因此，我國現行各縣市警力配置係依據「地方警察機關員額設置基準」，其源於民國 72 年行政院訂頒之「警察機關員額設置標準」，多年來為求因時、因地制宜，歷經廢止、修訂，迄於民國 92 年 3 月 18 日由內政部訂頒在案，其參考標的除轄區基本的「人口數」及「面積」，尚包含治安、交通的重要指標「犯罪率」及「車輛數」等因素。其中，人口數、車輛數以上年度統計數為準；面積以內政部最近公告之土地面積為準；犯罪率以內政部警政署公告之上年度刑事案件發生數除以該期中之該轄區人口數為準。因此，若要作內外勤警力部署之調配，亦必須修正上述之相關法令規定。

然而，若以臺北市政府警察局為例，經上述之計算後，至 2017 年底共有 8 個科，61 個室，114 個組，20 個中心，66 個分隊，92 個派出所，2,230 個警勤區，共有編制之員額 9,943 人（臺北市政府警察局，警務統計年報）。因此，臺北市政府警察局 2017 年近萬人之警察編制員額，共有 92 個派出所，2,230 個警勤區，其中內、外勤之比率，行政警察與專屬警察（大）隊之比例，雖依據上開之規定來訂定其總編制之員額，惟是否合乎都會型警察機構之需求，以及是否會形成頭重腳輕之組織結構，抑或其比率無法滿足未來新警察經

營策略與模式之要求，則必須經過經營策略之周延想定、考量，以及策略、模式之援引，加上科學之量化分析之後，才能夠滿足社會發展的新需求。基此，則我國之「地方警察機關員額設置基準」有必要加入工作量分析，以及該地區之政、經條件因素予以評定，如此才能更為科學與合理的訂定員額編制，以及有效的人力部署。

第三節　我國警察勤務機構之未來發展

　　我國之警察制度原屬於大陸派警察制度之傳統，雖然全球之警察制度有海洋派與大陸派相互整合與互相學習調整之趨勢，加上社區警政在全球的風行影響之下，我國警察制度與勤務之機構，實有必要隨著國內大環境之變遷與世界潮流的雙重影響之下，作適時與合理之變革。茲綜合本章前段之各種論述，就勤務機構在策略上或許宜有以下之調整與革新。

壹、警勤區未來之發展策略

　　如前所述，我國之警勤區雖然亦應作彈性之調整，惟有關應參酌的地區治安、交通等等各類因素之考量，則一直沒有較為量化數據（Quantitative Data）的評量標準與規範。其中，雖然基隆市警察局於 1979 年曾經曇花一現式的進行警勤區工作量的分析與調查研究，然而之後的相關研析就付之闕如。

　　又根據內政部於 2018 年所新修訂之「警察勤務區訪查辦法」第 2 條第 2 項之規定，警勤區訪查之目的為達成犯罪預防、為民服務及社會治安調查等任務。因此，2018 年新修訂之「警察勤務區訪查辦法」期望我國警勤區之職能實應以犯罪預防、治安之情資蒐集與治安調查，以及為民服務為其設置之主要功能。然而，「警察勤務區訪查辦法」乃根據「警察勤務條例」第 11 條第 1 款之規定：「勤區查察：於警勤區內，由警勤區員警執行之，以家戶訪查方式，擔任犯罪預防、為民服務及社會治安調查等任務；其家戶訪查辦法，由內政部定之。」但是，為了強調勤區查察乃為了達成犯罪預防、為民服務及社會治安調查等任務，故而原辦法刪除「家戶」二字，然而其所依據之「警察勤務條例」，卻未能先行修正為「其訪查辦法，由內政部定之」，因此，應即刻補

正此修法之程序，以便完成內政部修正警察勤務區訪查辦法之法制作業。另其所規範之「警察勤務區家戶訪查作業規定」，亦應由警政署一併隨之修正。

至於 2008 年修正「警察勤務條例」時，將第 5 條「警察勤務區為警察勤務基本單位，由警員 1 人負責」，修正為由員警 1 人負責。該次修正之立法理由乃是：「為強化並提升警勤區服務效能，爰將警勤區由警員負責，修正為由員警負責，以遴選優秀之警員、巡佐、巡官擔任之。」此種改革之重要性認為警勤區甚為重要，其乃為社區安寧與社會秩序維護最前線奠基之磐石，因此必須提升其執法人員之品質，以致於必須提高其職務等階以對應之。縱然在警察的實務運作中，並未落實此次修法之深意，而派遣較高職務之員警至警勤區任職。因此，從上述日本、新加坡與歐美國家基層組織成功的變革經驗中，為了落實社區警政在治安維護上應有之效果，我國警勤區之經營策略，實應調整成為以警民合作與整合社區資源，以個別勤務的勤區查察與預防為主之勤務設定模式。若然，則必須落實 2008 年修正之勤務條例第 5 條規定，選派優質之員警久任經營該社區。至所謂優質之員警，則包括基層警員、巡佐或者巡官以上之警察官任之。然而，亦必須要有升遷、津貼、加強授權、簡化業務與其他人事管理之鼓勵措施等策略的加以配套，才能真正選派優質之員警任職警勤區工作，並也才能發揮如日本受持區一樣的社區警政之良好效果。

另者，依據「警察勤務條」第 7 條第 2 項之規定，分駐所、派出所設置基準，由內政部警政署定之。而如前述，警政署於 1995 年曾以各種警政「制度面」有系統性、有結構性的全方位之改革，進行有計畫、有節奏的警政制度革新。其革新包含：組織制度、教育制度、人事制度、勤務制度等等。其在勤務制度方面，更規劃與函頒「強化警察勤務功能策進作法」對於勤務之規範亦有較為彈性之規定；然而對於警勤區之劃分與設置，並無較為詳盡、具體與科學之劃分規範，此乃爾後我國警勤區劃分時，在法制規範與實際作為上，必須努力發展與研究之處，若然才能真正提升我國警察警勤區之效率與功能。

貳、分駐所派出所未來之發展策略

我國之警察分駐所與派出所之設置標準，依據前述之我國「警察勤務條例」第 7 條之規定，由內政部警政署定之。又根據「警察分駐所與派出所之設置基準」第 2 點之規定，分駐所、派出所依下列規定設置：一、轄區內應

有 2 個以上警察勤務區；二、轄區以不跨越鄉（鎮、市、區）為原則；三、轄區以不分割村里自治區域為原則。未設警察分局之鄉（鎮、市、區）公所所在地，得設置分駐所，又因執行專業性警察任務、特定地區守護任務或為民服務工作，設置分駐所或派出所者，得不受前一項規定之限制。然而，分駐所與派出所之設置，應該有更為量化之標準加以評估與設置，至少應以前述 1979 年基隆市警察局第一分局之警勤區工作量調查因素之援引與運用，或者參考前述之「地方警察機關員額設置基準」中之人口數、轄區面積、轄區機動車輛數，及轄區犯罪率等等因素之考量，才能成為未來分駐所與派出所設置時客觀與科學、合理之評定標準與依據。

再者，若以日本及新加坡之類似我國之派出所之改革為例，日本於 1990 年代之後，由於社會變遷，警察所須處理的事件日漸複雜及困難，導致社區警察對於事件無法有效處理，因此增設派出所主管以便提升勤務之效率，並且持續的以預防犯罪為主軸，同時派出所仍然不兼辦業務而以勤務執行為主。至如新加坡於 1997 年檢討了此鄰里警崗制之後，遂變革並成立了鄰里警察中心，其目的乃為了適度合併各鄰里警崗，以便整合各類資源，而能為更多的民眾提供「一站式、全面性的社區警察之警察中心」。此革新即如前述日本派出所，於 1990 年代提升其派出所之功能一樣，同受歐美國家之社區警政潮流之影響所作之改革。以上之經驗，或許對於我國派出所預防功能之提升，以及派出所適當之裁併，亦有一定之參考價值。

另外，歐美國家之警政，至 1970 年代堪薩斯市預防式巡邏實驗，證明巡邏有其不足之處，加上 1980 年代社區警政復古式的風潮興起，故而此集中警力與機動隨機式的巡邏策略，即有所調整與革新，而朝向某種散在式與地區責任制來發展。其中，例如前述之休士頓警察局於 1989 年底建立了 19 個警察門市服務站，其並在 1990 年再開設 10 個警察門市服務站來為民服務。另外，在美國的威斯康辛州的麥迪森市，亦曾實驗警力散在式部署的門市部服務站之設置，並以固定式的指派專責之員警至該警察門市服務站，其目的亦是期以社區警政之概念，改變其傳統機動巡邏之勤務部署模式，藉此期能提升治安維護之效率。而除了前述之門市服務站之推展之外，在機動派出所類似的機制發展上，亦依循此精神與擴大便民服務之基本原則，而有相同之新發展。例如，前述之美國威斯康辛州的麥迪森市，即於邇來推展所謂之「鄰里資源拖車」之新便民的服務創舉。而此依據全球警政之潮流，並審視評估地區之特性，進而發

展出多元與適時適地（接地氣）之勤務改革策略，亦相當值得我國派出所革新時之參酌。

進而，依據我國「警察勤務條例」第 14 條之規定，各級勤務機構因治安需要，得指派人員編組機動隊（組），運用組合警力，在指定地區執行巡邏、路檢、臨檢等勤務以達成取締、檢肅、查緝等法定任務，並得保留預備警力，機動使用。此規定或可被認定是，我國某些縣市警察局曾推動之機動派出所之依據。而此機動派出所其設置之目的，乃為了嚴密勤務部署，強化機動能力，適時淨化社會治安、交通熱點，主動接觸民眾，提供服務與關懷，建立良好警察形象，提升為民服務品質等。因此，2014 年臺北市長柯文哲先生所提出裁撤臺北市警察局派出所之議，或許即可以先簡化派出所業務，進而依轄區之狀況而將派出所予以一定程度之裁併。

綜上所述，我國之派出所則空有散在式警力部署之架構，但卻不能整合資源並達到預防犯罪之效果。至於裁撤或整併都會型之派出所，雖然有其可行之環境與地理、交通等方面之方便條件，唯若勤務之模式與重點不同時調整（傳統以偵查與破案績效為主之勤務模式），復以派出所之業務不能免辦或簡化，則即時裁併派出所，則仍然是緣木求魚。當然前述 2018 年，有鑑於派出所訪查勤務效率的提升，以及民主警政重視人權及隱私權的遂行，特將「警察勤務區家戶訪查辦法」修正成為「警察勤務區訪查辦法」。亦即由內政部於 2018 年所新修訂之「警察勤務區訪查辦法」第 2 條第 2 項之規定，警勤區訪查之目的為達成犯罪預防、為民服務及社會治安調查等任務，但是此種類似社區警政運作派出所新模式的變革，是否能真正落實到實務工作之上，則仍有待後續的觀察。當然，若要進行派出所之裁併與改革，則除了各種影響因素與經營模式之考量，例如人口數、轄區面積、犯罪率以及工作量分析的援用與分析之外，更可以用都會、城鎮、鄉村等社區政、經條件之不同，而據以為是否宜裁併派出所之標準與規範。若然，則某些如新加坡之地狹人稠的轄區，合併派出所可以集中警力，以便能提升服務之效率，經此評估與科學之分析之後，則以裁併為宜。反之，若為地廣人稀、交通不便之鄉村地區，則派出所不宜裁併，因為其有為偏遠地區民眾，提供及時服務之必要性，是以不裁撤為宜。

至於前述歐美國家將其第一線基層勤務以「聰明的警政」之革新作為，乃根據各地區之特性而據以改變其勤務之策略模式，亦值得我國派出所革新之時，對於此種掌握地區特性與多元發展之精神與原則，多所學習。因此根據日

本之經驗，派出所確實對治安維護有一定之貢獻，所以裁撤雖然或許是不錯的想法，但應有配套措施。因為，前述日本之派出制度與運作，確實能產生相當不錯的預防犯罪之效果，但是我國之派出所若僅有聊備一格的勤務區訪查之工作，而實際上卻可能把重點用在共同勤務爭取績效之上，則不易達到如日本派出所預防犯罪之效果。再者，若推展派出所 E 化成為虛擬派出所之新經營模式，例如前述新加坡的鄰里警崗制，即有 E 化警崗之服務設置（Neighbourhood Police Post, e-Kiosk）；[5] 而洛杉磯市警察局之 E 化警政（E-Policing），其所推廣之網路社區群組會員制之設置等等案例，[6] 均可為我國之 E 化派出所（俗云所謂：多用網路，少走馬路之概念），新服務模式革新的改革時之重要參考模式。如此派出所的多元之改革，則或許更能結合民力，也較能提升派出所社區治安維護之效益。

參、警察局與警察分局未來之發展策略

根據我國「警察勤務條例」之規定，警察分局為勤務規劃監督及重點性勤務執行機構，負責規劃、指揮、管制、督導及考核轄區各勤務執行機構之勤務實施「並執行重點性勤務」。警察局為勤務規劃監督機構，負責轄區警察勤務之規劃、指揮、管制、督導及考核，並對重點性勤務「得逕為執行」。然而，我國警察勤務若如前述之論述調整到以偵、防並重之策略的話，則一方面要強化偵查犯罪之效率與快速機動性，另一方面在預防犯罪之發生上，亦期能發揮預防之效果。因此，在警勤區及派出所之勤務機制，若以預防或所謂之「守勢勤務」[7] 為其發展之主軸，則分局就必須強化其「攻勢勤務」之機動力，以及總

---

[5] Singapore Police Force, Contact Us-Neighbourhood Police Post (e-Kiosk), https://www.police.gov.sg/content/contact-us/bedok-police-division，即在新加坡之某些鄰里警崗中，設置有自動化櫃臺之服務，被視之為方便有效又節省人力之設置。

[6] Los Angeles Police Department, LAPD, E-Policing, http://www.lapdonline.org/e_policing，洛杉磯市警察局之E化警政，即如本書前述洛杉磯市警察局在每個分局的轄區內，設有各個社區的社區警察聯絡官（Senior Lead Officer, SLO）負責與社區民眾聯絡，並邀請經認證後之市民參加該社區籌組之群組，並由此聯絡官來聯絡與相互在雲端交換情資、受理報案或分享各種治安之資源。

[7] 所謂守勢勤務，即警察勤務以預防犯罪的模式來運作稱之，例如勤區查察之勤務。反之，若

攬業務執行之能力。循此模式之思維，則派出所應以結合民力與社區資源作好
預防與服務性之勤務。如前述所論，落實 2018 年修正之「警察勤務區訪查辦
法」之意旨與精神，將派出所與警勤區之經營，調整成為警民合作、共維社區
安全之「社區警政」的勤務執行型態。至於派出所亦可如前所述，以科學的評
估分析，作適當的裁併與恰當的設置，而此端末勤務機構與基本單位，亦可調
整成為以勤務之執行為主，亦即不兼辦業務，而專注於勤務之執行。

　　若然，則警察分局與警察局若能負擔業務的執行，以及推展偵查與攻勢勤
務為主之勤務策略，則在進行如前述所論之裁併派出所之變革後，可以將警力
適當的集中於分局，以便能順利與有效的執行分局全轄之攻勢勤務，以及所有
業務的順利總攬與承辦。因為以目前散在式警力的部署模式，分局之警力實不
足以負擔所有業務之承辦。因此不得已只好將業務交辦給派出所來協助辦理，
然後再彙總至分局來整理之。次者，分局之警備隊或者警察局之專屬（大）
隊，亦無法如前述洛杉磯市的基礎車輛巡邏系統（Basic Car Plan）一樣，足以
負擔全都市的巡邏與攻勢勤務之執行。因而，若派出所不承辦業務，而專責於
預防勤務的執行之上，那麼就有空間作適當之派出所之裁併，並把一部分警力
集中於分局，來承辦業務及執行全轄的機動性的攻勢勤務。若然，則才能真正
的落實「偵、防並重」之勤務效益，也才能遂行如日本警察勤務一般，在預防
與偵查兩方面，因勤務機構與功能合理的分工與密切的配合之下，終能發揮出
治安維護的最佳效果。

　　至於其警力部署於分局與派出所之比率多寡，以及派出所裁併之狀況，則
宜如本書前文所述，必須透過工作量與人力資源整體的大數據之評估分析，才
能釐定出合理化以及具體可行之組織結構之規劃，以及勤務型態之改革方案。
然而，對於業務由警察局及分局來總攬與執行的策略，除了前述之簡化業務
以及減少職務協助項目之措施外，若能將業務之執行透過新的 E 化之處理，
或者開發新的處理業務之各類軟體，對於業務之推展亦有一定之成效，也才能
促使警察局與分局對於本書所提之總攬業務之變革，較為具體而可行。至於警
察局或分局的機動攻勢勤務的執行方面，亦可開發相關所謂的「聰明警政」之

- - - - - - - - - - - - - -

　　強調勤務之機動與快速性，以及以偵查破案件為主之勤務模式，則通常稱之為攻勢勤務，例
如，臨檢或機動巡邏之勤務。

概念與策略（Smart policing），例如以大數據之運用來連結報案地點、社區與民眾之需求以及犯罪發生地等等相關之治安數據，使其能與勤務之執行有密切連結性，而形成巡邏勤務之熱區（Hot Spot），如此不但可以節省警力之虛耗，也可提高勤務執行之效益。另外，運用新的科技將實際之巡邏結合 CCTV（閉路電視監錄系統，Closed-Circuit Television）等虛擬雲端或者網路巡邏之機制，成為「神龍見首不見尾」之多元的巡邏模式。如此，不但可以提升巡邏之密度與效益，同時讓犯罪者較無法得知或偵測出員警之行蹤，亦可提高員警勤務之安全性。又例如前述本書第一章所述之新北市警察局所推出的情資整合中心（Intelligence Integrated Center, IIC），以及該局於 2011 年 1 月 3 日成立的快速打擊犯罪特警隊（簡稱快打特警隊）等等之勤務機動整合之新措施，亦是很不錯的勤務革新之嘗試（王俊民，2011）。該局快打特警隊乃將該局現有編制警力，包括保安警察大隊之霹靂小組、刑事警察大隊人員等之員警與器材為主，施以操作演練，精進反綁架戰技、戰術、體能特訓等，遇突發案件配合上述單位線上警力，組成高機動性之精銳特警隊。至於在分局與派出所層面，則落實區域聯防機動支援機制的落實，以案發分局為軸心，結合鄰近分局組成聯防，各分局成立快打特警隊區域聯防相互支援，實際支援順序視現場狀況、地緣遠近關係，以案發分局所請求者為主。其為考量轄區幅員及各分局治安特性，編成 16 個區域聯防相互支援之。此創新之作為，亦可成為未來警察局與分局在革新攻勢勤務時之借鏡與參考。

參考書目

一、中文部分

內政部警政署（1979），革新警察勤務制度初步構想。

內政部警政署（1979），革新警察勤務專案小組，革新警察勤務實驗報告。

內政部警政署（2018a），106年警政工作年報第九章警察組織與管理，內政部警政署編。

內政部警政署（2018b），警察實用法令，內政部警政署編印。

中國社會科學院法學研究所法制史研究室（1985）。

彭文賢（1991），組織原理，三民書局。

鄭文竹（2011），警察勤務，中央警察大學印行。

鄭善印（2001年1月），三班制警察勤務之研究，中央警察大學警學叢刊，31卷4期。

中時電子報（2014年12月05日），警大學者：派出所可整併非裁撤，2019年3月1日取自：http://www.chinatimes.com/newspapers/20141205000408-260102。

中時電子報（2015），行動派出所走入歷史改名「機動所」2015年10月28日，2019年3月1日取自：https://www.chinatimes.com/realtimenews/20151028004080-260402。

內政部（2019年3月1日），常見問答—警政署何謂「警察服務識別標誌」（高雄市政府警察局），取自：https://www.moi.gov.tw/chi/chi_faq/faq_detail.aspx?t=2&n=3588&p=34&f=。

內政部警政署（2019年3月1日），105年工作年報—附件七全國分駐所、派出所警察所數量統計表，取自：file:///C:/Users/Trillionaire/Downloads/f1516606845618.pdf。

內政部警政署（2019年3月1日），內政部警政署警察服務識別標誌，取自：https://www.npa.gov.tw/NPAGip/wSite/cis/index.htm:256-258。

王俊民（2011年4月），新北市政府警察局成立「快速打擊犯罪特警隊」新北市政府警察局，新北警聲，第2期。2019年3月1日取自：file:///C:/Users/Trillionaire/Downloads/%E6%96%B0%E5%8C%97%E8%AD%A6%E8%81%B2%E7%AC%AC2%E6%9C%9F.pdf。

高雄市政府警察局（2016年10月6日），推動機動派出所實施計畫，高市警行字第10536850700 號函修正，2019年3月1日取自：https://www.kmph.gov.tw/Upload/UserFiles/45%E9%AB%98%E9%9B%84%E5%B8%82%E6%94%BF%E5%BA%9C%E8%AD%A6%E5%AF%9F%E5%B1%80%E6%8E%A8%E5%8B%95%E6%A9%9F%E5%8B%95%E6%B4%BE%E5%87%BA%E6%89%80%E5%AF%A6%E6%96%BD%E8%A8%88%

E7%95%AB.pdf。

張平吾、劉勤章（2004），內政部警政署刑事警察局委託研究報告─強化刑責區與警勤
區工作之連結及運作模式之研究，2019年3月1日取自：https://www.cib.gov.tw/Upload/
Files/766.pdf。

植根法律網（2019年3月1日），法規資訊─警察勤務條例，取自：http://www.rootlaw.com.
tw/LawContent.aspx?LawID=A040040110002900-0970702。

維基百科（2019年3月1日），霍桑效應，取自：https://zh.wikipedia.org/wiki/%E9%9C%8D
%E6%A1%91%E6%95%88%E5%BA%94。

臺北市政府警察局（2019年3月1日），警務統計年報─表44臺北市政府警察局組織及員
額，取自：file:///C:/Users/Trillionaire/Downloads/table44.pdf。

二、外文部分

東京都警視廳，KOBAN（交番），retrieved March 1, 2019 from http://www.keishicho.metro.
tokyo.jp/multilingual/english/about_us/activity/koban.html。

Adams (2007), Thomas F., Police Field Operations 7th ed., NJ: Pearson Prentice Hall. Ben-
zkofer, Stephan Chicago Tribune, Legendary Lawmen, No. 8: O.W. Wilson, retrieved
March 1, 2019 from https://www.chicagotribune.com/news/ct-per-flash-owwilson-
0707-20130707-story.html.

City of Madison Police Department, Neighborhood Resource Trailer, retrieved March 1, 2019
from http://www.cityofmadison.com/police/community/neighborhood-resource-trailer/.

Gramckow, Heike, and Jacoby Joan (1993), Community Policing: A Model for Local Govern-
ments, in Dieter Dolling and Thomas Feltes eds., Community Policing: Comparative As-
pects of Community Oriented Police Work, Germany: Felix.

Houston Police Department, HPD Substations and HPD Stortfronts, retrieved March 1, 2019
from http://www.houstontx.gov/police/convenience_store/images/substation.pdf.

LAPD, Los Angeles Police Department, Basic Car Plan, retrieved March 1, 2019 from http://
www.lapdonline.org/search_results/content_basic_view/6528.

Los Angeles Police Department, LAPD, E-Policing, retrieved March 1, 2019 from http://www.
lapdonline.org/e_policing.

Madison Police Department, Community Police Team, retrieved March 1, 2019 from https://
www.cityofmadison.com/police/north/communitypolicing.cfm.

McQuerrey (2018), Lisa; Updated June 27, 2018, Chron, Police Patrol Goals and Objectives, retrieved March 1, 2019 from https://work.chron.com/police-patrol-goals-objectives-27986.html.

National Police Agency Japan, Japanese Community Police and Police Box System, retrieved March 1, 2019 from https://www.npa.go.jp/english/seisaku1/JapaneseCommunityPolice.pdf.

Oliver, Willard M. (2017), Policing America: An Introduction, NY: Wolters Kluwer. Police of Japan 2017 (Overview of Japanese Police), retrieved March 1, 2019 from https://www.npa.go.jp/english/POJcontents.html.

Shadish, William R., Cook, Thomas D., Campbell, and Donald Thomas (2002), Experimental and Quasi-experimental Designs for Generalized Causal Inference, Houghton Mifflin.

Singapore Police Force, Contact Us, retrieved March 1, 2019 from https://www.police.gov.sg/content/contact-us/police-headquarters.

Singapore Police Force, Contact Us-Neighborhood Police Post (e-Kiosk), retrieved March 1, 2019 from https://www.police.gov.sg/content/contact-us/bedok-police-division.

Singh, Jarmal, Deputy Director Operations, Police Headquarters, Singapore Police Force, Republic of Singapore. Community Policing in the Context of Singapore, https://pdfs.semanticscholar.org/14de/e75b2a8397b4f967af31e2899a67d0c5f1b4.pdf.

Swanson, Charles R., Territo, Leonard, and Taylor Robert W. (2008), Police Administration-Structures, Processes and Behavior, 7th ed., NJ: Pearson/ prentice Hall.

Taylor, Robert Wayne (1981), Portland State University, Dissertations and Theses, Police patrol deployment in small urban centers: an application of integrated management decision-making, retrieved March 1, 2019 from https://pdxscholar.library.pdx.edu/cgi/viewcontent.cgi?article=1813&context=open_access_etds.

US Department of Justice (2000), Office of Justice Program, Community Policing in the Context of Singapore (From Resource Material Series No. 56, P 126-139, 2000, Hiroshi Iitsuka and Rebecca Findlay-Debeck, eds. -- See NCJ-191475), retrieved March 1, 2019 from https://www.ncjrs.gov/App/Publications/abstract.aspx?ID=191485.

Wikipedia, Houston police Department, retrieved March 1, 2019 from https://en.wikipedia.org/wiki/Houston_Police_Department.

Wikipedia, Neighborhood Police Centre, retrieved March 1, 2019 from https://en.wikipedia.org/wiki/Neighborhood_police_centre.

Wren, Deniel A., Bedeian, and Arthur G.. (2017), The Evolution of Management Thought 7th ed., John Wiley & Sons .Yeo, Tsiuwen, S'pore's Neighborhood Police Posts were inspired

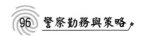

by Japanese "kobans", retrieved March 1, 2019 from https://mothership.sg/2017/01/spores-neighbourhood-police-posts-were-inspired-by-japanese-kobans/.

3

警察勤務策略暨勤務理論與規劃

第 一 節　實證主義與警察勤務策略

　　從 19 世紀後，歐美各國對社會科學之研究方法均以實證主義為其主流。縱然人類在探索社會現象時有各種不同的方式，但一般學者咸認為社會科學研究方法最為周延（Kerlinger, 1986）。運用可驗證的假設為社會科學研究的必然過程，因此計量的方法（Quantitative Approach）遂成為不可或缺的條件。計量的方法從多位 19 世紀歐洲早期的統計學家如 Karl Pearson、Sir Ronald Fisher 等人的努力之後，遂於 20 世紀初奠定了基礎。至於 1920 年代英國科學協會（British Association for the Advancement of Science）經過近約十年的辯論有關社會現象及人類行為可否計量之方法加以衡量，終於在 1940 年得到一個共識。縱使有一部分的科學家持反對意見，但大部分與會者均認為以計量方法衡量人類行為是可以訂出規則的，而其 4 種衡量尺度，即是名義類別的（Nominal）、次序的（Ordinal）、等距的（Interval），及比率的（Ratio）（Stevens, 1946: 677-680）。從此以後計量的社會科學研究法，更確立其基礎，其影響所及可謂即深且遠。故計量研究法加上不斷發展之推論與敘述統計學，使社會科學之研究形成一股重要之思潮。美國的刑事司法系統，由於詹森總統於 1967 年指派一特別研究委員會研究犯罪及貧窮問題，故警政與法務行政及獄政，遂名義上聯合而成為一對抗犯罪之刑事司法體系（Criminal Justice System）。故經由該委員會之建議而於 1968 年創立協助執法之研究機構（Law Enforcement Assistance Administration, LEAA）之後，各公私立研究機構如雨後春筍般相繼產生，對犯罪問題之研究遂趨向計量的實證性研究上。

　　雖然實證主義（Positivism）為近代科學研究之主流，但其仍有很多不足之處，有待從事研究者加以注意並改進。茲舉其犖犖大者如下：

一、研究與理論概念是一種永不停歇的演繹與歸納的循環過程。對於此種社會科學研究之程序，Walter Wallace 於 1971 年出版之社會學的邏輯科學一書中（The Logic of Science in Sociology），將社會科學研究法集其大成，而以簡單之圖形說明如圖 3-1（Babbie, 1986）。在此模式下，理論產生研究假設，研究假設引導研究者之觀察，此段過程叫作演繹；觀察所得之所有資料可以經過歸納之過程而成為實證的概括與綜合，而這些歸納所得之結果亦可修正原來的理論。所以此種程序不斷的循環，遂構成社會科學研究

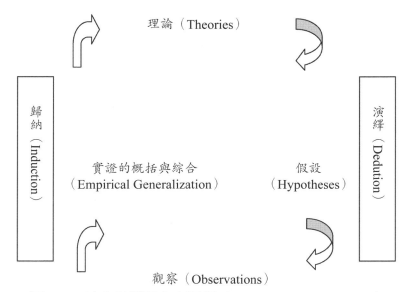

理論（Theories）

歸納（Induction）

演繹（Dedution）

實證的概括與綜合
（Empirical Generalization）

假設
（Hypotheses）

觀察（Observations）

圖 3-1　社會科學研究之過程（The Wheel of Science）

　　的一種過程。因此從事社會科學研究者必須了解此過程，而不要本末倒置不知從何著手。

二、社會科學研究宜嚴謹的遵守下列 5 種步驟：（一）由概念化（Conceptualization）而產生假設。研究之啓始必須了解前人之研究及深切知悉所觀察之社會現象，如此才能將研究之標的概念化而形成一個研究假設；（二）研究操作（Operationalization）：假設成立之後，再依據研究的環境與實際之需要而釐定研究之工具（如問卷、訪談表等）、或研究之設計（如實驗研究、準實驗研究、調查法、觀察法等）；（三）研究之觀察（Observation）：研究操作方法釐定之後，再依各該方法之原理原則，從事觀察社會現象與人類之行為；（四）資料分析（Analysis of Data）：經適當之觀察所獲得之實證性資料，再運用恰當之敘述或推論統計將資料作明顯與減化的呈現與解釋；（五）社會科學研究的道德與政治問題：研究之步驟與結論分析必須忠實的遵守社會科學研究之精神，不受任何政治的干預與左右（Babbie, 1986）。研究者亦必須嚴守研究之道德，如對研究對象必須為其保密及對研究結果必須忠實報導等等。是故社會科學研究有其嚴謹之步驟，與必須遵守之原則，絲毫不可踰越。

三、研究的信度（Reliability）與效度（Validity）。信度即可靠性，係指研究結果的一致性或穩定性而言。任何一種測量社會現象或人類行為的工具，總有或多或少的誤差，而誤差受機率因素所支配。誤差越小信度越高，誤差越高信度越低。效度即正確性，指研究之測量工具確能測出其所欲測量的特質或功能之程度而言。而影響效度之因素又可分為下列 4 大類（Cook and Compbell, 1979: 37-94）：（一）統計的效度（Statistical Validity）：又可分為統計之能力（Power）、統計的假設條件及樣本的效度等等 7 種；（二）內在的效度（Internal Validity）：又可分為歷史的因素、成熟的因素、測驗工具的因素等等 13 種；（三）建構的效度（Construct Validity）：又可分為單一操作的偏見、單一方法的偏見、假設的猜測之誤差等等 10 種；（四）外在的效度（External Validity）：又可分為選擇與處置（Treatment）的交互作用、歷史與處置的交互作用，及研究環境處置的交互作用。是以社會科學研究的研究過程中，必須深切考慮信度與效度的問題，否則將很容易產生研究之誤差，甚至導致錯誤的研究成果。

四、其他應注意事項：從事社會科學研究中亦應注意因果推論的關係（Causality），雖然因果推論的理論甚多，但每種理論均有其優劣與利弊得失，因此從事研究者必須就其研究狀況與條件，與欲達到之研究目的，而考量最適合之推論方式。另外，計量法（Quantitative approach）雖然為社會科學研究之主流，但因過分強調實證性，而往往扼殺了研究者之創造性（Creativity）及想像力（Imagination）。因此有識之士遂多提倡除了重視計量法之外，形而上之定性研究法（或謂質的研究）（Qualitative Approach）亦為開創社會科學新領域不可或缺的方法之一（Williams III and McShane, 1988: 132-134）。是以加拿大的社會學及統計學家 Sanford Labovitz 一再強調，統計學貴在對所得資料加以解釋，而不只是固守統計假設及得到統計結果為滿足，故除了解釋此統計結果之外更應重新考量研究之假設（Reconceptualization），所以別被統計之假設所限，而應以向前開創之心態來活用統計，以期能更貼切的解釋社會現象（Labobitz, 1972: 13-35）。

綜上論述，客觀知識的研究立場從實證主義專注於知識內部的語言邏輯結構，轉變到後實證主義強調科學知識的歷史性、社群化與非理性傾向，甚至最後是客觀知識的被取消。與後實證主義不同的是，在 70 年代以後，後現代主

義的知識立場是不限於科學知識，而是擴大對於哲學、政治、社會與文化的深刻批判，或者說是對於現代性的嚴厲批判。後現代主義主張「反基礎主義」或「反本質主義」的認識論，即知識的背後並沒有絕對客觀、確定性的基礎在支撐它，因此我們也無法通過特定的認識論途徑逼近真理（吳文成，2007）。因此，追求一般之知識本體，甚或警政有效策略之知識，就必須以兼容並蓄之多元角度與研究方法，來廣泛的研析與論證相關議題，才能更為周延而真確。

然而，實證主義在 60 年代之後的美國警政確實產生了甚大的影響，例如美國警政學者對警察之角色及功能之研究由來已久，但最關鍵性、最有組織，及最具科學化精神之實證研究，則一般學者均推崇 James Q. Wilson 為首開風氣之先。Wilson 為哈佛大學政治系教授，其曾主持一實地觀察研究計畫（Field Research），由其本人及政治系之學生對 41 個警察機構從事長期實地觀察研究，之後再將紀錄之觀察資料加以整理與分析，並於 1968 年選擇具代表性之 8 個都市歸納出 3 種不同類型的警察機關之執法功能與角色。此 3 種角色即存在於人口較少較貧窮的小鎮看守人的角色與功能（Watchman Style），此種警察之角色只強調維護地方上認為較嚴重之治安事件，其他一些不重要案件則不加理會。另一形態為服務的角色（Service Style）。扮演此種角色者大都在富有的小都市，民眾不在乎多繳稅，但期望能得到更多相對的警察服務；所以在此社區內警察專注於非常多與犯罪無關的服務性業務上。第三種角色，即執法者之角色（Legalistic Style），此種角色大部分存在於較制度化、都市行政較上軌道的大都會區，警察僅依法行政，一切以法律、制度為依歸，並且其角色趨向專業化（Professionalism）。

從 James Q. Wilson 之研究發表後，雖然招致很多的批評，但類似此種對警察角色及功能之實證研究，有如雨後春筍般的爭先進行著。故而研究之方向有從警察心裡及個人因素著手者（Psychological or Individual Studies）；有從警察組織方面研究者（Organizational Studies）；有從環境或社會生態方面加以研究（Environmental Studies）；亦有從整合的方法加以研究（Synthesis Studies）（陳明傳，1989：26-57）。

另外，美國司法部之司法研究機構（National Institute Justice, NIJ）的一篇重要的警政研究報告論述稱，1970 年代之前警政的研究方法，如同當時其他社會科學一般，乃根據傳統的歷史研究法，或較資深者之經驗的累積及專業知識而來論述警政之工作。然 1970 年代之後，實驗研究法（Experiment）及其他之

社會科學研究法之廣泛運用，開啓了警政研究的新範疇與領域。故而 70 年代之前的警政研究，大都僅著眼於資料的累積與分析，然其亦可爲 70 年代之後的實證研究，提供一些研究之基本假設（Hypothesis）與素材（Kelling, 1988）。

　　故而，美國警政改革中之巡邏勤務、刑事偵查、警民關係、警察角色及功能，及其他警政有關之實證研究（陳明傳，1993：380-389），及全球警政先進國家之警政發展之現況，均說明了實證主義及講求科學之研究發展確實引領警察進入一個嶄新的世代。惟實證主義較強調量化（Quantitative）的研究途徑如前所述，已於晚近受到了後實證主義或後現代主義之批判，而其研究之效度亦確實有其極限與瓶頸。故而同時強調質化（Qualitative）的研究途徑，或整合二者之途徑則爲警政研究者所經常援用之方法。因此，在警察勤務的革新之議題上，亦應本諸此社會科學研究之現代基本原則與精神，必先在勤務之策略模式（Strategic Model）或典範（Paradigm）之上有所了解與想定，之後在此大架構之下，整理其之下的相關勤務理論（Theories），並經過前述之量化與質化的社會科學研究途徑，思辨出最適宜當代與在地化之勤務作爲來。換句話說，策略模式與典範就如同「戰略」之指導地位與層次，其中有不同戰略之選項可供抉擇，而在其之下的建構該典範或策略模式之相關理論，就如同「戰術」之層次，在此典範規範之下就其相關理論加以援引，希望能達成其上位典範之目的與要求。今擬就警察勤務之戰略層面之勤務策略與戰術層面之相關理論，分別闡述如下。

第 二 節　警察勤務策略之模式

　　勤務執行爲了求其有效，必先從分析警政之哲學或策略模式取向著手。在哲學或策略模式選擇之後，再就其策略規劃之步驟，逐一的進行科學化的環境分析及任務之規劃與執行、考核回饋等。故而我國之警察勤務，應該加強警察勤務策略性規劃之機制與功能，及其進度之評估、管制與考核，如此才能隨著社會之變遷，與犯罪型態的多樣化，而與時俱進的研發與推出新的勤務制度變革。否則將無法引領社會之發展，及領先狡黠化與多樣化的犯罪發展趨勢。至於警察勤務策略之類型，或可約略規範與整合成爲如下之分類。

壹、犯罪控制或程序正義（Due Process Model）的勤務策略模式

治安策略或謂刑事司法模式（Criminal Justice Model），基本上可大略區分為強調實質正義之犯罪控制（Substantial Justice; Crime Control Model）與同時並重程序正義之模式（Procedural Justice; Due Process Model）兩類。前者重視窮盡一切刑事司法之功能與方法，以便發現犯罪之事實，因此就易於運用高密度巡邏與以偵查破案之模式，以便對於民眾之報案能快速的回應（Reactive Stance & Fast Response），並能提升破案率，此模式就易流於以偵查為主之治安策略運作模式。至於程序正義之治安策略，則較易於重視程序的重要性，因此證據的蒐集方式與證據力的強弱，遂成為治安維護時必須重視的價值與規範，所以就會較以預防與機先預警之模式（Proactive Stance & Crime Prevention Model）來處理治安或犯罪之問題。其中，前述之問題導向警政、社區警政與國土安全警政等，強調警民合作之預警機先的預防模式，以及後述之各國警政所謂之差別回應報案之篩選案件之管理模式（Case Screening and Case Management Model），均為此類模式的最佳案例。

犯罪控制勤務策略模式，則較存在於早期的大陸派刑事司法制度的大陸派警察制度之中。其之勤務思維以快速的反映民眾之報案為主軸，故而強調高密度之巡邏與到達現場之反應時間。至犯罪之控制方式，則以窮盡一切方式來發現真實之案情，並認為破案為處理犯罪問題最有效之策略。至程序正義的勤務策略模式，大都存在於早期海洋法系之國家，其治安維護之策略，則以警民合作及預防犯罪與執法程序之強調等，為其治安維護之主軸，1829 年前述之英國皮爾爵士所倡導之現代之警察模式即屬之。在此策略影響之下，則社區導向、問題導向等之警民合作與預防犯罪之方案，與其所衍生之勤務模式，就較受重視與推展。然此二策略模式雖因司法制度之不同，而在勤務之配合模式發展上有所差異，但在治安維護之效果上，則各有優劣，因之近代之警察勤務策略，才有如前述所論「偵、防並重」之整合勤務模式之發展。而問題是，如何整合出一套均衡之勤務配套模式，其中警力部署之多寡，與分配到偵查與預防兩方面之機制功能上之人力配當宜如何，都是值得進一步以實證科學之方法，加以在地化的研究、發展與適用。

貳、報案反應（Reactive Stance）或機先預警（Proactive Stance）之勤務策略模式

　　所謂機先預警管理模式乃主張諸般警政措施，包含勤務、人事、組織管理等均要有根據時空因素之變化，而預先分析與計畫之概念，不要以傳統之經驗或規則，一成不變的推展工作。故而科學性（講求實證）與計畫性（講求資料之蒐集與系統分析），便成爲警政管理的中心工作。是以策略性計畫（Strategic Planning）與決策分析，就成爲警政諸多管理工作的重要依據。而此模式之警政管理，亦受管理科學之行爲及系統理論之影響甚鉅。同時亦可視爲補強警政管理思潮的新管理措施。此措施即強調行政管理的預先分析（Proactive）與計畫性，而不僅是作事後之補救（Reactive）之行政作用而已（Thibault, 1985: 4）。而之後警政之發展，之所以偏重於事後犯罪偵查被動的行政取向（Reactive），乃受環境之變化（即強調效率與科技）及決策者思考方向之轉變所致。Thibault 等人所提倡之預警式之警政管理，即爲修正此偏失，而強調事前的規劃以預防犯罪，及預估未來警政之可能發展，以便及早因應之管理模式（Thibault, 1985: preface）。

　　至於以上兩種不同之警政管理模式，反映在警察勤務的執行之上，就有所謂報案反應與機先預警勤務策略模式之差異。前者即強調完全以案件發生後之狀況，不論是民眾報案或者警察執勤中之發現，而據以立即快速反應之勤務策略，故其一定會以犯罪偵查之勤務規劃與落實執行爲主軸。而後者則強調勤務之效率及治安維護之效果的提升，則必須在事前有蒐集相關跡象與預防犯罪之概念爲主軸，因此在事件可能發生之前，即以機先預警的勤務方式，事先將事件消弭於無形。所以，二者在勤務的部署與執勤的方式上會有明顯之差異。例如，前者必以高密度的巡邏來提升其趕赴現場之效率，並認爲惟有如此，才能提高破案率、產生嚇阻犯罪之效果，並因而能有效的維護社會安寧；而後者必然以事前情報的廣泛蒐集與分析，才據以部署適當之警力，或選擇最佳之勤務方式，來處理該項治安之問題，並認爲見警率（polie visibility）與高密度之巡邏，並不一定能適用到所有治安事件之處理，應該要掌握先機，之後再作最適當之部署，如此才能使勤務產出更高之效益。也惟有如此，才能善用警力及機先的預防該事件之發生。

參、專業化發展（Professional）或公私協力（Public Private Partnerships）之勤務策略模式

在 1920 年代到 1970 年代的這段時期，美國警政如前章所述，被論說為「專業化或謂改革時期」。在此時期，警政的腐敗因為受到政治人物的束縛而越來越惡化，因而民眾開始要求改革。August Vollmer 及有專業思維的其他警政領導者，如當時美國的聯邦調查局長 Edgar J. Hoover 等人，創造了一個新的警政模式，亦即所謂「改革時期」或「專業化發展」之模式（Professional Model）。而此種改變，被當時的改革者認為，對於警察的管理和治安策略有所助益。因此警察授權之概念，變成為僅以法律為根據，而無政治因素之考量，遂成為根深蒂固的鐵律。至此發展時期，其功能上之改變，則從前述政治發展時期多樣化警政的社會服務中，調整至專業、專責的犯罪控制功能之上。此外為了防止警察的腐化，採用類似軍事化的組織架構，亦即以傳統的階級制度來運作警政。對於警察服務的要求，則由警察局直接的接受報案與集中的管制，因而警察面對民眾之報案服務，也變得比較專業、超然。同時亦積極運用新的科技與發展新的執勤方法，例如警用交通工具、通訊科技以及強調預防性的高密度之巡邏，並且對尋求服務之報案的快速回應等，如此便創造出全面性警力部署的專業化之勤務策略。這種發展的結果，完全聚焦於犯罪的控制之上。因為此種改革，成為較極權的管制與朝向專業化的發展，使其在消除貪腐與嚴謹的選擇性執法之上收到成效。然而，為了避免員警貪腐，則刻意與民眾保持一定之距離，卻產生了新的社會問題與警民之衝突。特別是在一系列社會快速變遷的 1960 年代之人權運動時期，因為警政專業化與民眾產生了距離與隔閡，警民衝突事件便會不斷的衍生。

然而如前所述，自 1970 年代堪薩斯市的預防式的巡邏實驗，被證實對治安之維護無效之後，因此到 1980 年代社區警政的復古運動再次的被提倡，[1] 期能改變警察勤務專業化發展之後，僅以快速回應民眾報案與高密度巡邏之傳

---

[1] 所謂警政的復古運動，乃筆者主張英國之皮爾爵士於1829年提出「首都倫敦警察法」時，即主張警民合作與偵防並重之警政策略，之後經20世紀初警察專業化之發展影響下，全球警政強調以偵查破案，以及警察與民眾分離並獨自專業執法之發展策略。然而至1980年代之社區警政之被倡導，其與皮爾爵士之警政概念相類似，因此筆者稱其為「警政之復古運動」。

統策略之缺失。至 2000 年之後，如前章所述之警政的「國土安全警政」之發
展時期，警政則轉變成為強調所謂「公私協力」的國土安全之新趨勢發展。其
之策略乃強調公私整合平臺的融合中心之創立（Fusion Center），與情資之便
捷運用，且更精準的作到公私機構的情資之分享，與危機之機先預警機先的
（Proactive Stance）達成反恐之任務。

　　至所謂「公私協力」的警政管理之新概念，乃為了落實實踐公民社會的新
理念，亦即公民社會有兩個中心思想：一是強調公民參與；二是強調公民社會
的要求。公民社會的體質在本質上是一個民主法治的社會，一切基礎應建立在
公民參與，亦即人民基於互為主體性的認知與實踐，經由對政府行政與公共
事務相關的知識與資訊之吸收，透過公平公開的參與管道，直接貢獻自己的情
感、意志與行動於公共事務的處理之中，其即係一種由下而上的大眾領導方
式。換句話說，公民社會的特徵是公民的參與、公共事務的分擔、公共利益的
優先、普遍的關照與公民資格的確立。至於「公民」的概念是相對於「國家」
而言，而公民資格的內涵，則與社會階級或階層的鬥爭有關，其就體制內抗爭
指的是偏向法律的權利（含相對的義務）之意涵；體制外的對抗偏向於政治的
權力（含相對的妥協）之意涵。公民資格具有倫理與規範的意念，並由此衍生
出社區公民的權利與義務，而彰顯的行動實踐，便是公民參與或社區參與。而
其所衍生之公私協力（Public-Private Partnership）是近年來政府尋求提升社會
治理能力之新主流思維。其即強調建立起政府與各私立部門或民間力量的整合
與互動關係。而其之互動機制則包含兩個面向：一、共同治理方面：包括共同
參與協力夥伴的核心精神、連結公私部門的核心價值，及動態關係與機制的建
立等；二、風險社會與互動倫理方面：包括開放社會與風險分擔概念之建立，
及公私部門互動倫理與誘因機制的建置等（李宗勳，2005：10-14）。故從各
民主國家之警政發展中可發現，民間警力之運用已超過正規警力的人數，如英
國、美國、加拿大等國是（South, in Mattews, 1989: 74）。而其工作理念則以
預警之方式來預防犯罪，而不是以被動的方式來增加事後的破案率（Proactive
rather than Reactive）。惟其出現，不但對警察產生競爭性，且其監督、聯繫
或合作方式亦很模糊，故政府機構必須再加以詳細規範，以避免其產生不良之
影響。復以，2001 年 9 月 11 日美國遭受恐怖攻擊之後，警政之發展又再次受
到重大之衝擊與影響。地區治安的維護又有所謂公司協力整合平臺建立之議，
如此才足以處理全球治安之新挑戰，因此公私協力就成為警政策略發展之新指

標。故而,傳統之專業化發展勤務策略,其強調的是警察「獨自專業化」的發展,並獨自負擔起治安維護之責任;反之,公私協力之勤務策略模式,其乃強調「整合平臺」之建立,以及縱向與橫向之公私機制,「全員」建立起治安維護之協力機制與網絡聯繫之新勤務策略。

肆、攻勢勤務或守勢勤務之勤務策略模式

在警察外勤活動中,根據「警察勤務條例」的規定,可以把6種勤務方式根據梅可望先生與李湧清先生之見解,區分為兩大類,亦即攻勢性勤務與守勢性勤務(梅可望,1999:400-401;李湧清撰,2017:318-319)。所謂攻勢勤務,包括巡邏、臨檢以及勤區查察;而守勢勤務則是值班、備勤與守望。攻勢勤務與守勢勤務有幾個區別,攻勢勤務的共同特徵是能夠選擇目標,並透過反覆、動態的勤務,警察勤務執行人員根據所蒐集的情報,主動選擇執勤區域、對象與目標,因此在實際執行上,比較有發現問題與治安警訊的機會。反之,守勢勤務是警察被動對民眾的報案加以反應,其行動基礎來自民眾的資訊,而後針對民眾資訊反應,因此通常較無法主動發現治安問題。然而,守勢性的勤務也並非毫無效用。以守望為例,守望勤務之所以產生,是因為在過去交通不便、通訊不發達的時代,民眾對於警察的需求依然存在,因此為了對民眾提供更便捷快速的服務,由警察機構派人在特定地點駐守,使民眾易於尋覓求助,而上級也容易督導考核。不過隨著通訊的發達、網路的普及,類似守望這種勤務已不再像從前那麼重要。雖然梅可望先生主張,攻勢勤務比守勢勤務重要,亦即其所稱之「巡邏重於守望」之勤務基本原則,但在執行攻勢勤務的過程中,仍有某些重要原則必須遵守。這些重要的原則,包括依法行政、避免目標或對象之選擇偏差、注意不違反民眾權益以及不侵害人權等等。而且亦有研究發現,在執行巡邏勤務時,若在治安重點熱區作短時間之定點守望,則嚇阻犯罪之效果甚佳,所以警政署才會有「巡守合一」之主張。

伍、集中制或散在制之勤務策略模式

基本上海洋派警察制度之國家,例如英、美等國,其警力之部署大都是採集中警力於警察局或分局統一運用之模式,而且以巡邏為其主要之勤務方式,

並以「共同勤務」之執行為主。直至 1980 年代社區警政風行全球之後，才逐漸注意到預防犯罪之勤務方式，以及社區警政勤務模式的研究與推展。至於大陸派警察國家，尤其是亞洲之日本、我國及新加坡等國，其警力之部署與運用則採散在式之安排。因此，有端末警察組織之派出所與基本單位之警勤區之設置，並以此散在式警力，及以「個別勤務」之勤務執行為主，來執行以犯罪預防與結合民力為主之勤務工作。然而，近期之警力之部署發展，即有朝向集中制與散在制並用的勤務之發展趨勢。亦即集中制警力部署之歐、美國家，在推展其社區警政，因此警力之部署，在作適當的地區責任制、散在式之規劃與安排，如前述之警察門市服務站等之規劃。反之，大陸派警力散在式運用之國家，例如新加坡及我國之警察勤務組織與勤務方式，則有在作適當的集中運用。例如，前述 1979 年當時之警政署長孔令晟，以及 2014 年臺北市長柯文哲先生亦都曾有裁併派出所之議；1990 年代新加坡警察勤務組織之改革，由集中多個鄰里警岡之警力，而成立鄰里警察中心之端末組織之改革等均屬之。其策略改變之目的，均為了集中警力運用，以便提升警察之機動力，欲藉此更有效的嚇阻犯罪之發生。因此警察勤務組織之集中制與散在制並用的整合性發展，以及偵、防並重之勤務策略，確實已成為全球警察勤務策略發展中，因時、因地之整合後之新潮流。

　　綜上所述，以上 5 種勤務策略類型化之分類，可歸納整合成為兩大類勤務策略之分野，亦即一類為以偵查為主之策略，並以共同勤務之執行為主。另一類則同時注意及之於預防勤務策略之執行，同時亦有社區警政，以及個別勤務之警民合作方案的推展。亦即，前述之：（一）犯罪控制；（二）報案反應；（三）專業化發展；（四）攻勢勤務；（五）集中制之勤務策略模式，較屬於以「偵查」為主之勤務策略；至於前述之：（一）程序正義；（二）機先預警；（三）公私協力；（四）守勢勤務；（五）散在制之勤務策略模式，則較屬於以「偵、防並重」之勤務策略。茲將分別引述與此兩大類勤務策略有相關之勤務理論，闡述如後。

第 三 節　警察勤務之理論與規劃

第一項　警察勤務之理論

　　前節有關兩大類之警察勤務策略，又大略可劃分成為 3 種勤務理論之類型化的分類，亦即第一類為以偵查為主之勤務理論；第二類則為同時注意預防勤務或以預防為主之勤務理論；第三類則為美國 2001 年遭受 911 恐怖攻擊之後產生之國土安全警政時期之勤務理論。而第一類以偵查為主之勤務的相關理論，又可包含專業化時期的勤務理論、運用新科技的勤務規範、案件篩選之勤務管理規範以及問題導向之勤務規劃理論等 4 種。至於第二類以預防為主之勤務理論，則包括破窗理論、治安零容忍、日常活動理論、理性選擇理論、情境犯罪預防理論以及社區導向警政等 6 種，茲論述如後。

壹、以偵查為主之勤務理論

一、專業化時期的勤務理論

　　在此警察專業化發展時期，其中心工作內涵可從和麥先生（August Vollmer）之主張，加上威爾遜先生於其經典之作《警察行政》一書中得到一梗概（O. W. Wilson work in Police Administration），並能了解其勤務規劃之重要原則（Kelling and Moore, 1987: 38）。亦即專業化時期將範圍廣闊之警察社會服務性角色，變成犯罪控制之功能定位，故而業務大量的減化。組織之型態亦從以往分權之模式，變成為某種程度的集權模式，即組織上之集權或資源、功能、情報、訓練機構之共用與整合等。以往警察對民眾之需求適時的反應以便提供服務，新的專業化發展則推銷警察為專業的犯罪抗制者之角色（Crime Fighter），並為了防止貪污及發展其專業素養，警察組織試圖避免與社區有密切之關聯性。而以疏遠超然的專業化角色自許。而預防式的汽車機動巡邏（Preventive Patrol）取代以往步巡的方式，同時更強調「快速報案反應」以處理民眾之報案。如此一方面可有效破案並控制犯罪，使機會犯罪者不敢蠢動，發揮嚇阻之效果。另一方面可使民眾更有安全感，對警察工作更為滿意。另外，並援用新科技於警察勤務之工作上，以便提升其回應民眾報案之反應時

間。是以，隨機化的機動汽車巡邏，快速報案的反應模式，及以犯罪抗制者自居，便成為此時期警察行政思想之內涵及其勤務策略之主流（Normandeau and Leighton, 1990: 43-44）。

所以專業化時期之勤務運作原理中，就有所謂以下諸項勤務發展原理之衍生與適用：（一）迅速原理：迅速原理的假設是，警察人員越早到達犯罪現場，則逮捕犯罪者之機會越大，而有所謂「TAP 理論」的出現。TAP 理論（警察到達時間理論）是從犯罪發生的時間一直到警方到達現場的時間為止，可分為三個不同的時程：1. 獲知時間（Detection Time），亦即從犯罪發生時至為人所得知該犯罪之時間；2. 報案時間（Reporting Time），即從犯罪為人所獲知，向警方報案到警方受理該案之時間；3. 警察反應時間（Police Response Time），即從警方受理案件並派遣人員到達現場之時間。這三段時程，合稱為「警察到達時間」（Time of Arrival of Police, TAP）。總之，反應時間的縮短，可以減少民眾的不滿、比較容易保全現場、也比較容易當場逮捕人犯，所以反應時間受到一定之重視；（二）顯見原理：顯見原理就是「見警率」；換言之，顯見原理指的是警察人員在執行勤務時，無論其服裝或裝備，如巡邏車等，都必須明顯易見，也就是見警率的強調。能見度與見警率之強調，在傳統警察勤務觀念中，是具有相當意義的。因為傳統警察勤務之推行者相信，警察勤務之顯見性，至少有兩層意義，一方面因為能見度之故，所以得以嚇阻犯罪。另一方面，也因為警察勤務之顯見性，所以警察隨時接受民眾之監督，也減少警察違法犯紀的機會。此外，由於勤務的顯見，勤務執行也因此有交通上之便利，也可以予民眾警告。總而言之，能見度對警察勤務而言，有其犯罪預防上之意義（李湧清，2006）。

二、運用新科技的勤務規範

傳統之勤務理論除了上述之迅速原理與顯見原理之要求之外，為求其提高回應民眾報案之速度，或者能更有效率的提升案件偵查之效率，則新科技之運用以求快速到達現場，成為甚為重要之關鍵策略與作為。其中，例如擴增實境之技術（Argument Reality, AR）、無線電科技的使用與發展（Wireless Technology）、累犯的定位系統（Locating of Serial Offenders）、犯罪現場處理的新科技（New Technologies for Crime Scenes），以及機器人的使用（Robotics）等等新科技之運用，其目的即在求提升犯罪偵查之效率。其詳細

之發展進程，將於本書第九章警察勤務裝備中論述之。

三、案件篩選之勤務管理規範（Case Screening and Case Management Model）

　　從科學的角度來篩選並管理刑事案件偵查的概念，源自於 1970 年代紐約州的羅切斯特市警察局（Rochester Police Department）的一個警政改革專案，以及美國刑事司法研究基金會蘭德公司（RAND Corporation）與警察行政研究論壇（the Police Executive Research Forum, PERF）等幾份研究報告中之研究主題。多年來隨著電腦技術的引進，發展出了更有效的刑事案件偵查之管理方法。而此刑事案件偵查之管理方法，是否有效之評估標準，則包括：（一）處理的案件數量；（二）案件偵查終結之數量和百分比；（三）因為此方法而經起訴的案件之數量和百分比；（四）因為此方法而定罪之數量和百分比。

　　案件篩選是勤務之效果和效率的一個重要指標，因為並非所有案件都是可以解決或破案的。因此案件管理人員經常依靠所謂的可解決之案件的因素，來規劃偵查之策略與方向，這些因素已被證實是有助於提升偵查的效果。這些因素則可包括：（一）該案件是否有犯罪的目擊者；（二）嫌疑人是否被點名確認；（三）是否有嫌疑人的特徵之描述；（四）是否可以找到嫌疑人；（五）是否可以識別出作案之車輛；（六）被盜財產是否可被識別與追蹤；（七）是否有遺留之物證；（八）是否有明顯的作案手法（modus operandi）；（九）犯罪分析能否鑑識出或查明犯罪人等等案件相關之篩選與評準之因素。再加上一個案件之監測與評估之新系統，則案件管理人員就能夠更有效的管理，並運用該等案件之偵查的人力與裝備器材等資源（what-when-how in Depth Tutorials and Information）。根據以上刑案偵查勤務規劃之經驗與原理，則行政警察勤務之規劃，亦可以根據過往之警察紀錄與案件偵查之統計資料，來篩選案件處理之方式與勤務部署之規劃。如此，將不會一視同仁的用同樣的勤務規劃的標準，來處理不同性質之案件。若然，則有些案件必須快速的派遣線上巡邏人員立即趕赴現場處理，有些案件則可用電話諮詢或其他方式，或者依其性質隔些時候再加以處理。然而此篩選之案件管理制度，只要事先加以廣泛之宣導，大部分民眾都會支持將警力作有效的分派與差異性質之處置，因為如此作為可擴大警力運用的有效性，對社區整體治安之貢獻將會更大。

四、問題導向（Problem Oriented Policing）之勤務規劃理論

問題導向之策略經常與社區警政之策略相輔相成的互為運用，而且社區警政大都包含問題導向之策略。惟其二者之最大區別，在於問題導向之策略較不強調警察遂行「社會工作者」之角色，而僅強調在「執法」工作之策略或運作之上（Goldstein, 1990: 24-26）。故而，其策略較著重基層人員參與式之管理，及治安問題之整合與分析。其中心工作包括：（一）將治安相關之問題作「整體」（Grouping）之分析。即將類似之治安問題整體的加以分析，並提出治本之對策，而不是單一事件的緊急個別的處置；（二）各階層員警廣泛蒐集問題之情報，對問題作系統之研究分析，對該類問題提出最妥適之處置方案（Goldstein, 1990: 32-49）。而此種整合問題之情報來作研究分析，並提出根本性的解決方案，確實可以更澈底有效的解決該類之問題。而此勤務規劃，雖亦強調事前情報之整合與分析運用，惟其著重於執法之角色與「犯罪問題」之解決為主，而較不著重社會工作者之角色與預防之功能，故而筆者遂將其歸納為以偵查為主之勤務理論之列。

貳、以預防為主之勤務理論

我國警察在犯罪防治策略的發展方面，除了援引前節所述以偵查為主之策略外，亦應同時並重犯罪預防之策略發展。若然則警察機關犯罪預防工作之執行，應以犯罪學相關理論為基礎，因而可將犯罪預防概分為三大面向（或謂三級之犯罪預防策略），即（一）被害預防、情境預防及再犯預防，找出犯罪發生之因素，在未發生犯罪前予以規劃、設計及改善，以減少犯罪之發生；（二）辨識潛在犯罪者及犯罪區域，並在犯罪活動發生前予以干預；（三）對已發生犯罪行為之犯罪者施以輔導及矯治，進行注意監控，使其不能再犯罪。亦或可援引下列犯罪預防之各種理論或模式，應可提升我國警察勤務之治安維護之效益。

一、破窗理論（Broken Window Theory）

此理論乃於 1982 年由 James Q. Wilson 以及 George L. Kelling 所提出（Wilson and Kelling, 2015），認為環境中的不良現象，例如窗戶破敗沒人關心，而放任其存在，則會誘使人們仿效，甚至變本加厲。該理論指出，執法機

關或任何社會之機制，若能維持並監測社區的環境，以防止小犯罪之發生，例如塗鴉、破壞公物、公共場所飲酒，以及跨越地鐵收費口不買票等行為，則將創造出一種有秩序之社會氛圍，從而能預防更嚴重的罪行之發生。

二、治安零容忍（Zero Tolerance）

零容忍策略在犯罪學研究，以及全球各地的正式或非正式的治安策略執行上，均常被運用。而所謂治安零容忍乃是「預防為先、偵防並重」之治安政策。而治安零容忍係援用前述破窗理論抗制犯罪之手法，其執法策略係對任何犯罪或違法擾亂社會秩序之行為者，依法嚴懲，絕不妥協、絕不容忍。換言之，治安零容忍並非零犯罪，其主要精神是不能容忍社區的頹敗或秩序蕩然之現象或行為，進而以預防之手段來重整社區秩序，若然則犯罪問題就不易在該社區滋生。

三、日常活動理論（Routine Activity Theory）

日常活動理論始於學者 Cohen 和 Felson 於 1979 年所發表對於美國家庭的研究（Cohen and Felson, 1979）。他們在研究中發現，當經濟發達，雙薪父母之家庭更見普遍時，婦女在家的時間減少，犯罪率便會上升。同時，當科技越來越發展，貨品設計越來越輕巧及方便時，犯罪率亦會上升。基於以上研究，他們提出人類的活動模式與犯罪有密切的關係。他們在理論中提出三個引起犯罪的要素，分別是（一）有犯罪動機的人；（二）合適的目標；（三）缺乏有能力的監控力或監控者。當這三項要素出現時，犯罪的機會便會上升。因此警察人員只要掌握其中一種因素加以事先預防，則犯罪就不易產生。

四、理性選擇理論（Rational Choice Theory）

理性選擇理論是犯罪學的一種理論，源自古典犯罪學派的其中一個重要觀點。人類具有自由思想，人類能夠自己選擇對錯。1986 年，Cornish 和 Clarke 正式提出理性選擇理論，不過早在 1982 年，Clarke 已經提出簡易選擇模式，他們認為罪犯是具備理性的，需要從（一）犯罪的利益；（二）風險；（三）成本等三方面，來考慮是否從事犯罪行為。其中，利益是指犯罪後的得利，能滿足人類的各種生理及心理需要；風險是指罪犯被識破罪行，及受到刑罰的可能性；而成本則指犯案時需要的工具、技巧、時間等，當利益大於風險加成本時，罪犯則傾向犯罪，相反則傾向不犯罪。

五、情境犯罪預防理論（Situational Crime Prevention）

　　情境犯罪預防主要係美國學者 Clarke 所依據上述之理性選擇理論之邏輯，而衍生與提倡之犯罪預防策略。其強調犯罪之情境因素，包括犯罪之機會、時空、條件等，為犯罪發生之要件，與經由犯罪者透過理性之選擇與判斷。因此其認為，若能對犯罪之情境加以操控，以便降低犯罪之機會與其選擇，則可達成預防犯罪之效果。

　　至於犯罪情境的預防，則可包括以下的行為：（一）針對高度特殊可能的犯罪情境，來加以防治；（二）處理、設計或操作當前的情境；（三）減少犯罪的機會，能使得違法者意識到風險的增強而選擇不敢也不願意犯罪。而預防犯罪之策略與方式有各類型態，例如 Clarke 曾於 1997 年提出之 16 種降低犯罪的預防技巧，即從情境與環境之設計來預防犯罪。故情境犯罪預防係指對某些獨特犯罪型態，以一種較有系統、完善的方法對犯罪環境加以管理、設計或操作，以阻絕犯罪發生之預防策略（陳明傳等，2016：81-84）。然而於 2003 年 Cornish 以及 Clarke 共同指出，Clarke 本人於前述 1997 年所提倡之 16 種降低犯罪的預防技巧，實有其不足與招人詬病之處。故其二人遂將 Clarke 在 1997 年之 16 種降低犯罪的預防技巧，擴增並修正成為如表 3-1 之 25 種降低犯罪的預防技巧（Cornish and Clarke, 2003: 90）。並分成五大類型之預防技巧，其即包括：（一）增強犯罪困難性感覺之技巧；（二）增強犯罪危險性之技巧；（三）降低犯罪期待之獲利；（四）降低犯罪誘因；（五）移除犯罪者之藉口等。其每一大類中又有 5 種不同之犯罪預防之技巧。此情境犯罪預防之治安策略，誠值得警察機關在治安維護時，其策略運用的重要參酌，而據此犯罪預防多元技巧的運用，結合前項偵查犯罪之各種新策略，必能更提升我國警察治安維護之效率（efficiency）與其效果（effectiveness）。[2]

---

[2] 效率在行政學上，指投入資源與產出結果的客觀上量化之效益。反之，效果則為投入資源與產出結果的主觀上質化之感受。因此，有時治安的客觀效益很高，但民眾主觀上的感受，則可能不好。

表 3-1　新修正之 25 種降低犯罪的預防技巧

增強犯罪困難性感覺之技巧	增強犯罪危險性之技巧	降低犯罪期待之獲利	降低犯罪誘因	移除犯罪者之藉口
標的物的強化	守護功能之增強	降低目標之被害	降低挫折與壓力	規範的設定
機關之管制機制	自然的防衛監控	標的物的移除	避免衝突	警示之公告
出口處之管制	降低犯罪對象之隱匿性	財物辨識標記	降低情緒之刺激	道德良心之提醒
使潛在犯罪者轉移	善用地區之管理功能	銷贓之管制	妥善處理同儕壓力	鼓勵守法
控制潛在犯罪因素	正式監控	杜絕犯罪利益	避免犯罪之模仿	控制毒品與酒品

資料來源：Cornish and Clarke, 2003: 90

六、社區導向警政（Community Oriented Policing）之勤務模式

　　社區警政雖然在全世界的警察實務與學術界形成一種風潮，惟其因時、地之差異，而發展出不同風格的社區警政模式。因而對於社區警政之界定，也就眾說紛紜。綜合各家說法，及本文筆者之心得，則所謂社區警政者，無非是尋求預防與偵查犯罪並重，並且結合社區資源的較有效之治安新策略。其所發展出來之措施，即對外要求預防、偵查並重，運用社區資源，並以顧客及品質為警政運作之取向；對內則強調參與、授權及激發同仁的工作意願、成就感與責任感。

　　其與傳統專業化警政之最大不同，即在傳統之模式較重警察本身能力之加強，及以偵查破案為主的策略。而社區警政則強調預防、偵查並重，並且結合社區資源與民力，以便共同抗制犯罪。而此警政之發展，筆者之前曾論述為，其乃為 1980 年代於警政專業化發展到一定之極限後的警政復古運動。其乃重新運用英國皮爾爵士 1829 年創造現代警察時之警察概念，亦即警察人員本來自於民間，因此警民合作才是社會安寧維護的最佳策略。同時，其亦強調預防犯罪與偵查破案是有同等重要之影響與治安效益。所以社區導向警政之勤務作為，則除了偵查之強化之外，在警民合作之平臺或方案之建立，以及各類預防

犯罪之作為上，顯然與傳統勤務作為僅強調高密度巡邏、提高見警率、與偵查勤務之強化等勤務方式有所不同。故而其在勤務方式之安排上，自當會跳脫傳統之強攻猛打的偵查與破案之框架，而會部署適當之警力，並推出一些警民合作之預防犯罪之勤務作為，且認為在社會治安之維護與犯罪之掌控上定當較為有效。

參、國土安全警政時期之勤務理論

如前之所述，美國 2001 年遭受 911 恐怖攻擊之後，逐新形成了國土安全警政時期。在此新的國土安全警政架構之下的警察，其與環境的關係雖然仍是比較專業的。但其與「改革時期」，警察會因為過於專業化的發展，而與民眾會造成疏遠的關係又有所不同。因為在國土安全警政架構下的警察，將不會和其所轄社區隔離，畢竟社區是他們情資以及情報的重要來源。至於此時期之警政策略及技術，警察必須在國土安全概念上有一定的認知，是重要的關鍵因素之一，也是警察機關最不足，而需要不停學習的課題。其中，例如風險評估、情報蒐集，以及發展對大規模危機或恐怖攻擊的反應能力。雖然其並不全然是警察的職責，但需要更多這方面的訓練及教育，以便能配合時代之發展與要求，扮演好政府整體反恐措施中重要的角色。有關對抗恐怖主義的策略運用，雖然有一部分是過去警政工作的延續，但是必須以更廣泛的資訊與策略來處理與改革。因此，警察將會需要接受新的科技與技術，而對於這些新的科技與技術的研發與運用，也將需要警察人員積極的合作與參與。

至於在前述整合型警政時期或者國土安全時期，均強調必須採取全方位的警政策略發展，也就是說警察工作之新思潮，不僅在工作量上力求提升效率，尤應在工作的品質上，提升其維護社會安寧與為民服務的效果。如此精神表現在勤務作為上，即為偵查與預防並重的策略。至其所衍生之勤務理論與模式，則均以情資為導向之勤務作為，其中最具典型之勤務模式，則為資訊統計之警政管理與情資導向之警政策略模式（Intelligence Led Policing, ILP）二者。

其中所謂 CompStat，如前所述乃於 1990 年代，分別由紐約市與巴爾的摩市引進，此後被其他許多城市仿效。此種管理技術的目標，是改善政府機關的執行績效，及增加全體同仁之決策參與及分層之授權與責任。CompStat 是一個讓警方可以用來即時追蹤犯罪的系統，包含了犯罪資訊、受害者、時間與發

生地點。另外，還有更詳盡的資料，讓警方分析犯罪模式，電腦自動產生的地圖，會列出目前全市發生犯罪的地方，藉由高科技「斑點圖法」之方法，警方可以快速的找到犯罪率高的地區，然後策略性地分派資源打擊該種犯罪。雖然全國其他警察部門，也使用電腦打擊犯罪，但紐約市警方更進一步的用在「犯罪防治」的勤務作為之上（Worcester Regional Research Bureau, 2003）。至於資訊統計之管理系統的程序，如前所述包含下列 4 個步驟：（一）正確適時的情報（Accurate and timely intelligence）；（二）有效的戰術（Effective tactics）；（三）人員及資源的快速部署（Rapid deployment of personnel and resources）；（四）持續的追蹤和評估（Relentless follow-up and assessment）等。並有 9 項之執行程序，故而其與傳統警察勤務之執行，有顯然之不同程序。因為前述傳統之勤務理論，並無較周延之情資整合與分析運用之統計系統，同時其勤務之執行程序，亦不若 CompStat 有較為嚴謹之 9 項進行之步驟。[3]

　　然而，資訊統計管理之警政策略的特點，乃以個案與特定轄區之犯罪概況之分析，為治安策略之主軸；反之，情資導向警政策略之特點，則以多元轄區的治安分析，並以威脅為導向，及以犯罪集團與恐怖主義之處理為主軸之治安策略發展。因此，兩者之發展雖然有其先後，但以預防犯罪之概念、多元參與之管理機制、資訊的不斷輸入與分析，以及較為精準之勤務作為等策略則是雷同。然其二者若能互補並整合的運用，則將更能彰顯其治安維護之效果。至於後述之大數據警政策略之最新發展，則更是擴大情資的整合，以及更深入分析與運用資訊，為最新之警政策略發展，其並可用於提升警察勤務作為之重要憑藉，以及研發新的勤務策略與模式之指導方針。

- - - - - - - - - - - - -

[3] 如本書前述第一章所述，紐約市警局之資訊統計之管理系統之制度，即於1994年在警察局長William Bratton的帶領下，發展成犯罪追蹤和責任管理的系統。而兩週一次的犯罪策略會議，則以腦力激盪之方式評估及研討資料的趨勢與因應作為。而更使分局長與會時，對問題疏於準備或不當回應則必須負責。至其犯罪策略會議包括下列9項之進行步驟：（一）CompStat簡報會前會；（二）資料彙整；（三）成立CompStat專責單位；（四）配套之會議室設備；（五）新的情資分析系統之創建；（六）分局管理小組會議；（七）局內精英幹部的策略評估；（八）每週警察局長對市長的簡報；（九）部門協商等。

第二項　警察勤務之規劃

　　勤務之規劃可從我國現有之法規，對於勤務規劃之規定，來了解勤務規劃之實務現況與作法。另外，亦可從政策科學在政策規劃之階段，其形成政策之模式類型來進行規劃之作業。如此從形成政策之模式之理解與運用，來針砭我國警察勤務規劃之不足處，亦可提升我國政策規劃之功能。因此擬以此論理之方式，來論述我國警察勤務規劃之狀況如下。

壹、我國警察勤務規劃之規範

　　根據「警察勤務條例」第 17 條之規定，勤務規劃監督機構對勤務執行機構服勤人員之編組、服勤方式之互換及服勤時間之分配，應妥予規劃，訂定勤務基準表，互換輪流實施，並注意下列事項：
一、勤務時間必須循環銜接，不留空隙。
二、勤務方式應視需要互換，使每人普遍輪流服勤。
三、分派勤務，力求勞逸平均，動靜工作務使均勻，藉以調節精神體力。
四、經常控制適當機動警力，以備缺勤替班，並協助突發事件之處理。
五、每人須有進修或接受常年訓練之時間。
　　前項勤務編配，採行 3 班輪替或其他適合實際需要之分班服勤。如勤務執行機構人員置 3 人至 5 人者，得另採半日更替制；置 2 人者，得另採全日更替制；其夜間值班，均改為值宿。又根據內政部警政署編製之警察機關分駐（派出）所常用勤務執行程序彙編，對於值宿之規範為：（一）各警察機關值宿分駐（派出）所，其值宿時段，由分局長依據實際狀況律定；（二）執行值宿勤務時，應穿著整齊制服於值勤臺旁歇息、依規定領用槍彈（置放於隨手可取之處）、駐地燈光應保持明亮度（燈光不可全滅）；遇民眾報案時，應立即反應處理（內政部警政署編製，2016：17）。
　　又根據「警察勤務條例」第 18 條之規定，勤務執行機構應依勤務基準表，就治安狀況及所掌握之警力，按日排定勤務分配表執行之，並陳報上級備查，變更時亦同。然又根據內政部警政署 2018 年新修定之「各級警察機關辦理勤務審核作業規定」，於該規定之第 11 點規定，各級警察機關辦理勤務審核重點，規定如下：

一、勤務執行機構主管應親自編配勤務或由副主管或指定代理人依編配原則，編排勤務分配表。

二、應依據當前治安及交通狀況編配勤務：

（一）針對受理報案及發生案件等資料，分析轄區治安狀況編配勤務。

（二）針對轄區犯罪熱點（人、事、時、地、物）編配勤務。

（三）針對易疏忽之角落、民眾反映之治安死角及治安空隙（含時間、地點），強化勤務作為。

三、勤休時間有無符合下列規定：

（一）勤務方式應視需要互換，使每人普遍輪流服勤。

（二）勤務應力求勞逸平均，動靜工作務使均勻，藉以調節精神體力。

（三）服勤人員每星期輪休全日 2 次，除有臨時事故外，不得停止輪休。

（四）服勤人員每日應有連續 8 小時之睡眠時間。

（五）各勤務機構除值宿之分駐所、派出所或小隊外，每日服勤以 8 小時為原則；編排 8 小時無法因應需求時，視實際情形編排勤務至 10 小時。但編排 10 小時勤務仍無法因應治安需求時，應由分局長、大隊長及直屬隊長召開座談會，依據轄區治安狀況及警力缺額等因素，研擬需增排之勤務時數；必要時，得於 2 小時以內延長之，並陳報上級列管。座談會以每年召開 1 次為原則，並得依照所屬員警異動情形，增加召開次數。

（六）嚴禁 3 段式以上勤務編排方式。

（七）各單位應避免每日常態性編排連續 12 小時勤務，並逐步增加每人每日 10 小時以內勤務日數。

四、勤前教育時間應註記，流程簡潔並嚴禁編排下班員警參加勤前教育。

五、專案性勤務以不編配為原則，分局、大隊及直屬隊基於特殊因素須執行者，應由分局長、大隊長及直屬隊長親自規劃審核後方得實施，並陳報上級列管。對超過 1 星期之專案性勤務，規劃單位應每星期檢討 1 次，無實施必要時，應即陳報上級解除列管（內政部警政署，2018a）。

　　然而在外勤單位之實務運作上，各級警察機關對於勤務之規劃，也依照上述警政署勤務審核作業之規範，一再要求應由主官（管）親自規劃勤務，才能全盤的掌握轄區之治安狀況（內政部警政署編製，2016：26-31）。例如，臺北市政府警察局 2012 年 1 月 5 日北市警行字第 10138036600 號函修正之「臺

北市政府警察局勤務實施細則」第38條之規定，勤務規劃應切實掌握下列時、空重點，有效使用現有警力。勤務輪流方式，必須週而復始，循環銜接，不留空隙，並依下列主（客）觀情況變化，適時檢討與修正：（一）治安尖峰時間與地段；（二）交通尖峰時間與地段；（三）地區特性、狀況之時間與地段；（四）勤務規劃，在分局以上單位，應指定專人辦理，派出所應由所長（副所長或指定代理人）爲之（臺北市政府警察局，2012）。又例如，「雲林縣警察局勤務規劃編排原則」之貳、編排原則之一的規定，勤務執行機構主管「有無」親自編配勤務或由副主管（指定代理人）依其編配原則，編排勤務分配表等之規範（雲林縣警察局，2018）。

至於分駐（派出）所勤區查察之勤務，雖亦由分駐（派出）所主管編排，然而各勤區警員之訪查作爲，則依據2017年新修正之「警察勤務區家戶訪查作業規定」第29點之規定（內政部警政署編製，2016：308），家戶訪查爲預防性勤務，警勤區員警應依據轄區治安狀況、地區特性等，預擬每月勤查計畫。第30點又規定，警勤區員警執行勤區查察前，應擬妥勤區查察腹案日誌表，並呈給所長核閱與管制。又例如，2018年8月30日生效修正之「臺中市政府警察局勤務實施細則」第37條之規定，勤務分配，應勞逸平均，動靜調節，每人勤休日期、時間及服勤項目與崗位，必須逐次互換，機會均等，非經核准，不得擅自更換或央人代勤。專案性勤務以不編配爲原則。基於特殊因素須執行專案勤務者，應「由分局長親自規劃」審核後方得實施，並將規劃情形陳報警察局列管及督導，亦規定應由主官（管）親自規劃專案勤務（臺中市政府，主管法規查詢系統，2018）。

又「警察勤務條例」第19條規定，警察局基於事實需要，須將個別勤務與共同勤務分別實施時，得以分局或分駐所、派出所爲單位，指派員警專責執行勤區查察；必要時，得將其警勤區擴大之，並另指派員警輪服共同勤務。該條例第20條規定，警察局或分局設有各種警察隊（組）者，應依其任務，分派人員，服行各該專屬勤務，構成轄區點、線、面，整體勤務之實施。以上乃我國警察勤務規劃時，在法規上之概要規範，至於如何強化勤務規劃之功能，則筆者將進一步介紹政策科學在規劃時之重要模式如後，期爲警察之勤務規劃，提升其規劃之功能與效用。

貳、警察勤務規劃之模式

在公共政策中政策的規劃、執行與評估，此三者乃公共政策推行與律定中三個重要進行之步驟。政策規劃泛指自公共問題發生、設計規劃替選方案、將選定方案予以合法化等程序中，其所產生政策的整個過程（章光明撰，2017：447）。而政策之規劃，則是公共政策形成中的第一個步驟。其乃專指決策者或政策分析人員為解決政策問題，採取科學方法，廣泛蒐集資訊，設計一套以目標取向、變革取向、選擇取向、理性取向、集體取向之未來行動替選方案的動態過程（吳定，2006：207）。警察決策的形成，受到警察人員、社區民意、政府組織、議會與輿論等之影響。然而，如何訂定一個較佳之勤務策略之決策，則在規劃階段時，對於決策之模式，必須有一定之了解與善用，如此才能作好勤務策略之規劃，而能發揮出勤務規劃較佳之預期效果。

至於政策科學在規劃階段時，有以下幾種政策規劃之理論或模式，茲略述之如下，以為警察人員作好勤務規劃時之參酌。

一、理性決策模式（rational model）

此決策模式乃決策者首先要確定目標；其次尋找所有可以達成該目標的方法；第 3 個步驟則是評估每個方案的有效程度；最後選擇最有效的方法。基本上，這是一種科學、客觀與量化為主之系統分析的途徑（system analysis）。至於所謂理性之決策規劃勤務之模式，則例如社區警政之勤務規劃時，要求社區警員以：（一）蒐尋相關之情資與社區之狀況（Scanning）；（二）分析上述所有蒐尋之情資與社區狀況（Analysis）；（三）針對分析之資訊，提出相對應之措施（Response）；（四）評估此決策執行之效率與效果（Assessment）等以上之 4 步驟的 SARA 模式，此即屬於警察勤務規劃的「理性決策模式」，其亦是以系統分析之技術，來進行決策分析之方法。

另外，Bayley 所謂之 CAMP 模式的社區警政之決策，其亦是以系統分析之方法與技術，即以「理性、科學之模式」來探討社區警政的四個核心要素 CAMP，其在政策的「形成、執行與評估」三者進行之程序與其過程，其之意涵則為：（一）C 乃是 Consultation，諮詢之意，指警察在制定政策的過程中，應定期且系統性的諮詢民眾之需求，此乃有關政策形成與規劃時，相關情資的廣泛蒐集之意；（二）A 乃是 Adaptation，乃意指透過警察的授能

（empowerment）與分權（decentralization），使地方及基層警察得以彈性調整作為，回應民眾需求，這是政策執行面中，有關警察組織內部整備，以應前述情資蒐集後回應其之需求；（三）M 乃是 Mobilization，係指動員社區民眾，整合社區資源，以解決社區治安問題，此乃政策執行面中，動員並整合組織內、外部資源以應治安之需求之意；（四）P 乃是 Problem Solving，意指排除治安問題的根源，此則有賴於政策之評估技術，期能達到徹底的將治安問題解決之意（Bayley, 1994: 279; Yeh, 1994: 17）。

至於，前述之紐約市警察局所提之資訊統計之管理系統之勤務決策程序，則亦是包含 4 個類似「系統分析的理性決策」之科學步驟，其 4 項決策之過程如下：（一）正確適時的情報（Accurate and timely intelligence），為了取得各類的執行績效及發展出處理特殊目標的策略，警察機關內必須有最精確和最新的治安資訊；（二）有效的戰術（Effective tactics），通常在策略會議之上，討論及發展新的因應策略，以解決無法藉由分析資料就可解決的問題。而策略發展則藉由資料蒐集和執行評估中所形成；（三）人員及資源的快速部署（Rapid deployment of personnel and resources），一旦新的因應策略被擬訂出來後，即據此快速的動員此區域的人員與資源；（四）持續的追蹤和評估（Relentless follow-up and assessment）。因而此勤務決策，則亦屬於所謂之理性的決策模式。

二、漸進決策模式（incremental model）

提出漸進理論的決策者，是美國耶魯大學教授林布隆（Charles E. Lindblom）。漸進模式是一種強調透過社會互動（social interaction），對既有公共政策進行小幅的、個別的、漸進的修正之學說，是由林布隆於 1953 年至 1979 年期間所發展出來的。其學說可歸納為下列幾個重點概述如下：（一）他認為人的知性是有限的，因此對於問題無法全然的了解和掌握。這種有限知性能力之假設，不但是林布隆的理論基礎所在，也是他批評前述傳統之理性模式的主要論點；（二）其次人的知識和理性既然是有限的，所以如果要透過決策者對問題的了解、思考和分析以解決社會問題，則必然有其困難。況且，決策者若要把他自己思考和分析的結果，強加諸其他社會參與者身上，更是不太容易的事。反之，決策者必須依賴社會互動，也就是參與決策的黨派之間的相互調適，來解決問題。黨派可能是一個人、一個團體、一個政黨或由數個政

黨所聯合的團體；（三）再者，社會上的多數決策既是由各黨派相互妥協、調和所達成的，所以其結果很可能會尋求在各黨派的共同基礎共識上，進行局部的調整。這種以小幅調整，來適應現實的政治，稱為漸進政治（incremental politics），而其漸進與妥協之決策，才能真正的推行，而不會太理想化而致曲高和寡無法推行；（四）最後，理性之科學分析並非不需要，或可以摒除的。反之，如果互動要作得更好，實在有賴科學理性分析的輔助。因此，他主張政策規劃要能從「客觀的理性分析」中找到決策之科學依據，但亦應同時考量「非理性之主觀因素」列入考量，而此非理性因素考量的越周延全面，則此種漸進之決策就越容易推行。因此，我國警政決策之過程中，若能先蒐集與分析客觀之因素，之後再參酌主觀之個人、團體或社區之好惡因素，則警察決策之推展，就較不會有反彈或阻力，也較容易推動與達成。例如，經科學理性之分析，警勤區執行訪查勤務時，應以腳踏車為應勤工具為較佳決策，但大部分員警私底下認為太費體力了，因此若將此「主觀之喜好因素」列入考量，則如此之漸進決策規劃下，機車或許是更佳之選項，因為在員警的認同之下，或許其勤務之執行效果會更佳。

三、團體決策模式（group decision making model）

此決策模式乃是多元主義政治之下的產物，在政治的事物上，政策通常乃透過利益團體向政府施壓而作成，因此政策的合法化，隱喻了團體之間的競爭。而人民對於任何社會或國家之政策，亦可以團體決策之方式來形成政策，其中例如公投即為最佳之案例。至於警察之團體決策，例如邇來警察制服之更換，有透過員警代表之意見徵詢而決定新制服之樣式，亦可為團體決策之案例。即警政署曾於 2018 年 1 月 17 日至 1 月 22 日，辦理網路實品票選，結果是藏青色運動風之新制服。總投票數共計有 77,372 票，民眾投票數與警察投票數均以 B 款為第 1 名，色系部分，民眾投票以藏青色最高；員警之投票數則以水藍色 25,865 票，較藏青色 25,014 票微幅稍多 851 票（僅占員警總投票數的 1.6%）。然而，警政署考量員警需求並兼顧民眾觀感，內政部遂於 2018 年 1 月 31 日核定，新式警察制服式樣為藏青色 B 款運動戰術風（內政部警政署，2018b：237）。又例如博奕或色情專區，或可透過在地民眾之公投而作出決策，但有些專業性之事務，例如軍購、核電、焚化爐之設置地點等，或許就必須授權給專家或代議士，加以決定較適宜。因為其中關乎專業知識的考量、

判斷與機密保護的問題，不宜作團體、開放之公投來形成決策。

四、菁英決策模式（elite decision model）

公共政策的精英決策模式，假設精英具有政策的專業知識與素養，非一般人的能力所能及之，所以對於某些特定之公共事務之決策，其若較涉及專業知識之判斷，或者具有較高之機密性時，則宜授權給專家、學者或代議士，加以研究、討論與抉擇較爲適當之意。我國許多警政決策中，例如 1979 年裁併派出所之議或者推動社區警政之政策等，即爲精英決策之例。

五、博奕決策模式（game theory model）

博奕論爲 John von Newman 和 O. Morgenstern 所發展的量化決策之方法，又稱爲局論、對局論、賽局理論、競賽理論或遊戲理論。在 1928 年 Newman 運用數學模式分析策略，奠定理論基礎後，博奕論已發展成作業研究領域中，廣泛討論的一項數學理論，探討在各種策略結果，均能準確預測的利益衝突的競爭場合中，分析相互競爭的對手可能採取的策略，據以研擬最佳決策的一種方法。博奕論包括三項基本元素：（一）競爭者，只有兩位競爭者的競賽，稱爲兩人競賽，有兩個以上競爭者的競賽，則稱爲多人競賽；（二）行動，每個競爭者皆有若干個行動可供選擇；（三）報酬，當競爭者的行動均選定後，每個競爭者都會獲得報酬，報酬可能是金錢、效用（Utility）或其他可量化的財貨，可以是正值也可以是負值。基本上，博奕論所探討的是利益衝突競爭下的決策方法，較適用於企業界（國家教育研究院）。至於在警察相關的決策方面，例如在偵辦刑案過程中的許多決定與策略，均可運用此一模式，亦即可就相關之情資來了解歹徒的習性，以判斷其可能的逃亡方式與藏匿地點，進而採取必要的偵查策略與勤務部署。又例如，警察機關在處理群眾運動時，亦可運用博奕理論，以推演警察與群眾之間的各種可能狀況，進而選取其中最爲有利的警力之部署方式等。

以上各類政策規劃之理論，均屬於政策擬定時的科學、理性之抉擇的方法。至於在作警察勤務之規劃時，則可以當時事件或者狀況之屬性，而選擇其中最佳之決策類型，並加以運用與落實。然而筆者以爲，所有之勤務規劃過程，必先以科學理性的方法，來量化分析所有客觀之狀況，之後亦必須融入與考量前述林布隆先生所提之漸進決策的主觀影響因素，而進一步以主、客觀的

系統性與整體性之分析來規劃勤務,才是最佳的勤務規劃之模式。當然在進行主、客觀的政策分析的過程中,對於前述之偵查與預防,或者國土安全警政等勤務理論之援引,然後再透過前述之圖 3-1 中所述之社會科學研究方法之研究設計(methodology),來研究與分析出最後之決策與抉擇,如此才是進步與科學有效的勤務規劃之途徑。而此種規劃之革新方式,也才是我國警察勤務規劃時,革新與追求的標竿。

第 四 節　我國警察勤務策略之未來發展

壹、勤務策略之未來發展

　　綜觀全球警察勤務策略之模式,如前節之所述,就五種勤務策略類型化之分類,可歸納整合成為兩大類勤務策略之分野,亦即一類為以偵查為主之策略,另一類則同時亦注意預防勤務策略之重要性之策略。亦即,勤務策略中之犯罪控制、報案反應、專業化發展、攻勢勤務與集中制之策略,較屬於以「偵查為主」之勤務策略。至於勤務策略中之程序正義、機先預警、公私協力、守勢勤務與散在制之勤務模式,較屬於以「偵、防並重」之勤務策略。

　　前述兩大類型之勤務策略,加上 2001 年紐約市遭受恐怖攻擊之後,其所形成之國土安全警政時期之警察勤務新作為,共可歸納成為三大類勤務之相關理論。亦即前述之警察勤務策略,屬於「戰略層面」或典範(paradigm)之指導綱領與趨勢之引導,而其所衍生勤務之原理原則,即屬於勤務實務運作中之「戰術層面」的行動方案或勤務之理論(theories)。其行動方案亦可分為第一類以偵查為主之勤務作為,另一類則同時亦注意及於預防勤務作為之重要性,第三類則為國土安全警政時期之勤務理論。而第一類以偵查為主之勤務的相關勤務理論,又可包含專業化時期的勤務理論、運用新科技的勤務規範、案件篩選之勤務管理規範以及問題導向之勤務規劃理論等 4 種。至於第二類以預防為主之勤務作為,則包括破窗理論、治安零容忍、日常活動理論、理性選擇理論、情境犯罪預防理論以及社區導向警政等 6 種。

　　然自 1829 年英國皮爾爵士創建「現代警察」(Modern Police)之後,即曾說明警察僅為來自民間之公務執法人員,因此警民合作共維社區安寧,以

及預防、偵查並重之治安策略，才是現代警察所應追求之圭臬與標竿。如前所述，自 20 世紀初之警察專業化發展之後，警察之勤務策略受到科學化管理之世界管理思潮（Management Science）影響之下，勤務之作為則傾向以偵查、破案為主，而較不注重其策略有否效果，而只關注「效率觀」（Efficiency but not Effectiveness）之策略。至 1970 年代之堪薩斯市之預防式巡邏實驗證明，巡邏對於治安之維護不甚有效之後，復以 1980 年代社區警政的復古運動之崛起，勤務策略才又回到皮爾爵士的警民合作、偵防並重的勤務思維之中。我國之警政於 2016 年警政發展的方向，亦曾以「科技建警、偵防並重」為警政革新之指標與新的勤務思維，並以大數據運用在警政工作之上，故而成為該年工作重點之一。綜上所論，我國警察勤務策略未來之發展，實應以「警民合作、偵防並重」為勤務革新與未來發展之策略主軸，至其勤務規劃革新之細部作為，將於下一節中闡述之。

貳、勤務規劃之革新作為

一、在勤務規劃之研究發展的研發層面

作警察勤務之規劃的研究發展階段，則可以先蒐集勤務規劃所需之地區治安狀況、警力之多寡、民力可供運用之資源、交通之狀況、警察之裝備器材等等資料，作為研究分析之情資。之後再從前述之警察勤務策略與其相關之勤務理論中，透過多元參與式的討論與腦力激盪方式，研擬其中最佳之決策類型與理論模式。再者，必先以前述科學理性的方法，來量化分析前述第一階段所蒐集勤務規劃相關之情資，之後亦必須同時融入與考量前述林布隆先生所提之「漸進決策」的可能影響決策之主觀因素，並進一步以主、客觀的系統性與整體性之分析來規劃勤務，才是最佳的勤務規劃之模式。當然在進行主、客觀的政策分析的過程中，必須透過前述之圖 3-1 中所述之社會科學研究方法之研究設計（methodology），來研究與分析出最後之決策與抉擇，如此才是進步與科學有效的勤務規劃之研究發展途徑。而此種規劃之革新方式，也才是我國警察勤務規劃時，革新與追求之方向。其不同於我國現行之勤務規劃模式，在於我國之勤務規劃，乃較為主觀的以論說之方式來規範勤務規劃之方法，而較缺乏廣泛的蒐集與運用量化之情資，作科學與統計之分析，來研擬勤務之有效部署與作為。換句話說，根據「警察勤務條例」第 18 條之規定，勤務執

行機構應依勤務基準表，就治安狀況及所掌握之警力，按日排定勤務分配表執行之。又根據內政部警政署 2018 年新修定之「各級警察機關辦理勤務審核作業規定」，於該規定之第 11 點說明，各級警察機關辦理勤務審核重點中之第 2 款規定為，勤務應依據當前治安及交通之下列狀況編配勤務：（一）針對受理報案及發生案件等資料，分析轄區治安狀況編配勤務；（二）針對轄區犯罪熱點（人、事、時、地、物）編配勤務；（三）針對易疏忽之角落、民眾反映之治安死角及治安空隙（含時間、地點），強化勤務作為（內政部警政署，2018a）。因而，上述之勤務編排與規劃之規範，僅為條列式的「論說」勤務規劃的大原則與方向，至於應如何的研析、計算與抉擇，並不若前述之美國警政學者 O. W. Wilson 於 1960 年代在芝加哥市警察局長時，力倡更為專業化與「科學化」的規劃該市之警察巡邏區（或謂必特區），亦即善用量化之「社區需求因素」的勤務規劃方法（proportionate need factors），不若前章所述之基隆市警察局於 1979 年曾經曇花一現式的進行警勤區工作量的分析與調查研究，來試圖劃分警勤區一般，有科學量化之勤務規劃，以及新的研究分析方法的運用。所以，我國未來警察勤務規劃之實務革新作為，應該如何具體可行的發展，則於下一項中嘗試闡述之。

二、在勤務規劃之實務革新作為層面

若以警勤區之劃分，論述勤務規劃應有之革新為案例，則依據「警察勤務條例」第 6 條之規定，警勤區依下列規定劃分：（一）依自治區域；（二）依人口疏密。而前項警勤區之劃分，應參酌治安狀況、地區特性、警力多寡、工作繁簡、面積廣狹、交通電信設施及未來發展趨勢等情形，適當調整之。然而，若進一步參酌「警察勤務區家戶訪查作業規定」，第二章警勤區劃分原則第 10 點之規定，警勤區劃分的基本原則，為使警勤區制度能合理有效施行，警勤區劃分應依人口疏密，並參酌治安狀況、地區特性、警力多寡、工作繁簡、面積廣狹、交通電信設施、未來發展趨勢及配合電子化資料能正確對應傳遞，依自治區域以不分割鄰之原則，由分局每年定期檢討調整，並陳報警察局核備。另根據「警察勤務區勤務規範」第 6 點之規定，警勤區之劃設，應考量整體情況，由警察分局定期檢討調整。劃設時，應參酌警力分配、社區居民意見及下列要素辦理：（一）人口疏密；（二）配合自治區域；（三）地區特性；（四）治安狀況；（五）交通狀況；（六）面積大小。

　　綜合以上有關警勤區之劃分的各種法規之規範，均有將過往對於警勤區劃分之原則，作詳盡之說明與規定。因而若以規劃警勤區之劃分為例，則所謂之科學、量化規劃的革新具體作為，應該是掌握以上勤區劃分之各類法規與其因素，並據以蒐集其量化之數據，然後加以適當之研究設計，不論是實驗研究設計、準實驗研究設計，或者調查研究設計等等。之後再以適當之資料分析或統計軟體（如 SPSS 等），加以求取各因素之間的相關性，最後再以此類因素與其數據之輕重與因果影響關係，來決策勤區劃分之標準。若然，勤區之劃分與工作之規劃，能有科學之準據，若再運用大數據分析的各種工具或技術，則其之規劃速度能即時的配合環境之變遷，而適時的不斷調整，且其執勤與劃設勤區之公平性，以及效率與效果，都能快速的提升，並可間接提高員警執勤之能力與工作之滿意度。

　　至於在我國此類規劃之實務經驗，則有如前述我國警政曾於 1979 年 2 月 12 日，前警政署長孔令晟為了推動「警政現代化」，並訂定「革新警察勤務制度初步構想」（內政部警政署，1979），而指派姚高橋先生擔任基隆市警察局副局長，並曾在該局第一分局實驗新的警察勤務，其中即曾經調查基層派出所員警轄區之工作量，並設計一個多元（複）迴歸分析（Multiple Regression Analysis）方程式。其統計方法為杜立德法（Doolittle's Method），其乃以警勤區警員「平均」每日之工作時間為應變數，警勤區之「基本資料」及「員警個人能力資料」為自變數，輸入電腦並以統計軟體求得各變數（項）的交互相關係數，遂得出一複迴歸方程式，並將其作為量表。據此量表再逐一將現有每一警勤區之各項資料，納入（代入）此方程式中加以計算，即可求得每一警勤區每日之平均工作時間，以每日 8 小時計算，即可得知其是否符合服勤時間與工作量之標準。如若未達或超過標準，則應予擴大或裁減其轄區或工作量。當時基隆市警察局第一分局實驗新的警察勤務時，設調查研究編組，以「隨勤觀察」方式，從事各項工作量調查。該研究小組洽請中央警官學校派遣學生 76 名，在實驗單位第一分局以「人盯人」方式隨勤觀察，以便進行工作量調查。自 1979 年 2 月 3 日至 3 月 10 日為期 36 天。根據調查所得資料，以電腦作業系統加以分析與研究。以上之規劃經驗，或可為未來我國警勤區運用前述之「理性決策」規劃（rational model）時之參考，亦即此次之勤務實驗，已將「論說」或「規範式」之勤務規劃，提升到以「科學、理性與量化」之規劃階段與層級。

　　同理，對於分駐（派出）所之設置標準，或者各類警察勤務之規劃，亦可依循前述警勤區策略規劃之原則與精神，加以科學、理性與量化之研析與設定，在此不再贅述。惟政策之規劃，仍有太多新的發展模式與可能性，在此將繼續介紹數個警察勤務策略規劃之可行或可援用之新模式如後：

（一）資訊統計管理之警政及其勤務之規劃

　　如前所述，1990 年代以 CompStat 的資訊統計之管理與分析系統為基礎之管理技術，乃由紐約市引進，此後被其他許多城市仿效。此種管理技術的目標，是改善政府機關的執行績效，以及增加全體同仁之決策參與及分層授權之安排。Compstat 乃是一個讓警察可以用來即時追蹤犯罪的系統。其包含了犯罪資訊、受害者、受害時間與發生地點，另外還有更詳盡的資料讓警察分析犯罪模式。電腦自動產生的地圖，會列出目前全市發生犯罪的地方。藉由高科技「斑點圖法」之方法，警方可以快速的找到犯罪率高的地區，然後策略性地分派資源來打擊犯罪。雖然美國全國其他警察部門也使用電腦打擊犯罪，但紐約市警方更進一步地用在此種更進步的「犯罪防治」之勤務策略上。

　　然而資訊統計之管理系統之會議與技術，只是一種管理工具。資訊統計之管理系統亦可視之為一種革命性的警政管理方法。至於此種資訊統計之管理系統之會議，可以讓高階主管實際監控警察局內的各項活動，而且它還提供一種機制，讓主管可以持續地評估結果並進行微調其策略，以確保持續的成功。至於資訊統計之管理系統之程序則如前之所述，可包含下列 4 個步驟：1. 正確適時的情報（Accurate and timely intelligence）；2. 有效的戰術（Effective tactics）；3. 人員及資源的快速部署（Rapid deployment of personnel and resources）；4. 持續的追蹤和評估（Relentless follow-up and assessment）。

　　資訊統計之管理系統就像是紐約市當時之市長 Giuliani 管理整個市政府一樣，市長掌握了警政高層主管所有的活動，就如同這些主管掌握他們的下屬一樣。基本上每一週，警政高階主管都必須要向市長報告績效。就「管理」上的思維來說，這是一個自然集合組織創意的方式；其亦可成為警察勤務規劃時，團體決策模式（group decision making model）之標竿，同時其快速參考新的治安相關統計數據，並據以迅速的規劃相應之勤務作為。因此其管理並善用治安之相關數據，且作出最適宜決策之過程，甚值得我國警察勤務規劃未來發展時之參考。

（二）大數據時代的警政策略（Big Data Policing）及其勤務之規劃

如前所述，我國警政署曾於 2015 年從加強大數據之雲端網路應用，開始發展「情資導向」的警政，並已整合全國錄影監視、人、車、案件系統，建置涉案車輛查緝網之整合平臺、治安資訊整合中心、雲端影像調閱系統、擴充「警政服務 App」功能與利用視訊進行會議和訓練等新系統。同時也初步運用數據分析、通訊軟體，來協助疏導重點時段車流與傳遞訊息。2016 年則更持續以「科技領航」為警政藍圖，帶動發展警政巨量資料分析、治安資訊整合系統、提升 110 E 化指管派遣效能、辦理科技犯罪偵查教育訓練、推動科技犯罪偵查隊法制化等新措施，希望借助資訊科技強化打擊犯罪能量，讓治安工作也能與時俱進。另外，警政署也同時依據此大數據之「科技建警」之典範，規劃各警察局展示其創新警政之作為。其中，例如前述之嘉義市政府警察局「i Patrol Car 雲端智慧巡邏車—行動派出所進化版 2.0」巡邏車之規劃，其即為警政發展的新方案之一。該局運用 4G 科技，在巡邏車的前、後、左、右位置，配置高解析百萬畫素並具廣角、望遠功能的攝影鏡頭，透過無線雲端智慧錄監系統，即時收錄現場畫面，使勤務指揮中心能掌握執勤畫面，機動調派警力支援，有效輔助員警執法、蒐證，提升各種勤務狀況處置決策之品質。

綜上所述，若可將大數據之技術與其運作程序，持續的研究發展並應用推廣，甚或融入至各類勤務每日之規劃與運作之上，例如分駐（派出）所每日之勤務規劃，警察局或分局之專案、臨檢勤務之規劃等；其中亦或可運用前項之 CompStat 之勤務規劃與勤務管理之策略。例如於專案、臨檢勤務之規劃之時，可透過前述 CompStat 9 項之規劃管理程序，並運用前述第一章所述之休士頓市警察局大數據警政之勤務規劃實驗，將勤務之部署與規劃，密切的與治安資訊相關的各類大數據，完全的配對與融入，如此不但能打擊到治安事件的熱點與核心，同時無效勤務之狀況，也會因而降低。故可以提升治安維護之效率，並達成改善無效警力等雙重之勤務規劃之效果。

而派出所每日之勤前教育與勤務之規劃，若亦可發展簡易勤務規劃之電子應用軟體，並交與各派出所使用，則每日之勤務安排，均可更具體可行且達到「電子化」的快速勤務輪動與編排，則將可使得我國之勤務執行，更為精確且更能到位與有效。我國之勤務若能如此的規劃與發展，則在勤務規劃之效果上，或可成為各國警察勤務規劃之標竿。甚而或可進一步發展一定之應用軟體 app，並運用到勤務端末的「基本單位」之上，亦即擴大運用到勤區經營與

訪查勤務之「個別勤務」的自我規劃之上。例如，發展一套警勤區員警依據轄區治安狀況、地區特性等，預擬每月勤查計畫時之應用軟體，提供員警規劃其勤查計畫時使用。又警勤區員警執行勤區查察前，應擬妥勤區查察腹案日誌表時，亦可使用此應用軟體來規劃其勤區之勤查勤務。若然，則可以將我國警察勤務之規劃與執行，不但能更與時俱進、落實有效，同時亦可引領全球警政革新之風潮。

參考書目

一、中文部分

內政部警政署（1979），革新警察勤務制度初步構想。

內政部警政署（2018a年10月1日），修正各級警察機關辦理勤務審核作業規定，警署行字第10701455581號函。

內政部警政署編（2018b），106年警政工作年報。

內政部警政署編製（2016），警察機關分駐（派出）所常用勤務執行程序彙編，中央警察大學印行。

吳定（2006），公共政策，華視文化。

李宗勳（2005），警察與社區風險治理，中央警察大學出版社。

李湧清（2006），警察勤務，警察行政，國立空中大學發行。

李湧清（2017），警察勤務，警察學。

梅可望（1999），警察學原理，中央警察大學印行。

陳明傳（1989），警察行政之發展趨勢，警學叢刊，19卷3期，中央警察大學印行。

陳明傳（1992、1993年8月），論社區警察的發展，中央警察大學出版社。

陳明傳等（2016），國土安全專論，五南圖書出版社。

章光明（2017），警察政策，警察學。

吳文成（2007），導讀—李偉俠「客觀知識的形塑」，阿特拉斯人文隨談，2019年3月1日取自：http://www.atlas-zone.com/think/talk/part_1/literae60b.htm。

國家教育研究院，圖書館學與資訊科學大辭典，博奕論Game Theory，2019年3月1日取自：http://terms.naer.edu.tw/detail/1680966/。

雲林縣警察局（2018），雲林縣警察局勤務規劃編排原則，雲警行字第1070004708號函修正警察勤務實施細則，2019年3月1日取自：https://www.ylhpb.gov.tw/df_ufiles/f/%E9%9B%B2%E6%9E%97%E7%B8%A3%E8%AD%A6%E5%9F%9F%E5%B1%80%E8%AD%A6%E5%9F%9F%E5%8B%A4%E5%8B%99%E5%AF%A6%E6%96%BD%E7%B4%B0%E5%89%87（107.2.1%E5%85%A8%E6%A1%88%E4%BF%AE%E6%AD%A3）.odt。

臺中市政府（2018年8月30日），主管法規查詢系統，臺中市政府警察局勤務實施細則，中市警行字第1070063776號函，2019年3月1日取自：http://lawsearch.taichung.gov.tw/GLRSout/NewsContent.aspx?id=27495。

臺北市政府警察局（2012年1月5日），臺北市政府警察局勤務實施細則，北市警行字第10138036600號函修正，2019年3月1日取自： http://www.tcpd.gov.tw/tcpd/cht/index.php?act=law&code=view&ids=238。

二、外文部分

Babbie, E. (1986), The Practice of Social Research, 4th ed. Belmont, Calif.: Wadsworth Publishing Co.

Bayley, D. H. (1994), Internal Differences in Community Policing, in D. P. Rosenbaum's ed., The Challenge of Community Policing: Testing the Promises, Thousand Oak, CA: Sage.

Cohen, L. E., Felson M. (1979), Social Change and Crime Rates Trend: A Routine Activity Approach, American Sociological Review 44:588-608.

Cornish, Derek B., and Ronald V. Clarke (2003), Opportunities, Precipitators and Criminal Decisions: A Reply to Wortley's Critique of Situational Crime Prevention, in Martha J. Smith & Derek B. Cornish ed., Theory for Practice in Situational Crime Prevention, NY: Criminal Justice Press.

Goldstein, Herman (1990). Problem-Oriented Policing, Philadelphia: Temple University Press.

Kelling, George L. (1988). What Works-Research and the Police, in Crime File-Study Guide, National Institute of Justice (NIJ, 1988: NCJ104564), U.S. Department of Justice. Also retrieved May 7, 2017 from Kerlinger, F. N. (1986). Foundations of Behavioral Research，3rd ed., NY: Holt, Rinehart, and Winston.

Labobitz, Sanford (1972). Statistical Usage in Sociology: Sacred Cows and Ritual, in Sociological Methods & Research, Vol. 1, No. 1, pp.13-35.

Stevens, S. S. (1946). On the Theory of Scales of Measurement in Science, Vol.103, No. 2684, pp. 677-680.

what-when-how in Depth Tutorials and Information, CASE SCREENING AND   CASE MANAGEMENT FOR INVESTIGATIONS (police), retrieved March 1,2019 from http://what-when-how.com/police-science/case-screening-and-case-management-for-investigations-police/.

Williams Ⅲ, Frank P., and Marilyn D. McShane (1988). Criminological Theory, NJ: Prentice Hall.

Wilson, James Q., and George L. Kelling (2015), Broken Windows, Chapter 25 in Roger G. Dunham and Geoffery P. Alpert, Critical Issues in Policing: Contemporary readings 7th ed., Il-

linois: Long Grove, pp: 455-467.

Worcester Regional Research Bureau (2003), Compstat and Citistat: Should Worcester Adopt These Management Techniques?, Worcester Regional Research Bureau Report No. 03-01 February 18, 2003, retrieved march 1, 2019 from http://www.wrrb.org/reports/03-01comp-stat.pdf/20.

Yeh, Yu-Lan Sandy (1994). Innovation of Police Policy-A Study on Community Policing, Doctoral dissertation, University of Illinois at Chicago.

CHAPTER

4

警察勤務之方式與型態

第一節 我國警察勤務之方式與型態

第一項 我國警察勤務之方式與型態

　　根據我國「警察勤務條例」第11條之規定，警察勤務方式區分為下列6種：

一、**勤區查察**：於警勤區內，由警勤區員警執行之，以家戶訪查方式，擔任犯罪預防、為民服務及社會治安調查等任務；其家戶訪查辦法，由內政部定之。

二、**巡邏**：劃分巡邏區（線），由服勤人員循指定區（線）巡視，以查察奸宄，防止危害為主；並執行檢查、取締、盤詰及其他一般警察勤務。

三、**臨檢**：於公共場所或指定處所、路段，由服勤人員擔任臨場檢查或路檢，執行取締、盤查及有關法令賦予之勤務。

四、**守望**：於衝要地點或事故特多地區，設置崗位或劃定區域，由服勤人員在一定位置瞭望，擔任警戒、警衛、管制；並受理報告、解釋疑難、整理交通秩序及執行一般警察勤務。

五、**值班**：於勤務機構設置值勤臺，由服勤人員值守之，以擔任通訊聯絡、傳達命令、接受報告為主；必要時，並得站立門首瞭望附近地帶，擔任守望等勤務。

六、**備勤**：服勤人員在勤務機構內整裝待命，以備突發事件之機動使用，或臨時勤務之派遣。

　　該勤務條例第12條規定，勤區查察為個別勤務，由警勤區員警專責擔任。巡邏、臨檢、守望、值班及備勤為共同勤務，由服勤人員按勤務分配表輪流交替互換實施之。前項共同勤務得視服勤人數及轄區治安情形，採用巡邏及其他方式互換之，但均以巡邏為主。勤務條例第13條又規定，巡邏勤務應視轄區面積及治安、地理、交通情形，分別採用步巡、車巡、騎巡、船巡、空中巡邏等方式實施之。巡邏勤務應視需要彈性調整巡邏區（線），採定線及不定線；並注意逆線、順線，於定時、不定時交互行之。勤務條例第14條之規定，各級勤務機構因治安需要，得指派人員編組機動隊（組），運用組合警力，在指定地區執行巡邏、路檢、臨檢等勤務以達成取締、檢肅、查緝等法定任務；並得保留預備警力，機動使用。

因此我國勤務又可有下列型態之區分：

一、以工作之場所論之，有內勤與外勤之區分。若在警察局專屬之警察（大）隊或分局之警備隊，以及分駐（派出）所執行各類第一線勤務者，通稱之為外勤之勤務型態。至於在警察局或分局承辦業務之幕僚工作者，稱之為內勤之工作型態。

二、以工作之人力分配論之，有個別勤務與共同勤務之區分。勤區查察由警勤區員警專責擔任，故稱之為個別勤務；反之，巡邏、臨檢、守望、值班及備勤為共同勤務，由服勤人員按勤務分配表輪流交替互換實施之，故稱之為共同勤務。

三、以巡邏之路線與時段論之，根據「警察勤務條例」第13條第2項之規定，巡邏有定線及不定線、逆線、順線，與定時、不定時之區分。其乃為了提升巡邏嚇阻犯罪之效果，同時避免巡邏之時段與路線被作奸犯科者掌握，因此巡邏路線與時間應靈活的交互運用，故而有不同之路線與時間之區分。

四、以巡邏之應勤交通工具論之，根據「警察勤務條例」第13條第1項之規定，巡邏有步巡、車巡、騎巡、船巡、空中巡邏等不同型態與方式之區分。其乃為了提升巡邏勤務之效率，故而要因地因事之不同，而以不同之應勤工具來執行勤務，故而有不同應勤工具之勤務型態產生。然而，巡邏時所用之應勤交通工具雖有不同，但均各有其優劣與其適用之時機與場合。例如，步巡之優點為能更接近民眾，但較費體力，又其巡邏之涵蓋面會因而受限；車巡雖然涵蓋面廣，且較不費體力，但不易與民眾直接接觸，並因而較不易於獲得較多之情資。所以，各類巡邏交通工具之應用，必須要經過科學與優劣利弊的評比，之後才能適時、適地有效的使用之。

五、以巡邏之不同層次論之，有三層巡邏網之區分。若根據臺北市政府警察局2012年1月5日北市警行字第10138036600號函修正之「臺北市政府警察局勤務實施細則」第17條之規定，則該局巡邏勤務之層級規定如下：（一）派出所巡邏勤務為第一層巡邏；（二）分局（偵查隊、警備隊、交通分隊）巡邏勤務為第二層巡邏；（三）該局各有關警察大隊（隊）巡邏勤務為第三層巡邏（臺北市政府警察局，2012）。又若根據臺中市政府警察局2018年8月30日中市警行字第1070063776號函修正之「臺中市政府警察局勤務實施細則」第14條之規定，則該局巡邏勤務之層級亦有如

下之類似規定：（一）分駐所、派出所巡邏勤務為第一層巡邏；（二）分局偵查隊、警備隊、交通分隊巡邏勤務為第二層巡邏；（三）該局直屬大隊、隊巡邏勤務為第三層巡邏（臺中市政府，2018）。因此，警察勤務之實務工作上，警察局下轄之巡邏勤務，在各警察局之勤務實施細則上或者習慣上，通稱有三層之巡邏網。

六、以服勤時間之不同論之，有日勤、夜勤與深夜勤之區分。根據「警察勤務條例」第 15 條之規定，每日勤務時間為 24 小時，其起迄時間自 0 時起至 24 時止。0 時至 6 時為深夜勤，18 時至 24 時為夜勤，餘為日勤。

七、以警力之組成論之，有組合與非組合警力之區分。根據「警察勤務條例」第 14 條之規定，各級勤務機構因治安需要，得指派人員編組機動隊（組），運用「組合警力」，在指定地區執行巡邏、路檢、臨檢等勤務以達成取締、檢肅、查緝等法定任務，並得保留預備警力，機動使用。此即為我國機動派出所，或者前述第一章所述新北市邇來推動之「快速打擊部隊」的勤務型態與法源之根據所在，其與一般派出所「較單一」非組合警力之勤務型態有所不同。

八、以警察業務之區分論之，則又可分為行政警察之專屬勤務與專業警察之專屬勤務。因為，根據「警察法」第 5 條之規定，內政部設警政署，執行全國警察行政事務並掌理全國性之保安警察、外事警察、國境警察、刑事警察以及關於防護國營鐵路、航空、工礦、森林、漁鹽等事業設施等之各種全國性之專業警察業務。然而，根據「警察勤務條例」第 20 條之規定，警察局或分局設有各種警察隊（組）者，應依其任務分派人員，服行各該「專屬勤務」，所謂各種警察隊（組），即為警察局之保安（大）隊、交通（大）隊、婦幼隊，以及分局之警備隊或者過去曾有之勤務組等。此類之專屬勤務，乃屬於負責行政警察業務之機構的專屬勤務。相對的，「警察勤務條例」第 27 條則規定，本條例之規定，於各「專業警察機關執行各該專屬勤務」時準用之，此處之專屬勤務，則為上述「警察法」第 5 條，負責專業警察業務之各個專業警察單位之勤務而言。而往往此類負責全國該項專業警察業務之機構，其專屬勤務有其特殊之業務環境與需求，因此與負責行政警察業務之地區警察局，或者各分局之警備隊或警察隊（組）之勤務截然不同。因此才會於勤務條例第 3 條規定，警察勤務之實施，應晝夜執行，普及轄區，並以行政警察為中心，其他各種警察配合之。又於

該條例第 27 條規定，於各專業警察機關執行各該專屬勤務時，準用行政警察勤務之各種規定。因而，以上負責不同業務之專業警察機構，其之專屬勤務顯然與行政警察之專屬勤務有所不同。

第二項　我國警察勤務執行之要領與應注意之事項

壹、巡邏之要領與應注意之事項

根據警政署編製之《分駐（派出）所常用勤務執行程序彙編》對於巡邏勤務簽章作業時之規定如下（內政部警政署編製，2016：24-25）：

一、準備階段

裝備（視勤務需要增減）：1. 手槍、無線電、警用行動電腦、照相機、錄音機、手銬、防彈衣、頭盔、安全帽、警棍（夜間勤務必須攜手電筒）；2. 單警出勤前應自行檢查應勤裝備；雙警出勤前應相互檢查應勤裝備。

二、執行階段

（一）巡邏行進間注意前、後、左、右可疑人、車。

（二）路口臨時停車應注意左右有無可疑人、車或可疑人近身。

（三）2 部機車巡邏時，應一前一後，保持安全距離，前後要不定時互換。

（四）到達巡邏點時要馬上下車，並在周遭有安全顧慮範圍內巡視一趟，觀察有無安全之顧慮。

（五）無安全顧慮時，由 1 名擔任警戒，另 1 名至巡邏箱拿取簽章表，簽巡邏表時應注意背後有無安全顧慮，簽好後將簽到表拿給警戒人員簽到，再換先簽到的同仁擔任警戒。

（六）夜間到達巡邏點時，不要馬上簽巡邏表，應持手電筒巡視周遭環境；確認無安全顧慮時再拿取簽到表，簽巡邏表時應注意背後有無安全顧慮。

（七）簽好巡邏表後，機巡時，1 名先上機車，另外 1 名擔任警戒；汽巡時，駕駛人員先上車，另外 1 名擔任警戒，2 人不要同時上機、汽車。

三、注意事項，應勤裝備攜帶之規定如下

（一）械彈攜行：依勤務類別，攜帶應勤械彈，並符合械彈領用規定。

（二）依內政部警政署民國 103 年 3 月 25 日警署行字第 1030074078 號函般修正警察人員執行勤務著防彈衣及戴防彈頭盔規定，執行巡邏勤務著防彈衣及戴防彈頭盔規定如下：

1. 汽車巡邏：車內及車外均著防彈衣；防彈頭盔置於隨手可取之處，下車執勤時，由帶班人員視治安狀況決定戴防彈頭盔或勤務帽。

2. 機車巡邏：

(1) 防彈頭盔部分：戴安全帽，不戴防彈頭盔；執行特殊勤務時，由分局長視治安狀況決定。

(2) 防彈衣部分：日間（8 時至 18 時）由分局長視天候及治安狀況決定；夜間應著防彈衣。

3. 徒步或腳踏車巡邏：由分局長視天候及治安狀況決定。但執勤時發現可疑情事，應適時通報勤務指揮中心處理。

以上巡邏之各種安全規定，其目的乃為了維護執勤員警以及民眾之安全著想，故而有以上巡邏應遵守之相關程序或配戴應勤裝備之規範。例如，巡邏行進間注意前、後、左、右可疑人、車。又例如，到達巡邏點時要馬上下車，並在周遭有安全顧慮範圍內巡視一趟，觀察有無安全之顧慮；2 部機車巡邏時，應一前一後，保持安全距離，前後要不定時互換等等規範。其目的乃防止員警執行巡邏勤務有可能之危害的發生。然而，本書前述之新竹市警察局與過去的臺中縣警察局，都曾試驗之「紅外線簽巡邏箱」之方式，或許也可以成為未來更安全有效的巡簽之模式。至 2018 年臺北市警察局更嘗試巡邏箱電子化上線之巡簽模式，即臺北市中正二、文山一分局從 2018 年 3 月起，先行示範使用行動載具掃描 QR-code，1 秒就能完成巡簽，「省時省紙」提高工作效率。巡簽完成後，資料就立即傳回後端系統，調閱資料也相當方便。警察同仁大讚稱：「當警察三十年，第一次簽表這麼輕鬆」（聯合新聞網，2018）。因此，巡簽之模式在安全與效率之考量上，實有甚多的科技方法可資運用與研發。

至所謂警察人員執行勤務著防彈衣及戴防彈頭盔規定，應由分局長視治安狀況決定防彈頭盔之穿戴時機，或者由分局長視天候及治安狀況決定防彈衣之

穿戴時機，其乃因為依據「警察職權行使法」第 2 條第 3 項之規定，該法所稱警察機關主管長官，係指地區「警察分局長」或其相當職務以上長官。又根據同法第 6 條第 2 項對於警察於公共場所或合法進入之場所的所謂「指定場所」之規定：「前項第六款之指定，以防止犯罪，或處理重大公共安全或社會秩序事件而有必要者為限。其指定應由警察機關主管長官為之。」而其立法意旨所謂之主管，根據該法第 2 條第 3 項之規定，即係指地區「警察分局長」或其相當職務以上長官，此正表示分局長之權責與經驗，足以對此攸關人民權益，及警察本身安全之重要議題，作出較適切之決斷之意。故而，警政署在規範巡簽之相關規定時，亦援引此要旨而規範之。

另外，根據 2012 年警政署曾以警署行字第 1010040754 號函，檢送「警察機關設置及巡簽巡邏箱實施要點」一份，該巡簽巡邏箱實施要點之第 5 點規定，警察勤務單位規劃員警巡簽巡邏箱時，應於巡邏箱設置處周遭適當範圍，實施重點「守望勤務」5 分鐘至 10 分鐘，執行瞭望、警戒、警衛、受理民眾諮詢、整理交通秩序及其他一般警察勤務；並適時採徒步巡邏方式，深入社區、接觸民眾，增加警民互動合作機會，有效預防犯罪。該要點之第 6 點又規定，警察勤務單位應考量員警巡邏區（線）路程遠近及「巡守合一」勤務等時間因素，設置適量之巡邏箱供員警巡簽（內政部警政署，2012）。此規定正說明了我國巡邏之制度，確認了以巡守合一為巡邏模式的重要變革方式之一，也說明了巡守合一，可能成為巡邏制度提升其效率的有效革新之方法。因為根據研究，巡邏勤務到一定的定點，尤其是治安的熱點地區（hot spot of crime），作短暫之守望，對於犯罪之嚇阻效果較大，故而才有巡守合一的制度之新規範。

貳、臨檢之要領與應注意之事項

根據警政署編製之《分駐（派出）所常用勤務執行程序彙編》對於臨檢勤務之規定區分為 3 種情況，亦即：（一）執行臨檢（場所）身分查證作業程序；（二）執行路檢攔檢身分查證作業程序；（三）執行巡邏勤務中盤查盤檢人車作業程序。前二者均屬於事前經臨檢勤務規劃之「計畫性」之臨檢勤務，其中一者屬於「場所」之臨檢勤務，另一者屬於「路檢」之臨檢勤務。至於第三類之執行巡邏勤務中盤查盤檢人車，雖亦屬於臨檢之性質，並適用「警察職權行使法」有關臨檢之法律規範，但實屬於在巡邏之中，進行之盤檢可疑人車之

勤務作為，而非事前計畫性之臨檢勤務。唯其應遵守之臨檢相關法令規範則相同，僅情境不同而已，其餘有關臨檢勤務之標準作業程序，與其法規適用均大同小異。故而有關臨檢勤務之要領與應注意之事項，則僅舉第一類之情境說明之如下（內政部警政署編製，2016：20-23、26-35）：

一、準備階段

（一）除勤務中發現符合臨檢、身分查證要件對象外，應由警察機關（構）主官（管）親自規劃，並依「警察職權行使法」規定程序辦理。

（二）裝備（視需要增減）：警笛、防彈衣、頭盔、無線電、手槍、長槍、警用行動電腦、錄（音）影機、照相機、照明設備、反光背心、臨檢紀錄表、民眾異議紀錄表等。

二、勤前教育：主官（管）親自主持

（一）人員、服儀、攜行裝具等之檢查。

（二）任務提示、編組分工及指定帶班人員：區分為管制、警戒、盤（檢）查、蒐證、解送人犯等。

（三）宣達勤務紀律與要求及應遵守事項。

三、臨檢、身分查證要件

（一）對人之要件

1.合理懷疑有犯罪之嫌疑或有犯罪之虞。

2.有事實足認對已發生之犯罪或即將發生之犯罪知情。

3.有事實足認為防止其本人或他人生命、身體之具體危害，有查證身分之必要。

4.滯留於有事實足認有陰謀、預備、著手實施重大犯罪或有人犯藏匿之處所。

5.滯留於應有停（居）留許可之處所，而無停（居）留許可。

6.行經指定公共場所。

（二）進入場所之要件

1.公共場所。

2.合法進入之場所。

3.進入公眾得出入之營業場所（限於已發生危害或依客觀、合理判斷易生危害者），且應於營業時間為之。

四、執行階段

（一）執行前

1.執行人員於出入登記簿簽註出勤，到達現場後向勤務指揮中心通報。
2.執行人員應著制服，遇民眾質疑時，仍應出示證件；著便衣者應出示證件、表明身分並告知事由。

（二）執行中

1.受臨檢、身分查證人同意：
(1) 實施現場臨檢、身分查證。
(2) 受檢人未攜帶身分證件或拒絕出示身分證件或出示之身分證件顯與事實不符，而無從確定受檢人身分時，帶往警察局、分局、分駐（派出）所查證。
(3) 帶往勤務處所查證身分時，非遇抗拒不得使用強制力，且其時間自攔停起不得逾 3 小時。
(4) 告知其提審權利，填寫、交付帶往勤務處所查證身分通知書並通知受檢人及其指定之親友或律師。
(5) 報告勤務指揮中心。
(6) 受檢人雖同意受檢，於查證身分過程中復對警察查證身分職權措施不服並當場陳述理由表示異議，相關程序與不同意受檢程序相同，依「警察職權行使法」第 29 條第 2 項規定辦理。
2.受臨檢、身分查證人不同意時，當場陳述理由，表示異議：
(1) 異議有理由：停止臨檢、身分查證，任其離去；或更正執行臨檢、身分查證之方法、程序或行為後，繼續執行之。
(2) 異議無理由：續行臨檢、身分查證，執行程序與同意受檢相同。
(3) 受檢人請求時，填具警察行使職權民眾異議紀錄表一式三聯，第一聯由受臨檢、身分查證人收執、第二聯由執行單位留存、第三聯送上級機關。

（三）執行後

1. 身分查明後，未發現違法（規）情事，任其離去。
2. 發現違法（規）情事，依法定程序處理（例如：發現受檢人違反刑事法案件，應即轉換依「刑事訴訟法」規定執行，並告知其犯罪嫌疑及相關權利「刑事訴訟法」第 95 條）。

五、執行結束之處置

（一）現場之處置

1. 實施營業場所臨檢時，製作臨檢紀錄表，請在場負責人、使用人等簽章，執行人員逐一簽名。
2. 清點人員、服勤裝備。
3. 向勤務指揮中心通報收勤。

（二）返所後之處置

1. 執行人員於出入登記簿簽註退勤。
2. 有違法案件時，臨檢紀錄表併案陳報。
3. 未查獲違法案件時，臨檢紀錄表應逐日簽陳主官（管）核閱。
4. 處理情形應填寫於工作紀錄簿。

參、守望之要領與應注意之事項

根據警政署編製之《分駐（派出）所常用勤務執行程序彙編》對於守望勤務之規定如下（內政部警政署編製，2016：14-15）：

一、執行準備及要求

（一）依地區特性、治安狀況、任務等需要規劃勤務。
（二）有關配帶槍彈及著戴防彈衣、頭盔、反光背心等，由分局長依各轄實際治安狀況、任務性質等因素，配備必要裝備。
（三）執行便衣守望勤務，應依任務需要，力求藏於無形，避免暴露身分行動。
（四）確實了解守望要點崗位之任務特性及工作重點。
（五）執行勤務時，應意志集中，全神貫注，注意本身舉止行動，時時提

高警覺，以確保自身安全。

（六）處理事故，應注意要領，把握時效，恪遵法令及法定程序。

二、工作項目

（一）警戒；（二）警衛；（三）管制；（四）受理報告；（五）為民服務；（六）整理交通秩序；（七）執行一般警察勤務。

三、勤務方式及規定

（一）固定式：預防危害發生，於轄區之重要地點，設置守望崗位，部署一明一暗、雙哨或單哨勤務，必要時，得以便衣埋伏方式行之，並經常或定時輪派服勤人員服勤，其種類如下：

1. 事故性守望崗：經常或可能及已發生事故之地點。

2. 據點性守望崗：預防危害或特定任務需要，於重要據點設置。

3. 特定處所守望崗：為任務需要，於特定處所實施。

（二）巡守合一式：於經常事故之時、地，列為守望要點，置於巡邏線上，規劃巡邏駐足時間，採巡守合一方式重點執勤。

（三）埋伏式：為掩護執勤人員身分，規劃穿著便衣及選定適當地點停留守候。

（四）其他方式：

1. 擔任各級議會警衛任務，以不進入會場為原則。

2. 執行侍（警）衛任務及特種警衛人員，依其規定執勤。

四、執行要領

（一）準時現地交接班，確實掌握守望要點周遭環境與治安狀況，並與其他勤務人員密 聯繫，相互支援。

（二）指揮整理交通秩序或取締違規與攤販，應立於適當、明顯之處所，遇有可疑人車仍應處置通報。

（三）除特別規定及事故外，不得擅離崗位，活動範圍可在周圍約 50 公尺內巡視，必要時得設置巡邏箱巡簽。處理事故須離開崗位時，應向執勤派遣單位或勤務指揮中心報告。

巡邏與守望之勤務，多年來在我國勤務之革新上，如第一章警察勤務發展史之第二節我國警察勤務發展概述中之所述，有多次嘗試「巡守合一」之變

革。然而於 2012 年，如前所述，內政部警政署曾以 2012 年 1 月 20 日警署行字第 1010040754 號函，檢送「警察機關設置及巡簽巡邏箱實施要點」一份，該要點之第 6 點又規定，警察勤務單位應考量員警巡邏區（線）路程遠近及「巡守合一」勤務等時間因素，設置適量之巡邏箱供員警巡簽（內政部警政署，2012）。故而，其乃邇來我國警政機構對於巡守合一勤務的新規範與變革。

肆、值班之要領與應注意之事項

根據警政署編製之《分駐（派出）所常用勤務執行程序彙編》對於值班勤務之規定如下（內政部警政署編製，2016：16-17）：

一、值班勤務之執行準備及要求

（一）服儀整潔，注意禮節，精神應振作。

（二）應配帶槍彈及有關服勤裝備。

（三）提高警覺，掌握駐地內外環境及狀況，確保駐地安全。

（四）處理事故，把握時效，恪遵法令及法定程序。

二、分駐（派出）所值班勤務之工作項目

（一）駐地安全維護。

（二）通訊聯絡及傳達命令。

（三）接受查詢、申請、報案（告）。

（四）應勤簿冊、武器、彈藥、通訊、資訊設備及其他裝備之保管。

（五）犯罪嫌疑人及保護管束人等對象之保護、協管。

（六）防情警報傳遞及警報器試轉。

（七）收發公文等其他指定辦理事項。

三、分駐（派出）所值班勤務之規定

（一）不得閱讀書報等從事與公務無關情事，處理事故時應有人代理，不得擅離職守。

（二）發現治安狀況或所見之情況，應詳實記錄於有關簿冊，並應報告，迅速處理。

（三）與民眾接觸，態度應誠懇和藹，遇有事故應迅速處理，不可藉故推

諉或延誤，並詳實記錄後妥適處理，儘速答覆。無論本轄或他轄均應受理並依單一窗口受理民眾報案作業規定處理。

（四）檢視各班勤務人員出勤返所，服裝儀容、服勤裝具之攜帶與歸還及有關簿冊紀錄等事宜。

（五）準時交接班，接班人員未到前，不得先行離去，應絕對銜接。應於出入登記簿及值班人員交接登記簿內登記，將有關簿冊、武器、彈藥、公文、鑰匙、通訊器材、安全裝備設備及因值班接辦未了之事（案）件等事項，詳載於相關簿冊，逐項交接。

（六）對擔服深夜勤人員，於服勤前半小時叫班為原則，叫班仍應注意駐地安全。

四、分駐（派出）所值班勤務之執行要領

（一）必要時，得站立門首瞭望附近地帶，擔任守望等勤務。

（二）負責門禁管制，對訪客者，應查詢登記，檢驗證件及先通報再引進，不得任意放行。

（三）發生各種刑案等治安事故，均應報告主管，並依規定轉報分局勤務指揮中心，並注意初報、續報及結報。

（四）民事案件，以不干涉為原則，但應婉言說明，並指導迥向相關單位或所屬調解委員會申請調解。

（五）告訴乃論刑事案件，情節輕微者，基於排難解紛之立場，得先予疏導；非告訴乃論案件，縱屬情節輕微，仍應依法處理。

（六）各種應勤簿冊、武器、彈藥、通訊、資訊設備等裝備，交接班時，應點交清楚。

（七）勤務人員須領用槍彈時，應憑證向值班或專責人員辦理領槍彈置證，還槍取證之手續（內政部警政署編製，2016：16-17）。

五、至分駐（派出）所值班勤務之員警在接受民眾報案時，其 E 化報案平臺之處理亦應注意下列事項

（一）進入E化系統，依各案類作業系統規定及程序辦理

1. 一般刑案；2. 失車資料處理；3. 兒少擅離安置；4. 查捕逃犯；5. 違反社會秩序維護法；6. 失蹤人口；7. 身分不明；8. 其他案類。

（二）受理階段

1. 員警運用本平臺資訊系統，進行案件受理、資料輸登、通報及查詢等處理工作，全程以電腦管制作業。
2. 受理民眾報案，應詳實審酌案情。
3. 依各案類相關規定及程序受（處）理民眾報案。
4. 受理案件，如屬急迫但非本轄或業管，基於為民服務，應先處置或立即轉介權責機關。

（三）各系統作業內容

1. 一般刑案作業系統：一般刑事案件受理、筆錄製作、報案三聯單製作及刑案紀錄表輸入等作業。
2. 失車資料處理作業系統：汽機車失竊案類之受理、筆錄製作、四聯單製作及刑案紀錄表輸入等作業。
3. 兒少擅離安置作業系統：兒少擅離安置案件受理、筆錄製作及相關表單輸入等作業。
4. 查捕逃犯作業系統：查捕逃犯之查詢、緝獲登輸、通報及要案專刊查尋等作業。
5. 違反社會秩序維護法作業系統：違反社會秩序維護法案件之登輸、處理、管制及統計等作業。
6. 失蹤人口作業系統：失蹤人口案件查尋、受理、筆錄製作及相關表單輸入等作業。
7. 身分不明作業系統：身分不明案件查尋、受（處）理、筆錄製作及相關表單輸入等作業。
8. 其他案類作業系統：受理民眾檢舉、陳情等報案之登錄、處理、通報、及管制等作業（內政部警政署，2018：231）。

（四）結果處置

1. 員警應主動並詢問報案人，依規定製發各案類之相關表單交報案人收執。
2. 填寫員警工作紀錄簿。
3. 陳核單位主管核閱。

（五）在受理化報案時應同時注意者如下

1. 各系統作業系統因天災不可抗力或其他因素，無法於線上受理報案時，

得先以人工製單方式交予民眾，並於系統恢復使用 24 小時內補登後，列印電腦表單併人工表單陳報所屬上級機關（構）。各作業系統權責單位於必要時，得就各案類性質另訂其他人工作業方式。

2. 內政部警政署將落實查核機制，查核有無受理民眾報案處置不當，未轉介或刑案匿報、遲報、虛報等不當情事，並依各級警察機關處理刑案逐級報告紀律規定辦理；必要時得實施警察機關本項作業績效評比，並依警察人員獎懲標準辦理獎懲。

3. 警政署資訊室應於警政知識聯網設立專區，公布系統功能常見問題及其解決方法；各業務權責單位所管作業系統功能有問題時，逕與該室會商解決（內政部警政署編製，2016：39-41）。

伍、備勤之要領與應注意之事項

根據警政署編製之《分駐（派出）所常用勤務執行程序彙編》對於備勤勤務之規定如下（內政部警政署編製，2016：18-19）：

一、執行準備及要求

（一）應在勤務機構內或指定處所，穿著制服整裝待命，以備突發事故之機動使用或臨時勤務之派遣。可依治安需要，納入巡邏中實施。[1]

（二）以不配帶槍彈及著戴防彈衣、盔為原則。但突發事件之機動出勤或臨時勤務之派遣，依所服勤務性質配帶。

（三）服勤人員應保持機動，精神振作，不得睡覺；未奉派執勤時，可保養裝具或整理文書、簿冊。

（四）遇有派遣時，應動作迅速，準時出勤，不得藉詞推託。

---

[1] 筆者按：所謂備勤之勤務可依治安需要，納入巡邏中實施，此乃歐美海洋派警察制度之國家，其警力之運用大都採「集中式」之運用，故而無「散在式」派出所之設置，因此其均以巡邏勤務為主，故而大都無備勤之安排。警力集中之歐美分局，其內勤人員較為充足之情況下，就足以處理各項業務或工作，因此較無需如我國之派出所之警力較為單薄之情況，故我國警察必須有備勤之設置。而若治安需要，則可如歐美集中式警力之方式，改採在巡邏線上備勤之安排，以提升巡邏之密度與見警率之故也。因此，才會有論者主張，我國因交通便捷地狹人稠，警力應集中運用並且裁併派出所，因而才有可考量取消備勤改採巡邏線上備勤之議。

二、工作項目

（一）臨時勤務之派遣。

（二）替補缺勤之派遣。

（三）傳達重要公文。

（四）解送、戒護人犯。

（五）其他指定或交辦事項（如整理文書、裝具檢查、武器保養；武器保養前應確認彈匣已無子彈，未經指定不得自行保養武器）。

三、執行要領

（一）協助值班門衛工作，擔任暗哨警戒任務；或協助值班人員處理治安事故及排解民眾糾紛等應辦事項。

（二）服巡邏線備勤時，應切實與派遣單位保持密切聯繫，以便隨時聽候派遣。

（三）重要公文或具有時效性、機密性之公文，不宜由工友傳送，並應作好公務機密維護。

（四）解送人犯前（參照解送人犯辦法相關規定）：

1. 應檢查人犯身上有無藏匿兇器、藥物、違禁物、管制物品或其他危險物品，以防其自殺或脫逃。

2. 先令人犯如廁，以避免途中藉機脫逃。

3. 依規定使用警械或相關戒具，重要人犯應加腳鐐，以防脫逃。

4. 以警備（偵防）車解送人犯時，至少 2 人以上員警隨車內戒護，人犯不得坐於駕駛人背後或旁側，以防其脫逃或襲擊，或勿令人犯靠近門窗。

（五）在該勤務時間處理之工作，輪及應擔負其他勤務時，仍應由原執勤員警繼續處理完竣，並立即報告所長調整人員接替所輪及擔服之勤務。

（六）在出、退勤時，應將出入時間、地點、裝具、任務、工作情形及處理經過，依規定填記於出入登記簿及工作紀錄簿。

陸、個別勤務之勤區查察的要領與應注意之事項

　　勤區查察乃於警勤區內，由警勤區員警執行之，以家戶訪查方式，擔任犯罪預防、為民服務及社會治安調查等任務。根據警政署編製之《分駐（派出）所常用勤務執行程序彙編》對於勤區查察勤務之家戶訪查標準作業程序規定如下（內政部警政署編製，2016：39-41）：〔按：2018年4月內政部已修訂警察勤務區家戶訪查辦法，而訂為「警察勤務區訪查辦法」，因此警政署應會於近期內，據以修訂其警察勤務區家戶訪查之作業規定，特此說明。〕[2]

一、整理資料保持常新：

　　（一）新遷入人口基本資料將由勤區查察處理系統，主動以新增訊息方式通知，警察勤務區員警接獲通知後，應主動於1個月內實施現地訪查。對勤區查察處理系統主動通報之新遷入人口基本資料尚有疑問，則依規定以個案向當地戶政事務所，申請調閱戶籍登記申請書副本來核對相關資料。

　　（二）收到警察機關刑事案件移送（報告）書及各級司（軍）法機關各類案件裁定書、通緝書、偵（審）結之起訴書、判決書，海關、衛生機關等之行政處分書，違反社會秩序維護法案件裁定（處分）書及電腦查詢所得刑案資料，依規定建立記事卡或註記警勤區記事簿。

　　（三）使用勤區查察處理系統作業時，警勤區員警每上班日至少應連線登錄一次接收最新資料。

二、擬訂勤區查察腹案日誌表：

　　（一）查察地區、經過路線、對象、時間之擬訂。

　　（二）其他上級交付任務及需協調、聯絡、宣達事項。

三、陳請分駐派出所所長核章，供編排勤區查察參考。

- - - - - - - - - - - - -

[2] 內政部（2018），警察勤務區家戶訪查辦法修正總說明，略以：「茲配合現行警察勤務區員警已不再逐家逐戶實施訪查之現況，除修正本辦法名稱為『警察勤務區訪查辦法』外；另考量部分內容未合時宜，為免民眾仍有舊時戶口查察時期之強制干涉調查之疑慮，爰就警勤區員警實務上執行訪查情形，修正本辦法，明確律定訪查之目的、實施及應遵守事項、方式、時間及應遵守個人資料保護相關法令規定等事項，並結合社區警政之理念，以遂行警勤區訪查工作。」http://glrs.moi.gov.tw/Download.ashx?FileID=8446。

四、執行勤區查察：

　　（一）勤區查察時應著制服、攜帶服務證及應勤裝備物品，於出入登記簿
　　　　　簽註出勤時間、地點（門牌號碼幾號至幾號）。

　　（二）列印勤區查察腹案日誌表並以電腦（勤區查察處理系統或戶役政連
　　　　　線系統）查詢預計查察範圍基本資料。

五、攜帶勤區查察腹案日誌表與家戶訪查簿等資料簽出後，進入警勤區應先繞
　　巡轄區治安要點一遍，並於指定巡邏箱簽到。

六、檢測訪查對象四周環境，作為指導家戶安全防護措施、防止被害及遇危害
　　之處置方法之參考建議。

七、執行家戶訪查：

　　（一）依勤區查察腹案日誌表訪查，同時遞送「社區治安及為民服務意見
　　　　　表」以及「警勤區員警聯繫卡」或其他治安宣導簡訊，並將訪查情
　　　　　形註記於勤區查察腹案日誌表。

　　（二）訪查時可詢問住戶有無需要協助事項，若需要協助時立即辦理，無
　　　　　法立即辦理者，返所妥處後再回覆。

　　（三）遇有拒絕訪查者，應善加勸導，如仍拒絕，將詳情註記於戶卡片副
　　　　　頁及勤區查察腹案日誌表，以供參考。

　　（四）轄內之記事人口應依規定加強查訪，訪查期滿後，無治安顧慮者，
　　　　　應以勤區查察處理系統通報分局改列。對屢查不遇治安顧慮人口，
　　　　　應以書面或電話與受查訪人約定時間查訪，如受查訪人行蹤不明，
　　　　　應通報協尋。

八、家戶訪查結束：警勤區員警家戶訪查中所獲得之各項資料，應依下列先後
　　順序，於當日處理完畢：

　　（一）意見表內容涉他單位及應報告分局者，應填具意見通報單。

　　（二）日誌表及意見表，應於當日陳所長核閱，並按月彙整裝訂成冊。

　　（三）應註記警勤區基本資料者。

九、注意事項：

　　（一）各種簿冊表卡資料之提供、查詢與運用，均依「內政部警政署受理
　　　　　刑案資料查詢作業規定」處理，並嚴禁對外提供運用。

　　（二）有關青少年前科資料，期滿應按「警察機關防處少年事件規範」辦
　　　　　理塗銷。

第二節　警察勤務方式新型態之發展

壹、共同勤務方式新型態之發展

一、值班勤務之新型態發展

　　共同勤務之值班勤務方面，有在作 E 化報案平臺之推廣，並且在接受民眾報案之單一窗口的規定上，亦有力求改革。在 E 化報案系統方面，有八大案類作業系統之運用，亦即：（一）失車資料處理；（二）一般刑案；（三）查捕逃犯；（四）身分不明；（五）失蹤人口；（六）兒少擅離安置；（七）其他案類；（八）違反社會秩序維護法等八大子系統之創新與使用，對於值班接受民眾報案之效率上，有顯著提升之效果。至 2009 年修正之警察機關受理刑事案件報案單一窗口實施要點之第 1 點規定，內政部警政署為落實政府增進行政效率，展現以民意為依歸之行政取向，便利民眾有關刑事案件之報案、即時處置、建立良好警民關係、促進警民合作、強化治安維護、確保社會安寧，特訂定本要點。該要點之第 3 點又規定，本要點實施原則，規定如下：

　　（一）民眾報案，不分本轄或他轄刑事案件，均應立即受理，不得拒絕、推諉，受理後應即派員查證並妥適處理。另將受理報案之情形登錄於受理各類案件紀錄表，並依規定上傳，以備通報處置、追蹤查考。委託他人（第三者）報案時，其處理方式與受理本人報案之程序相同；（二）不論特殊、重大或普通刑案件及當事人身分，均應態度誠懇和藹，立即反應；（三）受理報案因情況急迫，需即時追緝逃犯、救護傷患或排除急難、危難時，應即時處置，如受限於人力、物力或其他因素，無法達成時，應迅速通報勤務指揮中心、案件管轄分局（警察局）或相關單位，共同協力妥適處理；（四）執勤員警受理民眾報案，除遇緊急狀況需即時反應處置外，應引導至最近之報案窗口；（五）各級警察機關對於其所屬單位受理報案及處置偵辦情形應予追蹤考核；（六）接受言詞告訴或告發時，除需即時反應及派員查證外，應當場製作筆錄；（七）如非緊急案件，報案人以電話要求警察機關派員至其住所製作相關文書資料，應視警力及個案事實自行斟酌處理；（八）各級警察機關受理各類刑案報案及案件管轄責任區分，應依據警政署訂頒之《警察偵查犯罪手冊》規定辦理。但刑案紀錄表之製作，應另依刑案紀錄表作業規定填輸（內政部警政署編製，

2016：1072-1073）。

　　因此，我國警察在值班勤務之便民與效率方面，有以上之革新措施，唯在值班方式的規範上，能否大破大立的考量值班便民之功能，以及遂行散在式警力部署，與社區警政犯罪預防功能之強化，對於值班環境以更親民、便民之服務臺方式來設計與規劃，以達警民合作、共維治安之協力平臺之新模式來革新，則派出所預防犯罪之本質功能必將更能彰顯。日本之派出所、新加坡的鄰里警崗以及大陸公安派出所之值班環境之規劃，即以此想法爲出發點，而降低其值班臺、提供多樣性之服務樣態，並且以顧客爲導向之服務臺設計來與民眾更貼近的結合，均爲我國值班制度朝向社區警政、整合民力與預防犯罪之功能上，力求革新與發展的重要指標。

二、備勤之新型態發展

　　我國之警察勤務組織之部署屬於散在式警力之態樣，因此在端末之分駐（派出）所警力單薄的情況下，必須有備勤勤務之安排。雖然邇來在前述各種勤務的規範上，如前之所述有部分改成「巡邏線上備勤」之調整規定，其目的乃一以節省備勤之警力，再者可擴大見警力，亦即巡邏密度可因而提高。惟根本之道，是否應探討部分派出所裁併的可行性，將警力集中於分局。若然，則因爲交通便捷、通訊器材發達之情況下，加上分局之內勤人力充足，將可以有能力處理所有之業務，與原來備勤需要負責之工作。如此，則可以完全改變成以線上備勤之方式，來取消原來備勤之勤務。至於在 70 年代，我國警察勤務因爲端末派出所警力單薄，而迭有夜間遭受攻擊之事件發生，因此當時亦有所謂「在所休息」之勤務之安排，然而會計機關卻認爲，該項勤務並非勤務條例中規定之正式勤務，而且是在所「休息」之狀態，故而不能視之爲正式勤務，因此不得支領相關費用，所以該項在所休息之勤務遂被取消。足見基層端末組織之人力捉襟見肘，需立即思考改革之道。

三、守望之新型態發展

　　如前之所述，我國之巡邏與守望之勤務，多年來在我國勤務之革新上，有多次嘗試「巡守合一」之變革。然而於 2012 年內政部警政署曾以 2012 年 1 月 20 日警署行字第 1010040754 號函，檢送「警察機關設置及巡簽巡邏箱實施要點」一份，該項守望勤務新的變革之規範，其目的乃爲了使執勤之員警深入社

區、接觸民眾，增加警民互動合作機會，有效預防犯罪，故而其乃爲邇來我國警政機構，對於巡守合一勤務的新規範與變革。而其亦與後述之臨檢勤務的討論，Sherman 之掃蕩研究的結論中，對於巡、守勤務之改革，有一定之啓發作用。因爲 Sherman 之結論稱，警察若在掃蕩勤務的期間上，有所一定之規範與限制，並在不同目標之間輪動式的變動掃蕩，掃蕩勤務則可能會更爲有效。因爲，當初始之掃蕩已經被犯罪者掌握與察覺，而效率定當會逐漸的下滑，此時就應該調整變換掃蕩之時間與地點，那麼新的掃蕩勤務就可以再次有較高之效率。但是初始而已經停止之掃蕩勤務，其卻仍然有剩餘之威嚇效果，因此在前後兩次不同時、地的掃蕩相加之下，則勤務較爲節省警力，同時效率會有加乘之效果。同理，我國之臨檢抑或應採不定時、不定點的變動式的勤務執行模式，如此才可能節省警力，亦可同時提高勤務之效率。因而，我國巡守合一勤務之變革，讓巡邏員警在治安熱點守望一段時間，亦爲此種治安效果提升之同一思維下，必然的勤務變革方向。

至有關該前述 2012 年之「警察機關設置及巡簽巡邏箱實施要點」第 3 點之規定，設置巡邏箱地點，原則如下：（一）治安要點及交通衝要處所；（二）居民較少、地處偏遠且道路崎嶇、地形開闊且未設守望崗處所；（三）水源區、橋樑、隧道、涵洞、交通孔道、會哨地、山地工寮等處所；（四）重要之政府機關、人員及經濟、教育、文化、金融等必要機構、處所；（五）與其他分駐（派）出所交界地區之小道或建築物；（六）臨時突發或經常性發生治安事故地點。以上設置巡簽巡邏箱之原則的考量因素，亦可爲未來我國警察勤務在勤區與巡邏區劃分，或者守望點之設定時，其之因素考量與勤務規劃時之重要參考依據。

四、巡邏之新型態發展

我國巡邏之新發展，除了前述之巡守合一之發展之外，則尚有前述之嘉義市政府警察局「i Patrol Car 雲端智慧巡邏車—行動派出所進化版 2.0」巡邏車之規劃即爲新的與勤務指揮功能有相關之方案。推動「即時到位」交通服務，提供民眾便捷交通，免於塞車之苦。而新北市警察局推動「快速打擊部隊」勤務措施方面，即爲能即時打擊街頭犯罪，提供民眾即時安全服務；同時在推動「防竊達人」與「報案到宅服務」方面，亦能即時提供民眾居家安全服務等。

又新北市警察局亦成立「情資整合中心」，可提供全方位即時安全服務。

其乃以科技為主軸，以情資整合為導向，運用現代化的科技設備與技術，透過有效的資源整合，精進治安服務效能，並整合建構從住家安全、社區安全到整體都市安全，發展多層次之安全防衛機制，發揮空間防衛之效能，以達成勤務指揮視覺化、治安管理智慧化、事件防控即時化、勤務運作數位化與提升犯罪科技偵防能量，達成形塑現代「科技防衛城」之目標等等新的巡邏相關勤務之方案。又過去的桃園縣警察局亦曾以警政科技整合與運用，來提升其巡邏之功能與效率。其即為：（一）運用科技，達到快速反應、縮短流程，提升服務效能；（二）結合 110 系統、勤務規劃、派遣、GPS、GIS、治安分析及行政管理等七大子系統，另整合天羅地網、交通號誌控制系統，發揮巡邏勤務最大的功效。

　　至於外國在巡邏勤務的革新之上，除了著名的堪薩斯市的預防式的巡邏實驗證明，巡邏對於犯罪之控制無效之外，亦有甚多之巡邏新嘗試，例如前述第一章中，有關運用大數據之技術與方法於巡邏勤務之革新等，實有太多新的試驗，可參考本書第一章之論述，茲不贅述。在此僅將堪薩斯市的預防式的巡邏實驗略述如後，以供巡邏革新時之參酌。

　　堪薩斯市之實驗者認為，傳統警察之巡邏策略一直以兩個未經證實，但被廣泛接受的假設為基礎：（一）透過員警的見警率，以便震懾潛在的罪犯者，來防止犯罪之發生；（二）這種員警的巡邏，降低了公眾對犯罪的恐懼。於是，傳統的預防式巡邏，被認為可以預防犯罪之發生，也可以讓民眾安心。因此密蘇里州堪薩斯市警察局從 1972 年 10 月 1 日至 1973 年 9 月 30 日進行了一項警察巡邏之實驗，旨在衡量警察之例行性巡邏，對犯罪發生率和公眾對犯罪的恐懼感的影響。這一試驗是在美國警察基金會的資助下進行的，它採用了社會科學研究的準實驗研究設計法（Quasi-Experimental Design），準確地確認了傳統的例行預防式巡邏，對犯罪程度或公眾的安全感沒有重大影響。

　　該項巡邏實驗乃在該市，使用了三個方式的預防式巡邏來進行實驗。第一個被稱為「反應式」的（reactive）巡邏，其為沒有預防性巡邏之安排，員警之所以進入該地區，只有在當市民呼籲有關警察之回應不足，或者民眾報案時，警察才前往該區巡邏；這種巡邏之方式，實際上大大降低了員警在該地區的能見度。在第二個被稱為「機先預警或者主動式」（proactive）的巡邏地區，員警的能見度增加了正常巡邏水準的兩到三倍。在被稱為「控制組」的（control）第三個巡邏地區，保持了正常的巡邏水準。

　　經過一年，三個巡邏實驗後的資料分析顯示，這三個地區在犯罪水準、市民對員警服務的態度、市民對犯罪的恐懼、員警回應民眾報案之時間，或者市民對警方回應其報案的滿意度等方面，都沒有顯著差異的情形。亦即實驗確實顯示，在有標明警察標誌的警車上，進行例行性的預防性巡邏，對預防犯罪或讓市民感到安全方面，沒有什麼貢獻與影響。然而，如果認為這項研究意味著，其管轄範圍內需要的員警人數可以減少，則將是一個嚴重的錯誤。因為這項研究顯示了一些完全不同的面向，對警察行政有著深遠的影響。其中，例如員警非屬於例行性巡邏之服勤的時間（約占 60% 的服勤時間），可用於例行性巡邏以外的勤務，而並不會對公共安全產生任何負面的影響。因此，堪薩斯市警察局在此實驗之後，亦曾努力改善給民眾提供服務的方式，亦即利用從例行性巡邏勤務中騰出的人力資源，透過其所謂之警民「互動巡邏新的方案」（Interactive Patrol Project），來實現員警和社區合作之新的勤務活動。同時，該研究小組當時亦在進入一個所謂「直接針對問題的巡邏部署系統」（directed patrol deployment systems）的重大巡邏之新方案。而原來之實驗報告所述的預防性巡邏試驗的結果，確實否定了近一百五十年來警察普遍存在的勤務執行之知識、智慧與傳統。因此，這個傳統智慧的被推翻，帶來了巨大變革。然而，實驗顯示了一些警察面臨此巨大變化時，並不那麼令其不安的結論。同時，該實驗研究由巡邏員警構思，並由這些員警在研究人員的技術援助之下執行該實驗。所以，顯然在適當的領導和技術援助之下，員警有能力進行新的試驗與改革，並有能力制定可行的替代方案，來取代過時的預防性巡邏之勤務概念（Kelling et. al.）。經此典型之巡邏勤務之實驗，傳統巡邏之有效性受到了挑戰，其已不再被認為是抗制犯罪之萬靈丹。故而之後各種勤務之改革，遂逐漸的被提起，其中包括前述之「復古式」的社區警政的再次被重視與提倡。

五、臨檢之新型態發展

　　臨檢乃是於公共場所或指定處所、路段，由服勤人員擔任臨場檢查或路檢，執行取締、盤查及有關法令賦予之勤務。其應是屬於巡邏勤務的一種盤檢之特殊勤務。而在歐美警察之勤務活動中，亦有類似之臨檢與路檢或盤檢之勤務活動，然其通常稱之為掃蕩之勤務（crackdown）。而我國警政署亦常以「重點場所掃蕩勤務」來論述其之勤務績效（警政署統計室，2015），故而掃蕩乃為臨檢勤務中的特殊之重點性勤務。在美國一個警察掃蕩的實證研究顯示，警

方的掃蕩勤務，乃是員警突然的增加警力，和對特定罪行或特定地點的違法行為的突發式之逮捕行動。在 18 個掃蕩行動的案例研究中，有 15 個案例顯示了掃蕩勤務有最初的威嚇作用，並包括了 2 個有較長期治安影響的例子。然而，在大多數具有明顯的初步威嚇作用的長期打擊中，其影響卻會在短時間後，開始的衰退其影響力，有時儘管員警繼續擴大其掃蕩勤務，甚至增加了員警打擊之力道，其影響都會有衰退之現象。不過，有 5 個案例顯示，在掃蕩鎮壓勤務結束後很久，卻持續有嚇阻犯罪的「額外的治安之紅利影響效應」。此種「後續影響」之威嚇效應，在研究的 2 起案例中，其在治安持續的影響效果與影響時間上，卻比真正的掃蕩勤務本身還要更長遠（Sherman, 1990）。此種之效應，乃因為初始之掃蕩勤務，其影響程度都會隨著時間而逐漸的衰減，但是設若該勤務真正終止，其亦會有「剩餘」的威嚇之影響力存在一段時間。因此，如果在持續掃蕩的期間上，有所一定之規範與限制，並在不同目標之間輪動式的變換掃蕩，掃蕩勤務則可能會更為有效。因為，當初始之掃蕩已經被犯罪者掌握與察覺，而效率定當會逐漸的下滑，此時就應該調整變換掃蕩之時間與地點，那麼新的掃蕩勤務就可以再次有較高之效率，但是停止之初始的掃蕩勤務，其卻仍然有剩餘之威嚇效果，兩者相加之下，則勤務較為節省警力，同時效率會有加乘之效果。同理，我國之臨檢勤務亦應採不定時、不定點的變動式的勤務執行模式，如此才可能節省警力，亦可同時提高勤務之效率。前述我國巡守合一勤務之變革，讓巡邏員警在治安熱點守望一段時間，亦為此種治安效果提升的同一思維。

至於我國之臨檢勤務邇來有兩次之重要變革，其一即司法院大法官會議釋字第 535 號解釋案，其乃有關警察勤務之臨檢是否有違反人權，以及是否僅為組織法而非為行為法或作用法之解釋案。另一次重要的變革，乃因上述之解釋案，而立定警察職務執行之專法的「警察職權行使法」。以上兩次之變革，造就了我國警察勤務臨檢工作的重大改革。

大法官會議釋字第 535 號解釋之爭點乃為警察勤務條例實施臨檢之規定違憲？而其解釋文之重點為：「警察勤務條例規定警察機關執行勤務之編組及分工，並對執行勤務得採取之方式加以列舉，已非單純之組織法，實兼有行為法之性質。依該條例第十一條第三款，臨檢自屬警察執行勤務方式之一種。臨檢實施之手段：檢查、路檢、取締或盤查等不問其名稱為何，均屬對人或物之查驗、干預，影響人民行動自由、財產權及隱私權等甚鉅，應恪遵法治國家警察

執勤之原則。實施臨檢之要件、程序及對違法臨檢行為之救濟，均應有法律之明確規範，方符憲法保障人民自由權利之意旨。……現行警察執行職務法規有欠完備，有關機關應於本解釋公布之日起二年內依解釋意旨，且參酌社會實際狀況，賦予警察人員執行勤務時應付突發事故之權限，俾對人民自由與警察自身安全之維護兼籌並顧，通盤檢討訂定。」（司法院大法官解釋釋字第 535 號）依上開大法官之解釋，臨檢勤務已非單純之組織法，實兼有行為法之性質。然而，現行警察執行職務法規有欠完備（意指警察勤務條例等相關法規），內政部及警政署應於該解釋公布之日起二年內依解釋意旨立定更為周延勤務執行之相關作用法。因而，遂於 2011 年 4 月 27 日針對臨檢之勤務，以及相關職務之執行，訂定了「警察職權行使法」。至此，我國警察勤務之執行，尤其是臨檢之勤務，則有更為周延之法律規範。因此，根據該法第 2 條第 2 項之規定，該法所稱警察職權，係指警察為達成其法定任務，於執行職務時，依法採取查證身分、鑑識身分、蒐集資料、通知、管束、驅離、直接強制、物之扣留、保管、變賣、拍賣、銷毀、使用、處置、限制使用、進入住宅、建築物、公共場所、公眾得出入場所或其他必要之公權力之具體措施。故而，我國警察臨檢之勤務，就有一定之法律規範與程序之要求。

貳、個別勤務方式之勤區查察新型態的發展

一、警察勤務條例對於勤區查察新規範之發展

如前之所述，我國內政部為了貫徹「警察法」第 3 條規定，即警察勤務制度由中央立法並執行或交由省縣執行之；故於 1972 年 8 月 28 日公布施行由立法院三讀通過之「警察勤務條例」，此條例係參酌「警察勤務試行通則」及「臺灣省警察勤務規則」而制定，遂使得我國警察勤務正式邁入法制期。當時於 1972 年 8 月 28 日總統臺統一義字第 859 號令之「警察勤務條例」第 14 條第 5 款即規定：「勤區查察：於警勤區內，由警勤區警員查察之，以戶口查察為主，並擔任社會調查等任務。」

之後又曾於 2007 年 6 月 5 日立法院修正「警察勤務條例」第 11 條，同年 7 月 4 日公布總統華總一義字第 09600083731 號令修正公布第 11 條條文，其乃修正第 11 條第 1 項第 1 款，該款修正之條文為：「勤區查察：於警勤區內，由警勤區員警執行之，以家戶訪查方式，擔任犯罪預防、為民服務及社會治安

調查等任務；其家戶訪查辦法，由內政部定之。」其乃將三十餘年來，警察執行勤區查察之勤務，從前文「戶口查察」之傳統勤務作為，改變成為以「家戶訪查」為主之勤務。其之變革乃為保障民眾之隱私權與人權，同時受社區警政全球趨勢的影響，所以作此重大執勤之型態的變革，其意義非常的重大。然而，其衍生之問題遂成為如何像過去之戶口查察一般，能方便、有效的取得治安的情資，遂變為家戶訪查改革時的嚴峻之挑戰。

而於 2006 年立法院第 9 屆第 7 會期法案評估中之「警察勤務條例部分條文修正草案」，其中有關警察勤務之勤區查察之修正論述，略以：「警察勤務條例自民國 61 年公布施行，歷經民國 75 年及民國 89 年二次修正。本次行政院所提部分條文修正草案，主要將現行警勤區由『警員』1 人負責，修正為『員警』，使優秀之警員、巡佐、巡官，得擔任警勤區之負責人。……於民國 90 年司法院大法官會議釋字第 535 號解釋，針對警察勤務條例第 11 條第 3 款臨檢規定，明確指出警察執行職務之法規有欠完備，限期有關機關應通盤檢討訂定。行政院已於民國 92 年制定警察職權行使法，惟本條例草案並未配合作相關條文之修正。再者，中央行政機關組織基準法於民國 93 年公布施行，對組織法中一般職位之員額均不再作硬性規定，俾賦予政府應變與彈性調整的機制。」（立法院第 9 屆第 7 會期法案評估—警察勤務條例部分條文修正草案）因之，遂有 2008 年 7 月 2 日修正並公布施行之「警察勤務條例」第 5 條之新的職務之規範，其修正內容為「警察勤務區，為警察勤務基本單位，由『員警』1 人負責。」故有論者稱其之立法理由為，其乃為強化並提升警勤區服務效能，爰將警勤區由警員負責，修正為由員警負責，以遴選優秀之警員、巡佐、巡官擔任之（植根法律網，法規資訊—警察勤務條例）。由此可見，警勤區對於地區治安維護舉足輕重之地位，故而必須提升其職務等階，以便能將治安維護之最基本單位穩固如磐石，則整體之治安必能穩定。

二、警察勤務區家戶訪查辦法對於勤區查察新規範之發展

於 2007 年 12 月 13 日內政部臺內警字第 0960871963 號令訂定發布「警察勤務區家戶訪查辦法」，全文共 17 條並自發布日施行。該辦法乃根據上述之 2007 年 6 月 5 日立法院修正「警察勤務條例」第 11 條之規定辦理之。其修正之第 11 條第 1 項第 1 款，乃將警察執行勤區查察之勤務，從「戶口查察」之傳統勤務作為，改變成為以「家戶訪查」為主之勤務。因而內政部受到勤務條

例之法律授權，亦即該家戶訪查辦法，乃內政部受法律之授權，遂而訂定此警察勤務區家戶訪查辦法。

後又於 2018 年 4 月 11 日由內政部根據警察勤務條例，修正「警察勤務區家戶訪查辦法」，並修正名稱為「警察勤務區訪查辦法」。至其修正之目的乃因為，警察勤務區家戶訪查辦法係內政部依「警察勤務條例」第 11 條第 1 款授權規定，而於前述之 2007 年訂定發布施行，全文共計 17 條，但迄 2018 年未曾修正。而因政治、經濟、社會環境的改變；爰修正名稱為「警察勤務區訪查辦法」，並明確律定訪查之目的、方式、時間及應遵守事項，以避免民眾仍有舊時戶口查察強制干涉調查之疑慮。

至修正成為「警察勤務區訪查辦法」，其之修正意旨及效益乃為：

（一）增訂警察勤務區員警實施訪查之目的及實施事項，俾員警依循。因為警勤區訪查因屬任意性行政行為，不具強制性，為免員警毫無目的性之實施訪查而有侵害人權之虞，爰增訂警勤區員警實施訪查之目的為達成犯罪預防、為民服務及社會治安調查等任務，並分款明定訪查之實施事項，使員警執行勤區訪查有所依循，以發揮其功效。

（二）定明警勤區員警實施訪查應遵守之事項，符合職權行使原則。其乃參酌行政程序法、公務人員行政中立法與警察職權行使法所定之「誠信」、「比例」、「行政中立」及「平等」等一般法律原則，爰分款明定警勤區員警實施訪查應遵守事項，使訪查手段合乎規範，避免侵害人權。

（三）修正以座談會方式實施訪查，事前通知受訪查者之期限，以符實務需要。其目的乃將警勤區訪查以座談會方式實施者之事前通知受訪查者期限，由訪查日前 7 日縮減為 3 日，以保持勤務彈性靈活調度。

（四）導入社區警政觀念，俾利社區治安維護；因應資訊科技的普及，增列運用社群網路等管道，以利警勤區員警實施訪查與社區居民之聯繫及諮詢方式更多元，且將治安評估服務納入訪查事項，俾利社區治安維護。

（五）落實個人資料保護，保障人權。警勤區訪查涉及轄內人口之訪問聯繫及場（處）所之諮詢調查。為保障民眾隱私權，爰修正有關訪查資料檔案之建立應符合訪查目的，且資料之蒐集、處理與利用應嚴格遵守個人資料保護相關法令及其保密規定，以落實人權保障（內政部，2018，法規命令發布）。

因此，將「警察勤務區家戶訪查辦法」，正名稱之為「警察勤務區訪查辦法」，其乃將家戶訪查修正為訪查二字，其目的為說明勤區查察為遂行社區警

政、警民合作以及保障人權之勤務方法，故而應以「訪視」為主，以便與民眾建立合作之關係與情資融合平臺〔按：前述之國土安全警政時期 Fusion Center 的概念〕，而不宜以強勢查察之方式為主來推展之規範，因其乃屬於「任意性行政行為」，而不具強制性。又內政部雖已將原來之警察勤務區家戶訪查辦法，修訂成為「警察勤務區訪查辦法」，因此警政署應會於近期內，據以修訂其「警察勤務區家戶訪查作業規定」，特此說明。另外前已述及，有關修正之警察勤務區訪查辦法，乃根據警察勤務條例第 11 條第 1 款之規定：「勤區查察：於警勤區內，由警勤區員警執行之，以家戶訪查方式，擔任犯罪預防、為民服務及社會治安調查等任務；其家戶訪查辦法，由內政部定之。」然而，為了強調勤區查察乃為了達成犯罪預防、為民服務及社會治安調查等任務，故而原辦法刪除「家戶」二字，然而其所依據之警察勤務條例，卻未能先行修正為「其訪查辦法，由內政部定之」，故而，應即刻補正此修法之程序，以便完成內政部修正警察勤務區訪查辦法之法制作業。另其所規範之警察勤務區家戶訪查作業規定，亦應由警政署一併隨之修正。

三、警察勤務區家戶訪查作業規定對於勤區查察新規範之發展

　　我國原先勤區查察勤務中規定之戶口查察方式，內政部曾於 1987 年 7 月 24 日內政部臺內警字第 520791 號令訂定發布「戶口查察實施辦法」全文 8 條，該辦法第 1 條規定，為執行戶口查察，維護社會安全，特訂定本辦法。第七條規定，戶口查察作業規定，由內政部警政署訂之。內政部警政署遂於 1990 年 9 月 5 日內政部警政署警署戶字第 52069 號函訂定發布「戶口查察作業規定」。然而，之後內政部於 2000 年 10 月 31 日內政部臺（89）內警字第 8989733 號令廢止上述之戶口查察實施辦法。至廢止「戶口查察實施辦法」後，遂仍然以前述之「戶口查察作業規定」繼續執行。然隨著政治、經濟、社會環境的改變，員警挨家挨戶的戶口訪查，已無法有效達成掌控暫住、治安顧慮人口目的，且有侵犯人權的疑慮，故而遂於 2007 年 12 月 13 日，依當時立法修正後之警察勤務條例第 11 條之授權，訂定發布「警察勤務區家戶訪查辦法」，規定僅針對犯罪預防必須訪查的對象進行訪查外，不再進行挨家挨戶之戶口查察。另依警察職權行使法第 15 條規定，對特定之治安顧慮人口得定期實施查訪。

　　內政部警政署根據上述 2007 年新訂之「警察勤務區家戶訪查辦法」，

逐於 2008 年 2 月 20 日內政部警政署警署戶字第 0970033154 號函訂定「警察勤務區家戶訪查作業規定」，該作業規定第 1 點規定，為落實警察勤務區家戶訪查工作，結合社區治安需求，建立警民夥伴關係，推行社區警政工作，強化警勤區經營效能，特訂定本作業規定。第 2 點規定，家戶訪查由警勤區員警專責擔任，實施訪查時應遵守一般法律原則，非經訪查對象引導，不得擅進民宅或進入未經引導處所。自 2008 年警察勤務區家戶訪查作業規定訂定之後，又經過 2012 年（修訂兩次）、2013 年、2014 年、2016 年以及 2017 年共修正 6 次之多（內政部警政署，2018：306）。然而，至 2018 年 4 月 11 日內政部逕行修正「警察勤務區家戶訪查辦法」，並修正其名稱為「警察勤務區訪查辦法」，因此其之「警察勤務區訪查作業規定」應該會於近日內，據以此新辦法修訂其作業規定。據悉警政署於 2019 年初檢討，稱現行警察勤務區員警已不再逐家逐戶實施訪查，故而已擬將家戶訪查作業規定名稱修正為「警察勤務區訪查作業規定」，並依上開 2018 年新修訂之「警察勤務區訪查辦法」修正其作業規定之內容。至其可能之修訂方向或為：（一）增訂有關訪查治安及為民服務諮詢對象得著便服規定，以免影響社會觀感；（二）修正督考為訪視座談之規定；（三）考量警察勤務區訪查辦法已有明定相關事項及實務執行現況，以及配合相關勤業務減（簡）化政策作為，刪除原來作業規定之部分條文等等（內政部警政署，2019）。亦即朝便於警勤區員警執行該訪查之工作，同時符合新修正之「警察勤務區訪查辦法」修訂之精神。另外，前文已多次提及，警察勤務區訪查辦法，乃根據警察勤務條例第 11 條第 1 款之規定：「勤區查察：於警勤區內，由警勤區員警執行之，以家戶訪查方式，擔任犯罪預防、為民服務及社會治安調查等任務；其家戶訪查辦法，由內政部定之。」然而，為了強調勤區查察乃為了達成犯罪預防、為民服務及社會治安調查等任務，故而原辦法刪除「家戶」二字，然而其所依據之警察勤務條例，卻未能先行修正為「其訪查辦法，由內政部定之」；故而，應即刻補正此修法之程序，以便完成內政部修正警察勤務區訪查辦法之法制作業。

至於 2014 年及 2016 年上述「警察勤務區訪查作業規定」之修正，尤其有其特殊之意義，茲特予論述之如下：

（一）根據 2014 年內政部警政署警察勤務區家戶訪查作業規定第 23 點、第 24 點、第 32 點及第 28 點附件九修正規定之總說明略以：「茲基於維護社會治安及公共安全之需要，本署除依法令規定辦理查訪外，針對記事二人口列

舉註記情形,並依刑事訴訟程序階段(包括偵查、起訴、審判和執行等)分別開始或結束訪查,以避免渠等行蹤不定,衍生社會治安等問題,爰修正本規定第 23 點、第 24 點與第 32 點及第 28 點附件九,列舉各記事人口類別、訪查開始與結束及訪查次數。……。」而根據內政部警政署 2014 年 6 月 6 日警署防字第 1030102545 號函頒修正後之警察勤務區家戶訪查作業規定第 24 點之規定,記事人口訪查起迄期程規定如下:

1. 記事一人口:依治安顧慮人口查訪辦法及其作業規定辦理。

2. 記事二人口:

   (1) 記事一人口經列管期滿改列記事二訪查二年,期滿後改列無記事人口。

   (2) 除違反家庭暴力防治法、性侵害犯罪防治法、兒童及少年性交易防制條例等案件及被害人係加害人未成年家屬者之刑法殺人、妨害性自主、重傷害或傷害案件,自移送後開始訪查外,**其餘案件起訴後始列訪查對象**,並均應於判決確定,執行徒刑完畢賡續訪查 2 年期滿後改列無記事人口。

   (3) 執行受刑法裁判徒刑宣告之易刑處分及非執行徒刑者,或經裁判緩刑、無罪判決及不受理案件者,均應立即改列無記事人口。

因此,2014 年之修正警察勤務區家戶訪查作業規定之重要意義,乃對於類似 2014 年 3 月 18 日至 4 月 10 日間,所謂之「太陽花學運」(又稱 318 學運、占領國會事件)的參與者,若未被起訴前,則不得將此類民眾列為警察訪查之對象,並且不宜執行家戶訪查之勤務。

(二)2016 年警察勤務區家戶訪查作業規定之修正,根據內政部警政署 2016 年 3 月 30 日警署防字第 1050075248 號函頒「警察勤務區家戶訪查作業規定」之修正總說明略以:「邇來屢有基層警勤區員警透過本署臉書等資訊平臺,反映有關家戶訪查工作改革建議事項;考量本次改革,攸關全國警勤區員警對家戶訪查工作之執行方式,為傾聽基層員警聲音並實際發掘問題所在,本署邀集相關業務單位及外勤員警,成立專案工作小組調查研議,就研議結果歸納為「無記事人口訪查」、「簿冊紙本精簡」、「家戶訪查巡簽」、「督導及獎懲」及「優劣加分、扣分事項」等五大改革方向,爰修正本規定,以全盤檢討家戶訪查工作相關事宜;其要點如下:……二、鑑於現行無記事人口之訪查並無強制力,民眾配合意願不高,造成訪查困難,且地方警察機關警力普

遍不足，全面訪查無記事人口所花費之時間及人力過多，致影響記事一及記事二人口之訪查次數及時間，爰修正無記事人口訪查之相關規定；三、增列無記事人口中應重點訪查對象，包含「治安及為民服務諮詢對象」及「暫住人口」；……五、考量家戶訪查工作重點係訪查轄區居民，為避免巡簽巡邏箱次數頻繁密集，而影響員警實際訪查時間，爰修正家戶訪查之巡簽規定……」

此次警察勤務區家戶訪查作業規定之中，其之第 29 點修正為，「家戶訪查為預防性勤務，警勤區員警應依轄區治安狀況及地區特性，預擬每月勤查計畫。各類人口訪查次數之規定如下：（一）記事一人口：依治安顧慮人口查訪辦法及其作業規定辦理；（二）記事二人口：由警察局視治安狀況及實際需要律定，每 3 個月訪查 1 次以上；（三）無記事人口：應視治安狀況及實際需要實施訪查……。」等等新的修正規定。其中無記事人口之訪查次數，則修正為**「應視治安狀況及實際需要實施訪查」**，而較無如以往規定必訪查之次數。

又，修正後之第 34 點規定，「警勤區員警於勤區查察時段，應至村（里）長或鄰長服務處所巡簽；另警察局（分局）亦得擇定轄區治安、交通熱點或偏僻地區設置巡邏箱，以供巡簽。**前項巡簽時間及順序不拘，巡簽處所以不超過二處為原則；惟勤區有重要或特殊治安狀況者，不在此限。**」所以，對於巡簽之次數規定，亦如同無記事人口之訪查次數的新規定一般，有鬆綁之規範。至此次修訂之意旨，應該是簡政便民與提升員警執行勤區查察與家戶訪查效率之考量，因此類似此種勤務之改革，甚值得鼓勵與讚賞。

至於家戶訪查有相關之警察職權行使法，乃於 2003 年 6 月 25 日總統華總一義字第 09200116580 號令制定公布全文 32 條，並自 2003 年 12 月 1 日施行。其所訂定之規範與立法目的乃如前所述，大法官作成釋字第 535 號解釋，認警察職權之行使影響人民行動自由、財產權及隱私權等等，均係基本權之侵害行為，必須在有法律授權之情況下始得為之。然該法曾於 2011 年 4 月 27 日總統華總一義字 10000079361 號令修正公布第 15 條條文。其之修正乃對於有治安顧慮對象，進行查察之法律規範的再次調整與修正。該修正之第 15 條乃規定，警察為維護社會治安，並防制下列治安顧慮人口再犯，得定期實施查訪：

1. 曾犯殺人、強盜、搶奪、放火、妨害性自主、恐嚇取財、擄人勒贖、竊盜、詐欺、妨害自由、組織犯罪之罪，經執行完畢或假釋出獄者。

2. 受毒品戒治人或曾犯製造、運輸、販賣、持有毒品或槍砲彈藥之罪，經執行完畢或假釋出獄者。

　　前項查訪期間，以刑執行完畢或假釋出獄後三年內爲限。但假釋經撤銷者，其假釋期間不列入計算。治安顧慮人口查訪項目、方式及其他應遵行事項之辦法，由內政部定之。

　　而「治安顧慮人口辦法」，乃於 2003 年 11 月 27 日內政部臺內警字第0920078300 號令訂定發布全文 10 條，並自 2003 年 12 月 1 日發布施行，其之第 1 條規定，本辦法依警察職權行使法第 15 條第 3 項規定訂定之。然該治安顧慮人口辦法又於 2012 年 1 月 4 日內政部臺內警字第 1000890739 號令修正發布第 2、4、10 條條文；並自發布日施行。此次之修正乃因根據前述 2003 年制定公布之警察職權行使法，又於 2011 年 4 月 27 日修正其第 15 條條文，對於有治安顧慮對象，進行查察之法律規範的再次調整與修正，而據以修正查察之治安顧慮人口之對象。

　　至依該「治安顧慮人口查訪辦法」第 2 條規定，依前述新修正之警察職權行使法第 15 條第 1 項規定得定期實施查訪對象如下：

1. 曾犯刑法第 271 條或第 272 條之殺人罪者。
2. 曾犯刑法第 328 條至第 332 條之強盜罪者。
3. 曾犯刑法第 325 條至第 327 條之搶奪罪者。
4. 曾犯刑法第 173 條第 1 項、第 174 條第 1 項、第 175 條第 1 項或第 2 項之放火罪者。
5. 曾犯刑法第 221 條、第 222 條、第 224 條至第 227 條、第 228 條或第 229 條之妨害性自主罪者。
6. 曾犯刑法第 346 條之恐嚇取財罪者。
7. 曾犯刑法第 347 條或第 348 條之擄人勒贖罪者。
8. 曾犯刑法第 320 條或第 321 條之竊盜罪者。
9. 曾犯刑法第 339 條、第 339 條之 1、第 339 條之 2、第 339 條之 3 或第 341 條之詐欺罪者。
10. 曾犯刑法第 296 條、第 296 條之 1、第 302 條、第 304 條或第 305 條之妨害自由罪者。
11. 曾犯組織犯罪防制條例之罪者。
12. 毒品危害防制條例第 25 條第 2 項所定之受毒品戒治人。
13. 曾犯毒品危害防制條例所定製造、運輸、販賣、持有毒品之罪者。
14. 曾犯槍砲彈藥刀械管制條例所定製造、運輸、販賣、持有槍砲彈藥之

罪者。

又「治安顧慮人口查訪辦法」第3條規定，警察實施查訪項目如下：（一）查訪對象之工作、交往及生活情形；（二）其他有助於維護社會治安及防制查訪對象再犯之必要資料。同辦法第4條規定，治安顧慮人口由戶籍地警察機關每個月實施查訪1次。必要時，得增加查訪次數。戶籍地警察機關發現查訪對象不在戶籍地時，應查明及通知所在處所之警察機關協助查訪；其為行方不明者，應通報直轄市、縣（市）政府警察局協尋。同辦法第5條規定，警察實施查訪，應選擇適當之時間、地點，以家戶訪問或其他適當方式為之，並應注意避免影響查訪對象之工作及名譽。又同辦法第6條規定，警察實施查訪，應於日間為之。但與查訪對象約定者，不在此限。（內政部警政署，2018：937）

至內政部警政署遂於2018年3月26日警署刑防字第1070001324號函最新修正規定之「治安顧慮人口查訪作業規定」共有30點，其中之部分規定為：

一、內政部警政署為嚴密治安顧慮人口之列管、查訪及防制再犯作為，落實治安顧慮人口查訪工作，特訂定本規定。

二、本規定用詞，定義如下：

　　（一）刑事責任區：為執行犯罪偵防之基本單位，得配合警察勤務區劃分其責任區。

　　（二）高再犯之虞治安顧慮人口：指行方不明、同時具治安顧慮人口查訪辦法第2條第1項所定2款情形以上或經分析有再犯之虞者。

三、治安顧慮人口查訪作業，由戶籍地警察局負責核定、督導及考核；警察分局辦理規劃、審核、列管及建檔；刑責區及警勤區員警執行查訪、登錄及核對。

四、治安顧慮人口查訪辦法第2條所定查訪期間之計算，依行政程序法第48條規定辦理，治安顧慮人口查訪對象以刑之執行完畢或假釋出獄後3年內為限。但假釋經撤銷者，其假釋期間不列入計算。

五、查訪對象之個案資料，應確實保密，不得發布新聞或公開；其對治安維護不再有幫助者，至遲應於資料製作完成後5年內，由本署資訊室將治安顧慮人口資訊系統相關電磁紀錄刪除之。

六、戶籍地分局接獲本系統與勤區查察處理系統新增查訪對象，及各監獄、戒治所及輔育院出監所（釋放）通報名單時，應依下列規定辦理：

　　（一）審核查訪對象身分及出監所狀況。

（二）前款資料核對清查無誤者，應於 5 日內完成分派及初審；警察局應接續於 5 日內完成核定等列管作業。

（三）每月 5 日前，應將前月查訪對象列冊陳報警察局核定並列管。

七、刑責區與警勤區員警於本系統及勤查系統接獲分派之查訪對象時，應核對其基本資料，並將查訪資料分別詳實註記於本系統及勤查系統，以利掌握查訪對象最新動態（內政部警政署刑事警察局，2018）。

第三節　我國警察勤務方式與型態之未來發展

如前章所述，全球警察勤務策略之模式包括五大類別。此五大類別之勤務策略，可大至歸納整合成兩大類型之勤務策略的分野，亦即一類爲以偵查爲主之策略，另一類則同時亦注意預防勤務之策略。前述兩大類型之勤務策略，加上 2001 年紐約市遭受恐怖攻擊之後，其所形成之國土安全警政時期之警察勤務新作爲，共可歸納成爲三大類勤務之相關理論。而若根據「偵、防並重」之勤務策略，並且充分的參酌前述在偵查與預防方面之勤務理論的基本原則，並且以勤務規劃時之科學、理性或漸進等等最適宜之模式來作決策分析，然後就可運用在我國六大勤務之革新之上。因此綜合前兩節之勤務方式之論述，以及對於我國現行勤務之檢討與分析，或可發覺出我國警察勤務方式與型態之未來發展方向，遂可以有以下之結論。

一、值班勤務之未來發展

我國警察在值班勤務之便民與效率方面，有前述 E 化報案平臺、受理報案單一窗口等等之革新措施，惟在值班方式的規範上，能否大破大立的考量值班便民之功能，以及遂行散在式警力部署，與社區警政犯罪預防功能之強化；並據此對於值班環境以更親民、便民之服務臺方式來設計與規劃，以達警民合作、共維治安之協力平臺新模式的創新與改革。若然，則派出所預防犯罪之本質功能必更能爲彰顯。日本之派出所、新加坡的鄰里警崗以及大陸公安派出所之值班環境之規劃，即以此想法爲出發點，而降低其值班臺、提供多樣性之服務樣態，並且以顧客爲導向之服務臺之設計，來與民眾更貼近的結合，均爲我國值班制度未來朝向社區警政、整合民力與預防犯罪之功能上，力求革新與發

展的重要指標。

二、備勤勤務之未來發展

　　我國之警察勤務組織之部署屬於散在式警力之態樣，因此在端末之分駐（派出）所警力單薄的情況下，必須有備勤勤務之安排。雖然邇來在前述各種勤務的規範上，有部分改成「巡邏線上備勤」之調整規定，其目的乃一以節省備勤之警力，再者可擴大見警率，亦即巡邏密度可因而提高。唯根本之道，是否應探討部分派出所裁併的可行性，將警力集中於分局。若然，則因為交通便捷、通訊器材發達之情況下，加上分局之內勤人力充足，可以有能力處理所有之業務，以及原來備勤需要負責之各項工作。如此，則可以完全改變成以線上備勤之方式，來取消原來備勤之勤務，增加線上巡邏密度與見警率之提升。

三、守望勤務之未來發展

　　如前所述，多年來在我國勤務之革新上，有多次嘗試「巡守合一」之變革。然而於 2012 年內政部警政署曾以 2012 年 1 月 20 日警署行字第1010040754 號函，檢送「警察機關設置及巡簽巡邏箱實施要點」，並於該要點之第 5 點規定，警察勤務單位規劃員警巡簽巡邏箱時，應於巡邏箱設置處周遭適當範圍，實施重點「守望勤務」5 分鐘至 10 分鐘，執行瞭望、警戒、警衛、受理民眾諮詢、整理交通秩序及其他一般警察勤務；並適時採徒步巡邏方式，深入社區、接觸民眾，增加警民互動合作機會，有效預防犯罪。該要點之第 6 點又規定，警察勤務單位應考量員警巡邏區（線）路程遠近及「巡守合一」勤務等時間因素，設置適量之巡邏箱供員警巡簽。該項守望新的變革之規範，其目的乃為了使執勤之員警深入社區、接觸民眾，增加警民互動合作機會，有效預防犯罪，故而其乃邇來我國警政機構，對於巡守合一勤務的新規範與重要之變革。而其亦與前述之臨檢勤務論述中，Sherman 之掃蕩研究之結論稱，警察若在掃蕩勤務的期間上，有所一定之規範與限制，並在不同目標之間輪動式的掃蕩，則掃蕩勤務可能會更為有效。因而，我國巡守合一勤務之變革，讓巡邏員警在治安熱點守望一段時間，亦為此種治安效果提升之同一思維下，守望勤務必然的變革方向。

四、巡邏勤務之未來發展

　　堪薩斯市的預防式的巡邏實驗證明，巡邏實驗後的資料分析顯示，這三個

地區在犯罪水準、市民對員警服務的態度、市民對犯罪的恐懼、員警反應民眾報案之時間，或者市民對警方回應其報案的滿意度方面，並沒有顯著差異的情形。該實驗亦顯示了一些警察面臨此巡邏被檢驗爲無效的巨大變化時，並不那麼的情緒不安。因爲該實驗研究由巡邏員警構思，並由這些員警在研究人員的技術援助之下執行該實驗。所以，顯然在適當的領導和技術援助之下，員警有能力進行新的試驗與改革，並有能力制定可行的替代方案，來取代過時的預防式巡邏之勤務概念。

然而，經此典型之巡邏勤務之實驗，傳統巡邏之有效性受到了挑戰，其已不再被認爲是抗制犯罪之萬靈丹。故而之後各種勤務之改革，遂逐漸的被提起，其中包括復古式的社區警政的再次被重視與提倡。我國巡邏之新發展，除了前述之巡守合一之發展之外，則尙有前述之嘉義市政府警察局「i Patrol Car 雲端智慧巡邏車—行動派出所進化版 2.0」巡邏車之規劃，即爲勤務指揮與巡邏勤務有相關之革新方案。又如前述之新北市警察局推動「快速打擊部隊」勤務措施方面，即爲能即時打擊街頭犯罪，提供民眾即時安全服務。其在推動「防竊達人」與「報案到宅服務」方面，亦能即時提供民眾居家安全服務等。而新北市警察局亦成立「情資整合中心」，可提供全方位即時安全服務，其以科技爲主軸，以情資整合爲導向，運用現代化的科技設備與技術，透過有效的資源整合，精進治安服務效能；並整合建構從住家安全、社區安全到整體都市安全，發展多層次之安全防衛機制，發揮空間防衛之效能，以達成勤務指揮視覺化、治安管理智慧化、事件防控即時化、勤務運作數位化與提升犯罪科技偵防能量，達成形塑現代「科技防衛城」之目標等等新的巡邏相關勤務之方案。又過去的桃園縣警察局亦曾以警政科技整合來提升其巡邏之功能與效率。其即爲：（一）運用科技，達到快速反應、縮短流程，提升服務效能；（二）結合 110 系統、勤務規劃、派遣、GPS、GIS、治安分析及行政管理等七大子系統，另整合天羅地網、交通號控系統，以便發揮巡邏勤務最大的功效。

至於員警巡邏勤務時之巡簽紀律，以及自身安全之巡簽變革方面，則前述我國之縣、市警察局之紅外線簽巡邏箱之嘗試，與 2018 年臺北市警察局中正二分局、文山一分局從 2018 年 3 月起，先行示範使用行動載具掃描 QR-code，1 秒就能完成巡簽，「省時省紙」提高工作效率。巡簽完成後，資料就立即傳回後端系統，調閱資料也相當方便等等之新巡簽之措施，亦甚値的研究發展與運用。

又前述之洛杉磯市警察局新推展之基礎車輛巡邏計畫（Basic Car Plan），其乃為洛杉磯市警察局與社區組織、企業、社區居民和地區民選官員合作的新勤務革新系統。此種革新之新巡邏勤務執行系統，使洛杉磯警察總局能夠向市民提供最高品質的警察之服務，同時根據個別社區的需要，調整執法和公共安全的工作範疇。所以，可以看出洛杉磯市警察局此種革新，就類似我國散在制之派出所與固定責任區的警勤區制度，唯一不同處即其以警車之系統代替我國之派出所，而使其成為「虛擬式」的勤務基地之功能而已。

至於休士頓市警察局之巡邏勤務運用大數據技術之革新方面，乃為前述第一章所述之休士頓市警察局大數據警政之勤務規劃實驗，將勤務之部署與規劃，密切的與治安資訊相關的各類大數據，完全的配對與融入（matching），如此不但能打擊到治安事件的熱點與核心，同時無效勤務之狀況，也會因而降低。故可為提升治安維護之效率，並達成改善無效警力等雙重之效果。

而我國前述之新竹市警察局，在 2010 年之整合科技、人文與地方特色的綿密治安網絡所謂之竹安工程—「千眼守護聞聲救苦」的革新作為方面，其乃以警車衛星定位派遣系統與路口監視錄影系統為主架構，以觀光警察鐵騎隊、「一里一巡守隊」、試驗以紅外線簽巡邏箱為輔，以補主架構之不足，讓歹徒無所遁形。在設置緊急通報系統（平安燈）方面，即將具有警示、監視錄影、警報器及通話等多功能之平安燈，裝置在港南育樂中心、海天一線、公道五綠地公園及赤土崎公園等 4 處風景區等處所，有效發揮嚇阻歹徒犯案之作用，提供即時為民服務之勤務作為。

綜上所述，巡邏之方式能否運用大數據之技術與通訊器材之革新，而如洛杉磯市警察局或休士頓市警察局之巡邏勤務之革新一般，並且能更進一步的自我研究發展出一種「實境巡邏」與「虛擬巡邏」結合之模式，亦即結合虛擬之網路監錄系統或無人飛機或機器人等之巡邏態樣，能無形間提升巡邏之密度與嚇阻犯罪之效果。也就是說，或可研發以虛擬之監錄系統等機制，如前述我國新竹市警察局曾發展與運用的「平安燈」等等之新機制，讓犯罪者以為警察在該轄區有巡邏之勤務安排，如此可互補實境巡邏密度之不足處，而形成相乘之嚇阻犯罪的效果。

五、臨檢勤務之未來發展

臨檢乃是於公共場所或指定處所、路段，由服勤人員擔任臨場檢查或路

檢，執行取締、盤查及有關法令賦予之勤務。其應是屬於巡邏勤務的一種盤檢之特殊勤務。而在歐美警察之勤務活動中，亦有類似之臨檢與路檢或盤檢之勤務活動，然其通常稱之為掃蕩之勤務（crackdown）。而我國警政署亦常以「重點場所掃蕩勤務」來論述其之勤務績效，故而掃蕩乃為臨檢勤務中的特殊之重點式勤務之執行。在美國一個警察掃蕩的實證研究顯示，警方的掃蕩勤務，乃是員警突然的增加警力，和對特定罪行或特定地點的違法行為的突發式的逮捕行動。在 18 個掃蕩行動的案例研究中，有 15 個案例顯示了掃蕩勤務有最初的威嚇作用，並包括了 2 個有較長期治安影響的例子。另外，如果在持續掃蕩的期間上，有所一定之規範與限制，並在不同目標之間輪動式的變動掃蕩，掃蕩勤務則可能會更為有效。因為，當初始之掃蕩已經被犯罪者掌握與察覺，而效率定當會逐漸的下滑，此時就應該調整變換掃蕩之時間與地點，那麼新的掃蕩勤務就可以再次有較高之效率，但是停止之掃蕩勤務，其卻仍然存在有剩餘之威嚇效果，兩者相加之下，則勤務較為節省警力，同時效率會有加乘之效果。同理，我國未來之臨檢勤務，亦應採不定時、不定點的變動式的勤務執行模式，如此才可能節省警力，亦可同時提高勤務之效率。

前述我國巡守合一勤務之變革，讓巡邏員警在治安熱點守望一段時間，亦為此種治安效果提升的同一思維。然而於 2011 年 4 月 27 日針對臨檢之勤務，以及相關職務之執行，我國曾訂定了警察職權行使法。至此，我國警察勤務之執行，尤其是臨檢之勤務，則有更為周延之法律規範。

六、勤區查察勤務之未來發展

有關勤區查察勤務之未來發展方面，內政部警政署曾根據 2007 年新訂定之「警察勤務區家戶訪查辦法」，於 2008 年 2 月 20 日內政部警政署警署戶字第 0970033154 號函訂定「警察勤務區家戶訪查作業規定」，該作業規定第 1 點規定，為落實警察勤務區家戶訪查工作，結合社區治安需求，建立警民夥伴關係，推行社區警政工作，強化警勤區經營效能，特訂定該作業規定。第 2 點規定，家戶訪查由警勤區員警專責擔任，實施訪查時應遵守一般法律原則，非經訪查對象引導，不得擅進民宅或進入未經引導處所。自 2008 年警察勤務區家戶訪查作業規定訂定之後，又經過 2012 年（修訂兩次）、2013 年、2014 年、2016 年以及 2017 年共修正 6 次之多。其中 2014 年及 2016 年上述警察勤務區訪查作業規定之修正，尤其有其特殊之意義如下：

（一）根據 2014 年內政部警政署警察勤務區家戶訪查作業規定第 23 點、第 24 點、第 32 點及第 28 點附件九修正規定。因此，2014 年之修正警察勤務區家戶訪查作業規定之重要意義，乃對於類似 2014 年 3 月 18 日至 4 月 10 日間，所謂之「太陽花學運」（又稱 318 學運、占領國會事件）的參與者，若未被起訴前，則不得將此類民眾列為警察訪查之對象，並不宜執行家戶訪查之勤務。

（二）2016 年警察勤務區家戶訪查作業規定之修正重點，乃在於無記事人口之訪查次數，修正為「應視治安狀況及實際需要實施訪查」，而較無如以往規定必訪查之次數。又修正後之第 34 點，對於巡簽之次數規定，亦如同前述之無記事人口之訪查次數的新規定一般，有鬆綁之規範。至此次修訂之意旨，應該是簡政便民與提升員警執行勤區查察與家戶訪查效率之考量，因此類似此種勤務之改革，甚值得鼓勵與讚賞。

至 2018 年 4 月 11 日內政部根據警察勤務條例，又修正「警察勤務區家戶訪查辦法」，並修正其名稱為「警察勤務區訪查辦法」，因此其之「警察勤務區訪查作業規定」應該會於近日內，據以此新辦法修訂其之作業規定。據悉警政署於 2019 年初檢討，稱現行警察勤務區員警已不再逐家逐戶實施訪查，故而已擬將家戶訪查作業規定名稱修正為「警察勤務區訪查作業規定」，並依上開 2018 年新修訂之「警察勤務區家戶訪查辦法」修正其作業規定之內容。至其可能之修訂方向或為：（一）增訂有關訪查治安及為民服務諮詢對象得著便服規定，以免影響社會觀感；（二）修正督考為訪視座談之規定；（三）考量警察勤務區訪查辦法已有明定相關事項及實務執行現況，以及配合相關勤業務減（簡）化政策作為，刪除原來作業規定之部分條文等等。亦即朝便於警勤區員警執行該訪查之工作，同時符合新修正之警察勤務區家戶訪查辦法修訂之精神。

然而，勤區查察之勤務乃我國推行社區警政的一種最具代表性之傳統之勤務方式。其之勤務方式雖在我國行之多年，然在警民合作之作為與效果之上，不若前述日本之受持區之家戶訪查來得有效，也不若 1980 年代之後，歐美國家之復古式推展之社區警政來得那麼多元。日本之派出所與受持區所推展家戶訪問與警民合作、預防犯罪之作為，曾獲的治安維護的良好效果。根據日本警察廳 2006 年報告，日本警察以家戶訪問的執勤方式，來整合民力及建立警民合作的夥伴關係；且每一派出所，均有民間所組成之治安聯繫與諮詢

委員會（Liaison Council）與警察定期開會，並訂定與執行警民合作之社區治安維護方案（National police Agency of Japan, 2018）。據日本警察 1992 年之調查，約 73.8% 之犯罪，是因爲此種警民合作與聯繫之功效，而促使破案的（National police Agency of Japan, 1992）。同時也因爲此種策略，才能真正落實以民爲主的國家政策，與合乎民主之世界潮流。然而，日本警政機關所公布的數據，卻亦可發現，反應時間快，確可破更多的刑案。然大部分（如上所述占 73.8%）的刑案亦都因爲基層之派出所與其受持區警察之主動參與而偵破，故亦非完全爲機動巡邏人員之高密度巡邏有以致之。其基層派出所至 2018 年止之統計共有約 6,300 個派出所，6,400 個駐在所，從事社區警政的社區治安與預防的任務，且有約 12,000 派出所諮詢委員會（Koban Liaison Councils）來協助警察共同維護社區治安等工作。而此種基層警察組織之預防犯罪的策略，卻將近年來日本民眾全年刑案報案件數最高之 2002 年的 2,850,000 件，至 2018 年則因爲此策略的成功，故而刑案的報案件數即下降爲 2002 年的 68%（National Police Agency of Japan, 2018）。而此種基層之警察組織亦曾於 2004 年共完成 324,000 件刑案的偵查逮捕嫌疑犯的工作，占全國刑案偵破 389,000 件的 83%。一般違規案件之執行則占全國的 66% 交通處罰則占 53%（National Police Agency of Japan, The Koban-Police Box and Residential Police, 2005; National Police Agency, 2018）。故而，改變警察基層組織經營之策略與措施，不僅在對組織內外顧客提升服務之品質，其實更對於治安維護的效益或生產力方面，有更直接與顯著的提升作用。故而，我國警勤區之訪查工作，實應在如何結合民力以及維護社區治安的策略上多所著墨，如此才能如日本警察一般，提升治安維護之效果。故而未來 2019 年之警察勤務區訪查作業規定之修訂，亦應本此原則與精神而修訂之。

然而筆者認爲，若要徹底的簡化員警勤區查察之工作負擔，並能提升情報佈建之效率，則警政署前述之各種勤區查察之革新與修法之作爲，僅能在簡化業務及工作鬆綁方面有所成效，至於情資蒐集之功效方面，可能要另圖改革與創新之策略，才能收其成效。故而，其之革新方向與過去威權時代之「戶口查察」之功能，或許在民主、法治與尊重民眾人權與隱私權之現代，恐非內政部修訂之「警察勤務區訪查辦法」所可替代其原先之功效。因此之故，就必須有所調整與創新勤區查察之革命性作爲，否則情資之整合將會落空。

茲舉下列數個勤區查察革新類似之他山之石，以供有司之參酌如下。首先

在警勤區的設置方面，應有科學量化之分析以為依據。例如，前述美國之專業化警政時期的警察行政著名學者 O. W. Wilson，其於 1940 年代時任威奇特市（Wichita, Kansa）警察局長，及至 1960 年代之後的芝加哥市警察局長時，力倡更為專業化與科學化的規劃該市之警察巡邏區（或謂必特區），亦即以量化之「社區需求因素」的勤務規劃之創新方法（proportionate need factors）。因此，應該據此精神與勤務規劃之原則，積極的發展我國警勤區規劃時，較為科學的新模式。前述我國之警政發展確曾於 1979 年，由時任警政署長孔令晟為了推動「警政現代化」，訂定了「革新警察勤務制度初步構想」，而指派姚高橋先生擔任基隆市警察局副局長，並曾在該局第一分局實驗新的警察勤務。其中即曾經調查基層派出所員警轄區之工作量，並設計一個多元（複）迴歸分析方程式，其統計方法為杜立德法（Doolittle's Method）。其乃以警勤區警員「平均」每日之工作時間為應變數，警勤區之「基本資料」及「員警個人能力資料」為自變數，輸入電腦並以統計軟體求得各變數（項）的交互相關係數，遂得出一個複迴歸方程式，其將可成為警勤區規劃時之量表。據此量表再逐一將現有每一警勤區之各項資料，代入此方程式中加以計算，即可求得每一警勤區每日之平均工作時間，以每日 8 小時計算，即可得知其是否符合服勤時間與工作量之標準。以上警勤區工作量之設置與規劃，確實可當作日後勤區規劃之參考。

又例如前述之洛杉磯市警察局新推展之基礎車輛巡邏計畫，並落入該警察局的 E 化警政的創新作為之中（E-Policing）。其乃在每個分局的轄區內，設有各個社區的社區警察聯絡官（Senior Lead Officer, SLO），負責與社區民眾聯絡，邀請經認證後之市民參加該社區警民共同籌組之網路群組，並由此聯絡官來聯絡，並建立雲端的交換情資及受理報案之機制，且分享各種治安之資源。此種透過網路的警民合作之 E 化警政平臺，可以在雲端交換與分享情資，就正如筆者之勤區查察之大破大立的革新之主張，亦即「**多用網路、少走馬路**」之情報佈建之新作為。此新作為亦可當作我國勤區查察勤務，未來改革之重要參考。因為，此新方法不但可節省警力、便捷警民之聯繫，而且情資之蒐集也不會落空。

而前述國土安警政時期所論述之的情資整合之融合中心（Fusion Center）概念的援引，亦是非常好的勤區查察革新之方向與指標。美國之國土安全情資融合中心之概念，其乃發揮整合情資與互相密切配合之機制，並期能更加適當

的融合民間之情資系統,而建立起一定之情資運用之安全與使用的規則。而所謂之公私協力之國土安全新趨勢,其乃強調公、私整合平臺的融合中心之創立,與其情資之便捷運用,且更精準的做到公私機構的情資之分享。至美國國土安全部,定義其融合中心,則認為其應成為州和城市、地區的情資協調中心,負責接收、分析、蒐集與威脅有關的資訊,並且將其分享至聯邦、州、地方、部落等機構之間,且及於私營部門的合作夥伴。所以,我國警察之派出所,若能定位成為預防犯罪的情資融合之中心,而警勤區之經營方式,若亦能相對應的訂出一套安全管制情資之分享機制,則對於全方位之情資分享與運用,以及整體社區安全之提升,一定會產生警民合作、公私協力之加乘效果。若然,則新的勤區查察,必更能整合社區情資與相關之資源,其亦必然比現行之勤區查察之效果更為方便、落實與有效。

參考書目

一、中文部分

內政部警政署（2012年1月20日），警察機關設置及巡簽巡邏箱實施要點，警署行字第1010040754號函。

內政部警政署（2018），警察實用法令，內政部警政署編印。

內政部警政署（2019年2月），警察勤務區家戶訪查作業規定修正總說明，草擬之部分資料。

內政部警政署編製（2016），警察機關分駐（派出）所常用勤務執行程序彙編，中央警察大學印行。

內政部（2018），警察勤務區家戶訪查辦法修正總說明，2019年3月5日取自：http://glrs.moi.gov.tw/Download.ashx?FileID=8446。

內政部（2018年4月11日），法規命令發布警政署，修正「警察勤務區家戶訪查辦法」，並修正名稱為「警察勤務區訪查辦法」，2019年3月5日取自：https://www.moi.gov.tw/chi/chi_act/Act_detail.aspx?pages=0&sd=5&sn=582。

內政部警政署刑事警察局（2018年12月6日），治安顧慮人口查訪作業規定，2019年3月5日取自：https://www.cib.gov.tw/News/ClauseDetail/367?Sort=3。

司法院大法官，大法官解釋釋字第535號，2019年3月5日取自：https://www.judicial.gov.tw/constitutionalcourt/p03_01.asp?expno=535。

立法院，第九屆第七會期法案評估─警察勤務條例部分條文修正草案，https://www.ly.gov.tw/Pages/Detail.aspx?nodeid=6588&pid=83568。

植根法律網，法規資訊─警察勤務條例，http://www.rootlaw.com.tw/LawContent.aspx?LawID=A040040110002900-0970702。

臺中市政府（2018年8月30日），主管法規查詢系統，臺中市政府警察局勤務實施細則，中市警行字第1070063776號函，2019年3月5日取自：http://lawsearch.taichung.gov.tw/GLRSout/NewsContent.aspx?id=27495。

臺北市政府警察局（2012年1月5日），臺北市政府警察局勤務實施細則，北市警行字第10138036600號函，2019年3月5日取自：http://www.tcpd.gov.tw/tcpd/cht/index.php?act=law&code=view&ids=238。

聯合新聞網（2018年7月12日），北市巡邏箱電子化上線警─三十年來第一次簽表這麼輕鬆，記者蕭雅娟，2019年3月5日取自：https://udn.com/news/story/7320/3248833。

警政署統計室（2015年6月3日），警政統計通報（104年第22週），2019年3月5日取自：
https://www.npa.gov.tw/NPAGip/wSite/public/Attachment/f1432522832540.doc。

二、外文部分

Kelling, George L., Tony Pate, Duane Dieckman, Charles E. Brown, National Police Foundation, The Kansas City Preventive Patrol Experiment-A Summary Report, retrieved March 7, 2019 from https://www.policefoundation.org/publication/the-kansas-city-preventive-patrol-experiment/.

National Police Agency of Japan (2005), The Koban-Police Box and Residential Police Box, pp.5-12. National police Agency of Japan (1992), The Koban, 1992.

National Police Agency of Japan (2018), Community Safety, retrieved March 7, 2019 from https://www.npa.go.jp/english/Police_of_Japan/Police_of_Japan_2018_9.pdf.

Sherman, Lawrence W. (1990), Police Crackdowns: Initial abd Residual Deterence, the University of Chicago Press Journals, Vol. 12 (1990), pp. 1-48, https://www.jstor.org/stable/1147437?seq=1#page_scan_tab_contents.

CHAPTER

5

警察勤務時間

　　我國有關警察勤務時間在臺灣地區之變革其較爲重要者，例如民國 45 年，時任警務處長的樂幹先生爲加強巡邏勤務，乃針對警察勤務活動方式、輪服時間、編配方法加以改進，實施「四八巡守互換制」。又如民國 47 年，時任警務處長郭永參照日本 3 班制勤務，訂定「三班勤務制（適用市鎮）與鄉村勤務制」兩種勤務方式實施。民國 51 年時任警務處長張國彊提出「日新專案」計畫，並分甲、乙兩案試辦：甲案爲撤銷派出所，乙案則爲保留派出所，且僅執行個別勤務，而共同勤務由分局執行，結果均不了了之。另民國 52 年 4 月復訂定改進警察勤務 8 項原則，惟試辦結果又產生困難。民國 81 年元月起，當時之警政署亦曾訂定「警察勤務改進方案」陸續分階段擇地試辦爲期 2 年，即所稱「新勤務制度」或「三班勤務制」，至民國 82 年底試辦期滿。此爲警察勤務時間革新的重要里程碑，後雖然因爲人事更迭與組織配套因素，未能完備的配合而停辦，惟已經立下一個勤務科學研究的良好典範。民國 81 年試辦之新制度，係將員警勤務時間 12 小時（8 小時正常勤務時間和 4 小時超勤時間）合併執行，將單位所有員警分爲 3 個梯次來執行勤務，即每日之 8 時至 20 時 1 個梯次、20 時至 8 時 1 個梯次，另一梯次爲 10 時至 22 時、12 時至 24 時或 14 時至 2 時不等。至最後試辦之檢討中，因機動警力不易控制、業務推展不易、民衆洽公不便、主管考核不周、有風紀疑慮、深夜不易落實等問問題而未實施。

第 一 節　我國警察勤務時間之規範

　　目前有關警察勤務時間之規範，乃依據「警察勤務條例」第四章勤務時間之規定辦理。警察勤務每日勤務時間爲 24 小時，其起迄時間自 0 時起至 24 時止。0 時至 6 時爲深夜勤，18 時至 24 時爲夜勤，餘爲日勤。勤務交接時間，由警察局定之。服勤人員每日勤務以 8 小時爲原則；必要時，得視實際情形酌量延長之。服勤人員每週輪休全日 2 次，遇有臨時事故得停止之；並得視治安狀況需要，在勤務機構待命服勤。前項延長服勤、停止輪休或待命服勤之時間，酌予補假。

　　警察勤務服勤時間之分配，以勤四、息八爲原則，或採其他適合實際需要之時間分配。聯合服勤時間各種勤務方式互換，應視警力及工作量之差異，每

次 2 小時至 4 小時，遇有特殊情形，得縮短或延伸之。但勤區查察時間，得斟酌勞逸情形每日 2 小時至 4 小時。服勤人員每日應有連續 8 小時之睡眠時間，深夜勤務以不超過 4 小時為度。但有特殊任務，得變更之。

其中，有關警察勤務方式之個別勤務之勤區查察的規定，其乃於警勤區內，由警勤區員警執行之，以家戶訪查方式，擔任犯罪預防、為民服務及社會治安調查等任務；至其家戶訪查辦法中有關勤務時間之重要規定，其乃於警察勤務區家戶訪查作業規定之第 14 點作概括式的規範。而其規範則為，勤區查察以家戶訪查方式實施，服勤時間得斟酌勞逸情形，每日編排 2 小時至 4 小時，每月編排 24 小時以上。轄區治安狀況特殊或臨時勤務頻繁地區，得報經警察局同意，調降為 20 小時以上。

另根據內政部警政署中華民國 107 年 10 月 1 日警署行字第 10701455582 號函，函示有關「各級警察機關辦理勤務審核作業規定」修正其第 8 點、第 11 點之規定，並配合停止適用該署民國 102 年 5 月 6 日警署行字第 1020090155 號函之規定（內政部警政署，2018a）。另內政部警政署於中華民國 107 年 10 月 1 日，亦同時以警署行字第 10701455581 號函，修正「各級警察機關辦理勤務審核作業規定」第 8 點、第 11 點規定一份，並自即日生效（內政部警政署，2018b）。其中，修正後之第 11 點各級警察機關辦理勤務審核重點規定如下：

一、勤務執行機構主管應親自編配勤務或由副主管或指定代理人依編配原則，編排勤務分配表。

二、應依據當前治安及交通狀況編配勤務：

（一）針對受理報案及發生案件等資料，分析轄區治安狀況編配勤務。

（二）針對轄區犯罪熱點（人、事、時、地、物）編配勤務。

（三）針對易疏忽之角落、民眾反映之治安死角及治安空隙（含時間、地點），強化勤務作為。

三、勤休時間有無符合下列規定：

（一）勤務方式應視需要互換，使每人普遍輪流服勤。

（二）勤務應力求勞逸平均，動靜工作務使均勻，藉以調節精神體力。

（三）服勤人員每星期輪休全日 2 次，除有臨時事故外，不得停止輪休。

（四）服勤人員每日應有連續 8 小時之睡眠時間。

（五）各勤務機構除值宿之分駐所、派出所或小隊外，每日服勤以 8 小時

為原則：編排 8 小時無法因應需求時，視實際情形編排勤務至 10 小時。但編排 10 小時勤務仍無法因應治安需求時，應由分局長、大隊長及直屬隊長召開座談會，依據轄區治安狀況及警力缺額等因素，研擬需增排之勤務時數；必要時，得於 2 小時以內延長之，並陳報上級列管。座談會以每年召開 1 次為原則，並得依照所屬員警異動情形，增加召開次數。

（六）嚴禁 3 段式以上勤務編排方式。

（七）各單位應避免每日常態性編排連續 12 小時勤務，並逐步增加每人每日 10 小時以內勤務日數。

四、勤前教育時間應註記，流程簡潔並嚴禁編排下班員警參加勤前教育。

五、專案性勤務以不編配為原則，分局、大隊及直屬隊基於特殊因素須執行者，應由分局長、大隊長及直屬隊長親自規劃審核後方得實施，並陳報上級列管。對超過一星期之專案性勤務，規劃單位應每星期檢討 1 次，無實施必要時，應即陳報上級解除列管。

以上乃警政署對於勤務時間規範的原則性規定，其與民國 102 年之原規定之最大差異即在於：「為鼓勵基層員警參與勤務審核作業及修正勤務審核重點項目，爰修正本規定，以符實需。」（內政部警政署，2018c）。例如，第 8 點之修正乃為鼓勵基層員警參與勤務審核作業，增列公開選舉及推薦人員選舉等 2 種產生基層員警代表之方式；若仍無法產生時，再由分局、大隊及直屬隊彙整並審核各內、外勤單位推薦名單，由分局長、大隊長及直屬隊長圈選擔任之，俾臻完備。又其中第 11 點之修正乃為：（一）依警察勤務條例第 15 條第 2 項規定：「服勤人員每日勤務以八小時為原則；必要時，得視實際情形酌量延長之。」；（二）為落實舉行座談會，修正第 3 款第 5 目，明定座談會召開次數；（三）參照警政署民國 100 年 12 月 20 日警署行字第 1000202127 號函、民國 106 年 4 月 21 日警署行字第 10600839362 號函及民國 107 年 7 月 25 日警署行字第 1070120213 號函，為維護員警身心健康，每日勤務時數應按各單位員警增補情形漸進調整（內政部警政署，2018d）。

又根據立法院 2018 年 10 月 11 日印發議案關係文書中說明，其與上述警政署對於勤務時間規定之「各級警察機關辦理勤務審核作業規定」異曲而同工。至立法院之議案中有關勤務時間之修正條文略以：「有鑑於警察勤務條例自民國 97 年最近一次修正以來已逾九年，由於時代進步，社會快速發展，

諸多規範已不合時宜，無法合理因應實際之需求轉變。……再者，現今醫學論證，睡眠時間不固定，長期會損傷身體健康！而警察在值勤時其身體狀況是重要指標，若無良好之體能狀況，不僅值勤時無法擔負重責，甚且可能讓民眾之生命財產發生危害，爰提出『警察勤務條例第 16 條、第 17 條及第 26 條條文修正草案』，針對警察人員之值勤工時分配、勤務編排方式及勤務督導目的重行規定，期能符合時代演進與任務需求。」至其建議修訂之法條重點為：「第 16 條服勤時間之分配，以勤八、息十六為原則，或採其他適合實際需要之時間分配。」以及第 16 條第 4 項：「加班以二小時為原則，超出二小時需提出書面申請，班表以固定三個月為一期為原則。深夜勤得連續排班，但不得連續超過三期。」（立法院，2018a）。足見立法院對於警察勤務時間之規範，亦有從合理與健康之角度，欲進行對於勤務條例有關勤務時間合理化之修訂，期待此修訂能早日完成。

因而警政署對於勤務時間之新規定，才會名之為「各級警察機關辦理勤務審核作業規定」，其意即認為各地區警察機構或者各專業或專屬警察單位，因為有地區與業務之差異，因此根據此原則應該有因地置宜不同勤務時間之排定，因之僅對於各級警察機關之勤務，作「審核之作業」即已足（內政部警政署，2018b）。[1] 故其修正作業規定之目的與精神，乃在鼓勵基層員警多「參與」勤務規劃，以及以「維護員警身心健康」之合理服勤時數為考量重點，今舉數例說明之如下：

一、警察局 21 名員警的某一派出所 2017 年勤務分配表：[2]

　　（一）該所輪番勤務之第一線員警計 18 番（另外尚有正、副派出所主管，替代役男 3 名），分別由番號 1 至 18 擔服大輪番勤務，輪休人員原則為番號 5、6、12、13、17、18 番，若預定輪休天數超過當月應放休假日，則以休假、補休之方式放假，亦可以不放假。

----

[1] 內政部警政署，各級警察機關辦理勤務審核作業規定之第1點規定，內政部警政署為改善勤務編配缺失，促進勤務正常運作，並鼓勵基層員警參與審核，維護同仁身心健康，特訂定本規定。中華民國107年10月1日警署行字第10701455581號函。

[2] 臺灣省某些縣政府警察局之派出所2017、2018年勤務分配表，以此為代表說明一般較大型、或較小型之派出所以及警察局之專屬警察隊，其各自勤務編排大致之狀況，當然因為各地區特性之不同，而必然會有些微之不一樣，特此說明之。

（二）番號上班方式臚列如下：

    1. 1 番：08-16；04-08（擔服備勤勤務 4 小時）。

    2. 2 番：16-04（擔服備勤勤務 4 小時）。

    3. 3 番：12-22（擴大臨檢或其他夜間專案勤務人員）。

    4. 4 番：08-18。

    5. 7 番：08-14；04-08（擔服備勤勤務 4 小時）。

    6. 8 番：18-04（擔服備勤勤務 4 小時）。

    7. 9 番：18-04。

    8. 10 番：12-22（擴大臨檢或其他夜間專案勤務人員）。

    9. 11 番：08-18。

    10. 14 番：08-14；04-08（擔服備勤勤務 4 小時）。

    11. 15 番：18-04（擔服備勤勤務 4 小時）。

    12. 16 番：12-22（擴大臨檢或其他夜間專案勤務人員）。

（三）該所服勤時間僅有 1、2 番勤務人員擔服 12 小時勤務，其餘番號人員皆以 10 小時勤務時間為原則。另外上班前 2 天（番號為：1、2、7、8、14、15）人員當日擔服備勤 4 小時，作為實際處理案件之受理人員。

（四）擴大臨檢擔服人員分別為番號 3、10、16 擔任。白天專案勤務則由放假前之番號人員，如 4、11 番擔任之。

（五）另外除預定輪休人員外，若當日休假人數尚未超過規定時，則 4、11、6 番則可以選擇補休或休假。

二、警察局 11 名員警的某一派出所 2018 年勤務分配表：

（一）該派出所所擔服輪番勤務之第一線員警計 9 番（另外尚有派出所之正、副主管，替代役男 1 名及 2 位協勤之民力），分別番號 1 至 9 擔任大輪番勤務人員，輪休番號人員分別為番號 4、8、9 番，若預定輪休天數超過當月應放休假日，則以休假、補休之方式放假，亦可以不放假。

（二）番號上班方式臚列如下：

    1. 1 番：08-12；00-08。

    2. 2 番：12-24 或 14-24（擔服擴大臨檢勤務人員）。

    3. 3 番：8-18 或 08-20。

    4. 5 番：20-08。

    5. 6 番：12-24 或 14-24（擔服擴大臨檢勤務人員）。

    6. 7 番：08-18 或 08-20。

（三）該所服勤時間有 10 小時亦有 12 小時，視當日勤務狀況而定，另外備勤人員視當日上班人數平均分配之。

（四）另外該所的 1、5 番深夜勤勤務是連上 8 小時。

（五）擴大臨檢擔服人員分別為番號 2、6 擔任。白天專案勤務則由放假前之番號人員，如 3、7 番擔任之。

（六）另外除預定輪休人員外，若當日休假人數尚未超過規定時，則 3、7 番則可以選擇補休或休假。

三、若以某一警察局之婦幼警察隊之勤務規定則以「警察機關婦幼警察隊勤務規劃及編排規定」及民國 99 年之「警署刑防字 0990007655 號函」為輔，將婦幼警察隊勤務分隊之勤務時間及排班規定茲敘述如後：[3]

（一）勤務時間編排原則

    1. 早班起班時間為 8 時。

    2. 晚班起班時間為 20 時。

    3. 每日休 12 小時，例外為 8 或 10 小時。

    4. 勤務時間為 12 小時，輪休前一天為 10 小時。

    5. 以上均為原則，例外則視勤務需求作更改。

（二）若以一個月舉例作說明：

    1. 第 1 個星期為早班：第 1 天至第 4 天均為 8 時至 20 時，第 5 天則為 8 時至 18 時。

    2. 第 2 個星期為晚班：第 1 天為早晚班（8-12 時／24-8 時），第 2 天為 20-8 時，第 3 天為 20-8 時（視情況亦可能於第 3 天跳中班，即 16-2 時），第 4 天為 16-2 時，第 5 天為 10-20 時。

    3. 第 3 個星期為早班：第 1 天至第 4 天均為 8 時至 20 時，第 5 天則為 8 時至 18 時。

----

[3] 臺灣省某些縣市政府警察局之婦幼警察隊勤務之規定。各縣市政府專屬警察隊，其各自勤務之編排，亦必然會因為各地區特性與其專屬任務之不同，而必然會有些微之不一樣，特此說明之。

4. 第 4 個星期爲晚班：第 1 天爲早晚班（8-12 時／24-8 時），第 2 天爲 20-8 時，第 3 天爲 20-8 時（視情況亦可能於第 3 天跳中班，即 16-2 時），第 4 天爲 16-2 時，第 5 天爲 10-20 時。

（三）排班之其他相關規定：

1. 採固定番，3 個月跳番一次。

2. 原則上以 1 個星期早班，1 個星期晚班交互輪替。

3. 原則上每日日勤最少需 3 人上班，每日晚班 2 人，中班 1 人至 2 人，例外得視勤務需求作更改。

4. 深夜勤非有必要不連續超過 3 日。

5. 原則上輪休完第 1 天不得晚班起班，只能以早晚班起班（例外則視勤務需求作更改）。

6. 每日輪（休）假人數不得超過總人數之七分之三。

7. 輪（休）假最多以不超過 4 天爲原則，例外經報准得逾越 4 天。

8. 每日勤務時間爲 24 小時，每班勤務以動靜態輪流服勤爲原則，使勞逸平均。

四、刑事警察勤務編排之基本原則如下（內政部警政署，2016）：

（一）勤務時數編排之原則：

1. 刑案偵查：以 2 小時至 6 小時爲原則。

2. 地區探巡：以 2 小時至 4 小時爲原則。

3. 巡邏：以 2 小時至 4 小時爲原則。

4. 臨檢：以 2 小時至 4 小時爲原則。

5. 專案蒐證：依任務需要編排時數。

6. 犯罪預防：以 2 小時至 4 小時爲原則。

7. 其他專案及臨時派遣勤務：以 2 小時至 4 小時爲原則。

前項因任務或偵查案件須延長編排時數者，該勤務機構主管應陳報分局長、刑事警察（大）隊（大）隊長及少年警察隊隊長。

（二）刑事警察勤務機構值班及備勤勤務編排原則如下：

應綜合考量單位警力、轄區治安狀況及任務需求，並溝通單位同仁意見，採取下列方式編排：

1. 警力人數編制多之單位，採全日分段輪替；警力人數編制少或不充足單位，則採全日專責擔服，在夜間較無事故時段（當日 22

時至翌日 8 時），值班及備勤人員改為待命服勤，使服勤人員有適當之休息時間。

2. 值班、備勤勤務採全日分段輪替者，以全日分二段（連續 12 小時）為原則，除金門縣、福建省連江縣警察局因警力配置及治安狀況得採適當之分段方式外，其他單位因任務特性需求，須採其他分段方式實施者，應函報本署核備。

3. 基於警力因素，值班及備勤勤務採全日專責擔服單位，於深夜處理案件，無適當休息時間者，單位主管應確實調配後續勤務，使執勤人員有完整適當之休息時間。

綜上，我國勤務時間之編排乃依據警察勤務條例以及「各級警察機關辦理勤務審核作業規定」等相關之規範，亦即勤務機構除值宿之分駐所、派出所或小隊外，每日服勤以 8 小時為原則；編排 8 小時無法因應需求時，視實際情形編排勤務至 10 小時。但編排 10 小時勤務仍無法因應治安需求時，應由分局長、大隊長及直屬隊長召開座談會，依據轄區治安狀況及警力缺額等因素，研擬需增排之勤務時數；必要時，得於 2 小時以內延長之，並陳報上級列管（內政部警政署，2018b）。

另外，我國之警察勤務條例之規定為「勤四息八制」，[4] 然而上述之派出所之勤務班（番）次之時間編排，已進入授權基層及依據派出所編制員警多寡，以及專屬警察單位之特性，而因地制宜的調整與編排其之勤務時間，因此我國警察勤務時間編排之規範，應是屬於多元與進步的發展模式。復以，我國警察勤務之種類較英美海洋制度之警察勤務繁多，除了「巡邏」之外尚有其他 5 種勤務及職務協助之勤務工作（傳統所謂協辦業務之工作），至於與同為大陸警察制度之日本等國相比較，我國勤務類型亦較為繁雜，同時我國基層之派出所更要主辦 15 項職權之本職工作，加上傳統上所謂之 100 餘種的協辦業務（法務部；陳明傳，2010：34-39），[5] 因此勤務時間之編排必然更為困難與棘手，

---

4 警察勤務條例第16條第1項規定，服勤時間之分配，以勤四、息八為原則，或採其他適合實際需要之時間分配。

5 法務部，全國法規資料庫，內政部警政署組織法，民國102年8月21日，華總一義字第10200156141號令制定公布；該組織法第二條規定，該署掌理全國性警察業務，並辦理下列事項15項業務。又見陳明傳撰（2010），警察業務專題，中央警察大學印行。需警察機關協助或會辦相關法規規定一覽表（98年3月10日），當時共有需要警察協助事像共121項之多。

故而前述 2018 年警政署之各級警察機關辦理勤務審核作業規定，才特別強調由基層同仁參與勤務時間之編排與審查之工作，其意旨乃在著重「彈性與授權」之勤務時間編排原則的落實。

第 二 節　各國警察勤務時間之規範

基本上全球各國之警察勤務時間之排定均會依據各地不同之環境特性而編排，先進國家之編排雖大都以 3 班制勤務為主，但亦有一定之差異，以下分別引述之。

壹、美國洛杉磯市的勤務時間之編排暨美國警政之相關實證研究

美國警政是個完全地方分權的國家，警察機構根據其司法部之司法統計局的最新資料顯示，美國之聯邦、各州及各地方總共有 15,328 個警察單位（U.S. Department of Justice, Office of Justice Programs, Bureau of Justice Statistics）且互相不隸屬，因此理論上應該有甚多不同之勤務時間的編排方式，然其編排之精神與原則應互有影響與雷同，因此今僅舉洛杉磯市為例說明之，應可了解美國各警察機構編排勤務之基本原則與梗概。

洛杉磯市警察勤務時間之編排雖然每一警察巡邏區部門（Division or Area）均不太相同，但全市警察勤務之編排有以下之基本規範（LAPD）[6]：

第一班：上午班（大夜班），晚上 11 點至清晨 7 點 30 分（Shift #1：AM Watch-11 pm to 7:30 am）

第二班：日班，早上 7 點至下午 3 點 30 分（Shift #2：Day Watch - 7 am to 3:30 pm）

第三班：下午班，下午 3 點至晚 11 點 30 分（Shift #3：PM Watch -3 pm to 11:30 pm）

---

[6] LAPD, Organization Chart，洛杉磯市警察局的巡邏勤務（operation）分為4個分局（bureau），每一個巡邏分局又區分為數個巡邏區（area）。

第四班：日間班（或可稱日班二），上午 10 點至下午 6 點 30 分（Shift #4：
　　　　Mid Day Watch -10 am to 6:30 pm）

第五班：下午間班（或可稱下午班二），下午 6 點至凌晨 2 點 30 分（Shift #5：
　　　　Mid PM Watch - 6 pm to 2:30 am）

　　各班次間有 30 分鐘的重疊，可以讓下班的員警留在現場或勤務基地處理文書資料、紀錄或相關電話，而輪班的員警則可以進行報到及接上勤務。綜上，洛杉磯市警察勤務時間之編排乃是所謂的 5/8 制；也就是說 5 個班次每班 8 小時執勤。然而，用前三班為編排勤務之原則，後兩班僅為補充之規定。為了分配班次的的目的與需要，第四、第五班都包括在主要的前三個班次之中。一旦分配到主要之班次，員警可以指定其對主班次或者補充班次的喜好加以選擇，所以可以根據部門的需要或員警的要求，來排定巡邏之班次與時間。每名員警每一天實際應上班時間至少 8 小時；每名員警一年應工作 261 天；每名員警通常有每 28 天的上班期間可休息 8 天之規定。此外，每名員警應享有 13 天的年休假之假期，由各警察主管酌情核定在該年內之休假。勤務管理單位應在每年 12 月 15 日之前發布下一年度的工作部署之時程表，讓員警能及早因應與準備。該員警之輪休日若碰到國定假日，亦或加班超勤累計後的天數，都必須列為補償性的工作天數；因此當在計算一年內的工作日曆年之 261 個工作日時，必須扣除此天數，亦即應視其為工作日之計算內（LAPD, Department Manuals）。至於，在機動巡邏及交通隊則一班為 12 小時；在刑事單位及專屬警察單位基本上一班為 10 小時，而今已經鮮少有 8 小時一班之勤務（LAPD Shifts/Watches）。而勤務之編排規定及其時間，則由各地區的警察主管根據事先的需要，亦即根據科學性之分析研究，並經過上級的首長之批准之後，而因地制宜的排定。

　　美國之國家生物技術資訊中心（National Center for Biotechnology Information）為一個透過提供獲得生物醫學和基因資訊，來促進科學和健康的研究機構，其曾進行了一個「城市警察的輪班工作與睡眠品質」之實證研究（Shift Work and Sleep Quality Among Urban Police Officers），參與者乃是參加美國紐約州水牛城，受心臟代謝相關的職業影響下的警察人員之壓力的研究（the Buffalo Cardio-Metabolic Occupational Police Stress, BCOPS）。該項研究旨在調查職業壓力源與警察心理和生理健康的關係，共有 710 位在紐約州水牛城工作的員警，被邀請參加此實證研究當作研究之樣本，在 2004 年 6 月 4 日

至 2009 年 10 月 2 日期間，464 名員警占該城 65.4% 的員警，同意參加並接受了實驗與各類必要之身心檢查。該項研究測試員警睡眠品質之良好或者差的結果，乃是使用匹茲堡睡眠品質測量指數（the Pittsburgh Sleep Quality Index, PSQI）之問卷，作爲研究進行的測量指標（Desta Fekedulegn et. al.）。而測量之工作項目則爲 3 個警察輪班之類別，亦即日班、下午班，以及夜班。

上項美國之輪班制度與警察睡眠品質、身心健康等的實證研究之重要結論爲：

一、在目前對員警進行的以警察之工作爲基礎的研究中，從事輪班工作的員警睡眠品質差的情況甚爲普遍。這些發現與先前的研究相當的一致。亦即，夜班導致睡眠品質差的風險最大，因爲夜班人員必須作出一些身心的調整，以補償他們自然生理模式之需求。

二、這項研究增加了大量的相關之知識，亦即關於員警睡眠品質差的普遍程度，以及長期輪班工作與高壓力職業之睡眠品質差，確實有高度的相關。這些發現可能會對身心健康產生影響，其終將導致必須採取干預措施，以便改善輪班工作者的身心健康。減少執法工作之輪班制度產生不好之影響，然而其可能是一項複雜的工作，需要透過決策者、管理人員、研究人員和員警之間的協調和多方面的努力加以解決。

三、建議推行「全方位的疲勞管理改進方案」（Comprehensive fatigue management programs），包括輪班工作對健康和安全的影響教育、提高工作場所干預之警告的措施，以及常見睡眠障礙的檢查等等，均可以大限度地減少輪班工作可能產生的負面影響。此外，了解與輪班工作相關之個人的可忍受性之行爲或生物因素，以及其家庭是否支持的因素，均可以有助於在輪班工作時間安排上，作出最佳之編排與決策。

四、在 Boudreau 等研究者對「健康警察的實驗研究」（a laboratory study of healthy police officers）中（Boudreau Phillipe, 2013）論稱，與「不適應生理時鐘」的員警相比，適應夜班工作的員警有更好的工作表現、警覺性、情緒的管理，以及更好的白天之睡眠品質。其建議未來的研究，可以用更大的樣本數，以及更前瞻性的研究設計，並且考量可能潛在的干擾因子，以便對於員警輪班與身心健康、睡眠品質之相關性，可以提供更深入的了解其影響之路徑。

貳、英國首都倫敦的勤務時間之編排

英國首都倫敦警察的勤務時間是一項 24/7 全年無休的工作，因此一定有夜班與週末輪班的勤務。這份工作的性質也意味著，需要一定的多樣性的工作指派，也就是說員警不能因為正式的工作時間已經到了，就突然停止追捕嫌疑犯。然而，在首都倫敦警察單位工作，員警會被及時告知勤務時間，以便及早提前規劃員警勤休之生活。因為英國首都倫敦警察局，確實努力的在滿足員工的勤務與休息之需求（Metropolitan Police UK）。而根據該局基層同仁的觀察，勤務時間之編排取決於你服務的警察單位，一般三班制之工作時間以 8 小時為原則，有服勤 6 天休 4 天的模式，有服勤 4 天休 2 天的模式，或者服勤 3 天休 3 天的模式不等，端視地區之需要與機關之評估而定（Police Community UK, 2015）。

過去在英國任何地方的警察，大都是服勤 4 天休 2 天，但現在它正在改變中，以便適應每個地區特定的需要。例如，在北約克夏地區的警察（North Yorkshire police）的勤務編排，一般是兩天的早期班次（07:00-15:00），然後是兩天的晚班次（15:00-23:00）和兩天的夜班次（22:00-07:00）。在重新開始新的輪班模式之前有 3 天的休息日。然而勤務時間的規範，只是一個基本的原則與模式，各地區會有很大的差異。員警可以在一定的服務年限之後，申請較為有彈性的勤務時間之輪班模式，然而所有此類之申請，都是以個案加以逐例審議的（North Yorkshire police UK）。

然而，英國內務部的警察研究部門（Home Office Police Department, Police Research Group），主張員警輪班制度對維持治安的效益至關重要，因此必須考量整個的組織效率的要求、對於犯罪和事故的有效掌控，以及警察人員的福祉，亦即員警的社會和心理需求之間取得平衡。亦即，治安效益與員警福祉要同時並重與考慮（Stone et. al.）。

根據英國警察傳統之輪班制度，四個輪班小組分配到 28 天的工作時間之內，每個輪班的小組輪流工作 8 小時，亦即 7 天輪夜班（night shift, 22:00-06:00）、7 天輪晚班（late shift, 14:00-22:00），以及 7 天輪早班（early, 06:00-14:00）。從理論上講，在 28 天的服勤期間中，總共有了 7 個休息日，這些休息日在這 7 天期間之間穿插編排，亦即 2 到 3 天休息 1 天。該排班系統如表 5-1 所示：

表 5-1　英國警察傳統之輪班制度

日期 ＼ 組別	第一組 輪班員警	第二組 輪班員警	第三組 輪班員警	第四組 輪班員警
週一	夜班	休	晚班	早班
週二	夜班	休	晚班	早班
週三	夜班	晚班	休	早班
週四	夜班	晚班	休	早班
週五	夜班	晚班	早班	休
週六	夜班	晚班	早班	休
週日	夜班	晚班	早班	休
週一	休	晚班	早班	夜班
週二	休	晚班	早班	夜班
週三	晚班	休	早班	夜班
週四	晚班	休	早班	夜班
週五	晚班	早班	休	夜班
週六	晚班	早班	休	夜班
週日	晚班	早班	休	夜班
週一	晚班	早班	夜班	休
週二	晚班	早班	夜班	休
週三	休	早班	夜班	晚班
週四	休	早班	夜班	晚班
週五	早班	休	夜班	晚班
週六	早班	休	夜班	晚班
週日	早班	休	夜班	晚班
週一	早班	夜班	休	晚班
週二	早班	夜班	休	晚班
週三	早班	夜班	晚班	休
週四	早班	夜班	晚班	休
週五	休	夜班	晚班	早班
週六	休	夜班	晚班	早班
週日	休	夜班	晚班	早班

說明：早班：06:00-14:00；夜班：14:00-20:00；晚班：22:00-06:00；休＝輪休

多年來，英國警政單位對於上述的勤務編排模式進行了小幅度的修正。例如一些員警抱怨，夜間和晚班之間的休息日，被難予調整的睡眠模式所影響，並且表示期望於兩班晚班之後編排為夜班之工作。因而，在排班系統中引入下列之改變，如表 5-2 所示。此修正確實能使睡眠的模式更自然的轉變，但也產生了制度改變太大之批評，因此此種變革仍然不受歡迎。因而，前述英國傳統勤務時間之編排制度，在警察管理階層中，仍然得到了廣泛的採行，而很多的英國警察機構仍以傳統的勤務時間編排，如表 5-1 所示來運作之。因為其已經被納入員警工作時間的相關法規之中，亦即只允許最多工作 8 小時的勤務工作之保障規定，有助於其推行的長久與穩定性，以及不易於被修正與變革（Stone et. al., Foreword）。然而，表 5-2 曾經修正過的排班表與傳統排班不同，其除了欲達到調整睡眠模式，即生理時鐘的健康考量之外，表 5-2 曾經修正之排班制度，仍然是適用於所有員警，只是起始的週別有先後之編排不同而已。因而其較有彈性，亦即較不強調如表 5-1 的分為 4 種組別之編排勤務模式。

表 5-2　英國警察曾經修正之輪班制度

週別＼日期	週一	週二	週三	週四	週五	週六	週日
第一週	夜班	夜班	夜班	夜班	夜班	夜班	夜班
第二週	晚班*	晚班	休	休	早班	早班	早班
第三週	休	休	晚班	晚班	晚班	晚班	晚班
第四週	早班*	早班	早班	早班	休	休	休

說明：早班：06:00-14:00；夜班：14:00-20:00；晚班：22:00-06:00；休＝輪休
早班*、晚班*＝代表經修正的勤務時間編排後，該班次較能快速調整生理時鐘

至於英國各地區警察單位實務上的勤務編排狀況，在此僅舉倫敦北邊之羅森貝兒郡的警察勤務編排為例（Northumbria Police Shift Patterns）如表 5-3、表 5-4、表 5-5（Northumbria Police UK），以說明英國警察三班制勤務編排的雷同處，但不一樣任務之警察單位，亦會有略為不同的編排模式。表 5-3 是標準的機動反應的巡邏編排模式（Standard Response Shift Pattern），基本上是以工作 4 天休息 3 天為原則，或者工作 3 天休息 2 天。早班是 07:00-15:00 或者 07:00-16:00 或者 07:00-17:00；夜班是 14:00-24:00；晚班是 16:00-02:00 或

者 17:00-03:00 或者 22:00-07:00；週日的早班則有提早至下午 3 點或 4 點下班之規定，比其他週間日期提早 1 至 2 小時的下班之寬容時間。其應該是讓員警週日有休息返家機會的人性化調整。表 5-4 是社區警政的巡邏編排模式（Neighbourhood Beat Manager Shift Pattern），早班是 07:00-17:00；夜班是 14:00-24:00；表示新的社區警察之工作，乃以白天或者深夜之前之勤務為主，其乃為了於該段時間，讓員警方便與社區及其民眾互動的勤務安排。表 5-5 是刑事警察勤務編排模式（Detective Shift Pattern），早班是 07:00-17:00；夜班是 14:00-23:00 或者 15:00-24:00，其乃為了刑事偵查必須針對刑案之偵破之特殊考量，而據以排定之刑事警察的勤務模式。以上乃為英國警察較為重要的外勤工作的勤務模式，至於其他特殊之外勤工作，亦有類似之規範，於此不再贅述。

表 5-3 標準的機動反應的巡邏編排模式（Standard Response Shift Pattern）

員警 \ 日期	週一	週二	週三	週四	週五	週六	週日
Officer A	22:00-07:00	22:00-07:00	22:00-07:00	22:00-07:00	休	休	休
Officer B	14:00-24:00	14:00-24:00	14:00-24:00	休	休	07:00-17:00	07:00-15:00
Officer C	07:00-17:00	07:00-17:00	休	休	22:00-07:00	22:00-07:00	22:00-07:00
Officer D	休	休	休	14:00-24:00	16:00-02:00	16:00-02:00	14:00-24:00
Officer E	休	休	07:00-17:00	07:00-17:00	07:00-17:00	休	休
Officer F	22:00-07:00	22:00-07:00	22:00-07:00	22:00-07:00	休	休	休
Officer G	14:00-24:00	14:00-24:00	14:00-24:00	休	休	07:00-17:00	07:00-16:00
Officer H	07:00-17:00	07:00-16:00	休	休	22:00-07:00	22:00-07:00	22:00-07:00
Officer I	休	休	休	14:00-24:00	17:00-03:00	17:00-03:00	14:00-24:00
Officer J	休	休	07:00-17:00	07:00-17:00	07:00-17:00	休	休

說明：早班：07:00-15:00或者07:00-16:00或者07:00-17:00；夜班：14:00-24:00；晚班：16:00-02:00
或者17:00-03:00或者22:00-07:00；休＝輪休

表5-4 社區警政的巡邏編排模式（Neighbourhood Beat Manager Shift Pattern）

日期 員警	週一	週二	週三	週四	週五	週六	週日
Officer A	07:00-17:00	07:00-17:00	14:00-24:00	14:00-24:00	休	休	休
Officer B	14:00-24:00	14:00-24:00	14:00-24:00	休	休	07:00-17:00	07:00-17:00
Officer C	14:00-24:00	14:00-24:00	休	休	14:00-24:00	14:00-24:00	14:00-24:00
Officer D	休	休	07:00-17:00	07:00-17:00	14:00-24:00	14:00-24:00	14:00-24:00
Officer E	休	休	07:00-17:00	07:00-17:00	07:00-17:00	休	休

說明：早班：07:00-17:00；夜班：14:00-24:00；休＝輪休

表5-5 刑事警察勤務編排模式（Detective shift pattern）

日期 刑警	週一	週二	週三	週四	週五	週六	週日
Detective A	07:00-17:00	07:00-17:00	07:00-17:00	休	休	07:00-17:00	07:00-17:00
Detective B	07:00-17:00	07:00-17:00	休	休	15:00-24:00	15:00-24:00	15:00-24:00
Detective C	14:00-23:00	休	休	07:00-17:00	07:00-17:00	07:00-17:00	07:00-17:00
Detective D	休	休	07:00-17:00	07:00-17:00	07:00-17:00	休	休
Detective E	14:00-23:00	14:00-23:00	14:00-23:00	14:00-23:00	休	休	休

說明：早班：07:00-17:00；夜班：14:00-23:00或者15:00-24:00；休＝輪休

　　至於英國內務部（Home Office）亦曾經於 1992 年，以排班制度之改革，來進行一個渥太華輪班制度與傳統輪班制度之比較研究，其研究發現有以下之結論：

一、就經費而言，沒有確鑿的證據顯示新的所謂渥太華輪班制度（Ottawa shift system）[7] 能帶給警察機關帶來任何明顯的效益，也沒有證據表明它在任何

---

[7] 所謂之渥太華輪班制度，為英國警察傳統上皆採用24小時不間斷的輪班制度，而後亦曾開始於1989年3月在英國的漢普郡警察局（Hampshire Constabulary）嘗試欲改革並試驗此俗稱之「渥太華輪班制度」。但顧名思義，這一新的輪班系統最早是加拿大警方在渥太華使用的。它包括一種35天的工作模式（以5週為一週期的輪班制），而區分為5個組別輪班的群組。白天分為10小時的白班、10個小時的下午班和8個半小時的夜班。欲藉此輪班以便壓縮工作的時間，來抒解員警之工作壓力。如此一年可以多出42天的輪休，而且日、夜班別之更換也較快速，亦較符合生理時鐘之轉換。

方面都能提高了警務的工作效率。此外，研究並不能證明此種渥太華輪班制度，能提供更好的資源與工作要求的滿足。事實上在這一新制度下，有人對渥太華制度是否能滿足緊急事件處理，或者非巡邏職能工作的要求表示懷疑。一些管理人員還認為，渥太華制度過分強調了員警的勤休正常合理與其福利之要求，因此認為選擇更適當的輪班制度的責任，應該下放授權給各地區之機構來作抉擇。

二、就對於員警的影響而言，在幾乎所有的員警之勤休影響因素上，隨著輪班模式的改變，此渥太華輪班制度之「實驗組」的員警，其工作和生活方面都有所改善。對照依據原來傳統之 24 小時輪班制度的「對照組」之員警，則對照組勤休之滿意度也有下降之趨勢，表示在滿意度上實驗組較佳。這一發現與其他機構進行的研究大體一致。

因此，根據以上之研究英國內務部遂建議，員警的輪班時間應規定為所有輪班時間應為 8 小時，最多只能延長為 10 小時；在特殊情況下輪班時間則亦可能會延長到 10 小時以上。然而應採取保障措施，確保工作時間較長的員警在輪班之間有足夠的休息時間。此外，應限制不宜在任何連續輪班期間或任何輪班週期中，再要求該員警加班服勤。其次，目前英國員警服勤相關之規範，要求每年必須公布服勤之排班規定。該研究建議應繼續提前每年公布服勤之排班規定，但在該年內若有任何更新的排班規定，則必須隨時即時公告，以便員警適應該項之變更。因而，勤務之編排必須提前 1 個月發給所有同仁。在公布此一服勤排班規定之前，管理階層應對於服勤日的輪班作出合理的變更，而不需要再與該員警協商。但若是對於該員警之休息日進行修改時，則必須徵詢該員警的意見之後，才能更動其休息日，然而管理階層若因緊急情況而不得不進行修改時，則為例外（Stone et. al., pp.1-5、15-27）。

上述之英國內務部勤務時間的研究的第 2 項建議中，則是有關排班的模式（shift patterns）。其進一步之建議為，應設立一個國家級的研究團隊，以便長期並且即時的確認，並評定所有警察部門使用的員警輪班模式。這個研究團隊應包括各單位的員警代表，而這些員警的代表，都應充分熟悉相關的規章以及實務上的排班狀況。

然而作為英國警察機關的管理機構，也會盡一切努力確保勤務編排能夠平衡員警的個人和警察職業的勤休生活。雖然警察經常是緊急事件的處理人員，這意味著外勤的員警會被要求一定數量的工作安排，其中包括晚上、週末和假

日。然而，例如倫敦首都警察局的管理階層，會儘量調適每位員警的個人、家庭和宗教需求之滿足。因此，作爲一名倫敦首都警察局的員警，將會有機會參加豐富的體育和社會活動，在很多情況下員警的家人也可以參加這些活動。此類社會活動提供了一個多元活潑的方式，來享受每位員警的業餘生涯，並保持健美的體態。而其活動包括有將近 50 個不同的體育和社會協會，提供從擊劍、武術到登山和賽車運動等之活動，員警甚至可以學習飛行、航行、潛水或者滑雪等等。同時亦愼重的考慮員警的個人、宗教和文化之需求，以便員警能夠將其警察之工作與個人之需求能夠相互的調適與融合（Metropolitan Police UK）。

參、日本的勤務時間之編排

截至 2016 年止日本全國警察總人數達到約 295,700 人（National Police Agency, Police of Japan 2017）。全國各地的警察分局、派出所和駐在所（chuczaisho）約有 42,700 輛警車。日本約有 6,300 個派出所和 6,400 個駐在所。派出所和駐在所的存在乃爲了提供居民一種安心的感覺。此派出所之制度在全世界引起了極大的關注，事實上新加坡和印尼及中華民國等國家都引進了日本式的派出所之制度。派出所和駐在所員警乃透過鄰里之巡邏和例行的家互訪查，與市民保持著密切的聯繫。他們的勤務透過預防犯罪、逮捕犯罪嫌疑人、管制交通、提供少年指導、保護走失的兒童和酒醉者，以及向有疑難的公民提供諮詢，以便確保社區的安全。至於派出所及駐在所的勤務則分爲下列社區警政勤務（Community Police Activities）及社區警察的機動巡邏（Mobile Units of Community Police）兩大類。

一、社區警政勤務的勤務活動則包括以下 5 種勤務活動

（一）派出所前之守望（Vigilance at the Koban）：乃是在派出所或駐在所的警戒行動，其通常是站在駐地前面或坐在裡面，使員警能夠立即對任何事件作出反應。

（二）巡邏（Patrol）：乃派出所或駐在所的員警步行、騎自行車或者以車輛巡邏，以便打擊和降低犯罪。在巡邏時員警詢問可疑之人、警告高犯罪率地區的公民、提供少年指導，或者保護走失的兒童和酒醉者。

（三）例行性的訪查家戶或工作場所（Routine Visits to Homes and Workplaces）：派出所或駐在所的員警，定期走訪家戶和工作場所。在這些訪問期間，他們即執行預防犯罪的宣導並且聽取居民的意見。他們還探詢家庭組成狀況，以及如何在可能的緊急狀況中與居民聯繫的方法。

（四）提供市民諮詢服務（Consultation Services for Citizens）：在相關警察行政部門設立一般諮詢服務處，使派出所員警能夠對民眾的諮詢，作出迅速和確切的回應。警方根據諮詢內容也可以與有關部門合作採取必要措施，以便減輕尋求諮詢人士的憂慮，包括向相關民眾發出警告或者拘捕有關的犯罪嫌疑人等。

（五）分駐（派出）所的治安聯絡委員會「Koban（Chuzaisho）Liaison Council」：日本全國約有 12, 000 個分駐（派出）所的治安聯絡委員會。每個委員會由來自各行各業的社區居民所組成。該委員會成員發表意見、提出要求，並與警方研究和討論社區問題，以促進社區之安全。

二、社區警察的機動巡邏的勤務活動

在日本的都、道、府、縣的警察局、分局、派出所、駐在所等，都部署及配備無線電的巡邏車。員警將其用於例行性的巡邏和緊急事故的處理。這些汽車與他們所隸屬的警察局和分局的勤務指揮中心保持無線電的聯繫。在勤務指揮中心接到 110 緊急情況報案時，此種快速反應的機動警力，能迅速解決此類事故，並且能發揮一定之作用。此外，有些社區警察單位（派出所、駐在所等）亦部署有船隻或直升機（National Police Agency, Police of Japan 2017, COMMUNITY SAFETY-1 Community Police）。

日本警察部署在派出所駐在所的警力，從 2001 年的 45,160 人增加到 2007 年的 55,435 人。負責治安聯絡委員會的輔導員，是部署在派出所與駐在所的文職人員，其乃負責除了執法以外的治安諮詢與聯絡的工作。隨著派出所員警活動的增加，社區員警破獲的犯罪數量也有所增加。此外，刑案之犯罪數量也同時減少（Kanayama）。

日本各地的警察局將其分局劃分為數個受持區，派出所乃是由分局地域課每日分配到各個受持區（類似我國警勤區）員警執勤的基地。截至 2017 年 11 月 1 日止，東京共有 826 個派出所。在派出所員警 24 小時輪班工作，通過各種服務以確保民眾的安全，其勤務包括：(一) 對報案事件和事故的回應；(二)

給予問路之諮詢；（三）遺失物品的處理；（四）給予安全與其他相關問題提供建議；（五）巡邏轄區；（六）家戶的訪問（東京都警視廳）。

鄭善印等學者曾於 1992 年 1 月，前往日本東京都考察其警察派出所之勤務時間分配方式（鄭善印，2011：1-22）。日本東京都（其他縣市亦同）之派出所與我國派出所不同，性質上僅可以稱為是一個服勤的據點，而非如我國派出所是一個獨立的勤務機構。於 1992 年當時所有服派出所勤務的員警，均隸屬分局的巡邏課，由巡邏課長統一調度，該巡邏課於 1996 年改稱為地域課；亦即分局轄內所有派出所的員警，編制上屬巡邏課（現稱為地域課），而非各自獨立的。地域（巡邏）課員警人數通常約占分局總員警數的一半。服勤時，員警先到分局領妥應勤裝備，派出所並無裝備，所有裝備都屬分局地域課；然後，再分赴各派出所執行勤務。因此，派出所等於是一個為民服務、交通整理及先期處理案件的守望崗哨，分別由地域課的各股派遣員警前往值勤，派出所雖不提供住宿，但員警可在派出所小憩。派出所勤務以「班」為單位，一班數人，由各班輪流服勤，每班設一班長，通常由巡查部長（約如我國巡佐）擔任。合數個派出所設 1 所長，由警部補（約如我國巡官）擔任。其勤務時間之分配方式，在東京都採四輪番制（與三班制同為輪班之模式之一種），在其他縣則採三輪番制（勤 2 日休 1 日），若為人數較少之派出所，則採二輪番制（勤 1 日休 2 日）等等，各地區因地制宜而有些許不同。在此略述之如下：

一、東京都的四輪番勤務制

四輪番勤務採日勤（在分局）、一當番（派出所服勤）、二當番（派出所服勤）、非番（輪休）方式輪流往復執行，每班服勤時之勤務方式（如守望、值班、巡邏等）各有不同。若每班勤務人數為 3 人，則該派出所之所有值勤人數即有 12 人，受持區（警勤區）亦有 12 個。一當番及二當番之勤務編排在派出所，二當番的夜間勤務通常會增加警力。而一當番與二當番的交接，約有 2 小時的重疊時間，通常一當番下勤務後，會返回分局作約 1 小時的體能訓練，或者練習柔道及劍道。二當番勤務編排有數小時的休憩時間，尤其在深夜可於派出所小睡 4 小時，此點對於值勤人員之體力，可作相當之調劑。日勤勤務則係將人員編排置於分局，部分日勤勤務亦編排輪休，以彌補平常的超勤時數，同時日勤勤務若遇例假日亦比照休息，因此常可合併非番，而有連續 2 日之休息時間。總計服勤時數每週在 42 小時內，若超勤則有加班費，每月超勤約

20-30 小時。茲將四輪番勤務制之勤務時間表以及勤務輪替表，臚列於表 5-6、表 5-7：

表 5-6　東京都四輪番勤務時間表

勤務區分	日勤 (在分局)	第一當番 (派出所)	第二當番 (派出所)	非番
到勤時間	09:00	08:00	15:00	10:00以後
退勤時間	17:15	17:15	翌10:00	

表 5-7　東京都四輪番勤務輪替表

勤務日期	日勤 (在分局)	第一當番 (派出所)	第二當番 (派出所)	非番
第一天	第1班	第2班	第3班	第4班
第二天	第4班	第1班	第2班	第3班
第三天	第3班	第4班	第1班	第2班
第四天	第2班	第3班	第4班	第1班
第五天	第1班	第2班	第3班	第4班

表 5-7 每班勤務人數編組為 3 人，輪流之勤務則包括：巡邏、巡迴聯絡、守望、值班、在所以及特別勤務與非番的輪休等勤務。

二、其他縣市的三輪番制

三輪番制採日勤、當番、非番方式往復執行，其時間分配如表 5-8。全日本除東京都外，大多數警察局採此勤務時間編排方式。

表 5-8　日本其他縣市三輪番制勤務表

勤務區分	日勤 (在分局)	當番 (派出所)	非番
到勤時間	09:00	08:30	10:00以後
退勤時間	17:15	翌10:00	

第三節　警察勤務時間之相關議題

壹、勤務時間編排（24/7）與勤務效率

誠如前述英國警察之所述，英國首都倫敦警察的勤務時間是一項 24/7 全年無休的工作。這份工作的性質不論是海洋派或大陸派警察制度之國家，也都是意味著需要一定的多樣性之工作指派，也就是說員警不能因為正式的工作時間已經到了，就突然停止追捕嫌疑人，同時必須是 24 小時全年無休的為社區與民眾提供安全的服務。然而英國內務部亦曾經於 1992 年，以警察勤務排班制度之改革，來進行一個實證性之比較研究，其研究發現有以下之結論：就經費而言，沒有確鑿的證據表明新的所謂之渥太華輪班制度能帶來了任何明顯的效益，也沒有證據表明它在任何方面，能提高警務工作效率。事實上在這一新制度下，有人對渥太華制度是否有能力滿足緊急事件處理，或者非巡邏職能工作的要求表示懷疑。所以問題可能不在時間的編排這麼單一的因素之上，或者不一定要如傳統之勤務編排方式一般，亦即兵疲馬困式的 24 小時不免不休的執行勤務，才足以提高治安的效率。其中，例如前述國土安全警政或者問題導向警政之中，所謂之情資之蒐集與研判分析，並據此情資作更為有效相對的勤務時間的對應安排，就成為比勤務時間編排更為重要的因素。對於勤務時間與提高勤務效率之相關性，則後續勤務規劃理論之諸多理論，均可成為提高效率之更佳策略，其中本書前述大數據警政之運用，將會是其中更好的選擇。

貳、勤務時間編排與勤休正常暨身心健康

前述英國警察勤務時間之研究顯示，一些管理階層仍然認為渥太華制度過分強調了員警的勤休正常合理與其福利之要求，因此認為選擇更適當的輪班制度的責任，應該下放授權給各地區之機構，來作更為彈性之抉擇。該項英國之實證研究顯示，對於員警的影響而言，幾乎所有的員警之勤休影響因素上，隨著輪班模式的改變，對於員警的工作和生活方式都有所改善。這一發現與其他機構進行的研究大體一致。至於有關排班的模式（shift patterns），其之建議為應設立一個國家級的研究團隊，以便長期且即時的確認及評定，所有警察部門使用的員警輪班模式，而這個研究團隊應包括各單位的員警代表。復以，英

國警察機關的管理機構，也會盡一切努力，確保勤務編排能夠平衡員警的個人和警察職業的勤休生活。

另外，前述之美國之國家生物技術資訊中心（National Center for Biotechnology Information），亦曾進行了一個「城市警察的輪班工作與睡眠品質」之實證研究，其重要研究發現為：（一）在目前對員警進行的以警察之工作為基礎的研究中，從事輪班工作的員警，其睡眠品質差的情況甚為普遍；（二）這項研究顯示關於員警睡眠品質差的普遍程度，以及長期輪班工作與高壓力職業之睡眠品質差，確實有高度的相關。這些發現可能會對未來產生影響，其終將導致必須採取干預措施，以便改善輪班工作者的身心健康；（三）建議推行「全方位的疲勞管理改進方案」，包括輪班工作對健康和安全的影響教育、提高工作場所干預之警覺性的措施，以及常見睡眠障礙的檢查等等，均可以大限度地減少輪班工作可能產生的負面影響；（四）該研究者對「健康警察的實驗研究」中論稱，與「不適應生理時鐘」的員警相比，適應夜班工作的員警有更好的工作表現、警覺性、情緒的管理，以及更加的白天睡眠品質。

長庚醫院醫師吳耀光，在一篇「日夜輪班引起的睡眠障礙」短文中指出：「對於日夜輪班工作引起的適應問題，不應只是視為單純生物時鐘的改變，它有時會引起包括生理及心理上各種問題。因輪班工作造成適應障礙，主要牽涉到兩個因素：（一）個別的差異：例如年紀較大、家庭負擔較為沉重的人或習慣早起者，比較會有適應上的問題；（二）工作環境的良窳：例如晚班超過12小時、早班在清晨7點之前開始，或是日夜班輪替時、休息時間不足，也會造成調適的障礙。」而影響適應問題的因素中，生理週期因素是最重要的關鍵因素，主要的問題在一般人的生理時鐘無法迅速調整，以順應工作時間的轉換。另一項對於航空管制員「晚間值班的醫學效應」之研究更指出：「年齡是影響睡眠最明顯的例證。生理時鐘隨著年齡增加而失去彈性。年紀較大的個體的24小時的週期較早。根據研究指出輪班的睡眠障礙，在40-50歲開始增加，注意力不夠集中，表現能力改變，因此藉著年歲漸增，而提供較不吃力的工作應該是可以改善其狀況的」（鄭善印，2011：1-22）。

綜上各個實證之研究均得到一個類似之結論，亦即生理時鐘確實會受到輪班制度之影響，而年紀越長則影響越鉅。其解決之方案則或可如前述美國警政推行之「全方位的疲勞管理改進方案」，包括輪班工作對健康和安全的影響教育、提高工作場所干預之警覺性的措施，以及睡眠障礙的檢查等等，均可以大

限度地減少輪班工作可能產生的負面影響。抑或如英國警政之編排勤務時間之改革，或者我國警政於 2018 年新修訂之「各級警察機關辦理勤務審核作業規定」等等案例，以下列之方法來作勤務時間編排之革新：（一）合理的勤務編排能夠平衡員警的個人和警察職業的勤休生活；（二）開放基層代表有參與勤務時間規範評估之機會；（三）採取保障措施，確保工作時間較長的員警在輪班之間有足夠的休息時間；（四）為維護員警身心健康，每日勤務時數應按各單位員警增補情形漸進調整，並且嚴禁三段式以上勤務編排方式，亦即不宜將勤務時間切割成勤、休互相間隔的三段式以上之編排，至影響員警之休息與生理時鐘，亦即要有連續的值勤或者充足的休息時間。以上種種改革之措施，僅為觀念之提出，至於具體可行之作為，則必須以個案之研究，與因地制宜之措施加以評估與制定。

然而，於 2018 年 10 月立法委員曾提案修正警察勤務條例（立法院，2018b），稱「有鑑於警察勤務條例自民國 97 年最近一次修正以來已逾九年，由於時代進步，社會快速發展，諸多規範已不合時宜，無法合理因應實際之需求轉變。例如，勞動基準法與公務員服務法規定之例假，雖皆名為「例假」，但意涵則完全不同：公務員雖有例假 2 日之規定，但毋須任何前提要件，皆可能因任務需要而被召回出勤；然而勞動基準法規定之例假，除非有重大之天災、事變或突發事件，絕對禁止勞工出勤。再者，現今醫學論證，睡眠時間不固定，長期會損傷身體健康！而警察在值勤時其身體狀況是重要指標，若無良好之體能狀況，不僅值勤時無法擔負重責，甚且可能讓民眾之生命財產發生危害，爰提出「警察勤務條例第 16 條、第 17 條及第 26 條條文修正草案」，針對警察人員之值勤工時分配、勤務編排方式及勤務督導目的重行規定，期能符合時代演進與任務需求。」至其修正之重點為：（一）為符合人體生理之需求，讓值勤者獲得連續休息之睡眠時間，以勤 8 休 16 為原則，並刪除深夜勤不超過 4 小時之規定；（二）班表固定以 3 個月為一期為原則。深夜勤得連續排班，但不得連續超過三期；（三）值宿規定，10 人以下之單位，夜間值班得以值宿。其即朝較為人性化的勤休編排方式發展，吾等樂觀其成，並期能早日修正完竣。又 2019 年 2 月 24 日有新聞報導稱，略以：「過往由於警力不足，員警需常態性每天服勤 12 小時，雖有超勤津貼補助，但長久下來，高工時幾乎壓垮了警察身心；政府這三年大量撥補警力，幾已近滿編，警政署長陳家欽從去年底走訪各單位，聆聽基層聲音，綜合意見後，制定全新勤務編排規定：未來

每日服勤將以 8 小時為原則，無法因應需求時，以 10 小時為度，或以週休 2 日，每週合計 50 小時以下作為勤務時數管制。」（姚岳宏，2019）至於前述之內政部警政署 2018 年新修定之各級警察機關辦理勤務審核作業規定中，有關勤休時間之規定，則為應嚴禁三段式以上勤務編排方式，以及各單位應避免每日常態性編排連續 12 小時勤務，並逐步增加每人每日 10 小時以內勤務日數等等之規定，亦均為勤務合理化編排的進步作法，值得賡續的研究，並且不斷的革新基層員警工時的問題。

參、勤務時間編排與治安策略之關係

治安策略或謂刑事司法模式（Criminal Justice Model），基本上可大略區分為強調實質正義之犯罪控制（Substantial Justice; Crime Control Model）與同時並重程序正義之模式（Procedural Justice; Due Process Model）兩類。前者強調窮盡一切刑事司法之功能與方法，以便發現犯罪之事實，因此就易於運用高密度巡邏之模式，以便對於民眾之報案能快速的回應（Reactive Stance & Fast Response），並藉此而提升破案率。此模式就易流於以偵查為主之治安策略運作模式，那麼高密度的排班模式便成為必備之條件。至於程序正義之治安策略，則較易於重視程序的重要性，因此證據的蒐集方式與證據力的強弱，遂成為治安維護時必須重視的價值與規範，因之就會較以預防與機先預警之模式（Proactive Stance & Crime Prevention Model）（Adams, 2007: 41-43）來處理治安或犯罪之問題。此種同時注重預防犯罪之功能之模式，就較自然的會以情資之研判，來制敵機先式的編排勤務班次，而較不會強調以偵查與破案為主，因此高密度之巡邏就不會成為主要之勤務策略。此正如孫子兵法第一篇始計篇中所謂之：「夫未戰而廟算勝者，得算多也；未戰而廟算不勝者，得算少也。多算勝，少算不勝，而況無算乎！吾以此觀之，勝負見矣。」因此機先預警之模式之勤務部署模式，誠然與孫子之言有異曲同工之妙矣！其中前述之問題導向警政、社區警政與國土安全警政強調警民合作之預警機先的預防模式，以及各國警政所謂之差別回應報案之篩選案件之管理模式（Case Screening and Case Management Model）（what-when-how in Depth Tutorials and Information），均為此類模式的最佳案例，也是解決勤務時間編排的困境之另一較佳替代思維。也就是說，根據民眾報案之案件性質以及地區、發生之頻率等因素，來決定勤

務派遣之優先順序、型態、時段與巡邏路線等勤務之部署與管理；如此編排勤務則較為科學與有效率。亦即，有些案件必須快速到達現場處理，有些案件則可以線上電話或以網路諮詢加以處置，或者約定時間延後前往處理之。以上皆是以案件之性質加以管理與判定勤務之時間編排，若然則可以將有限的警力投入必要與緊急性的勤務之上，使得勤務效率提升，勤務時間之編排與員警之勤、休也能更為有效的運用與管理。至於前述之資訊統計管理之警政管理與情資導向之警政策略，更是可以運用的勤務部署與時間編排的新策略與模式。

肆、勤務時間編排與勤務規劃理論之相關性

本書第十章所述之警察勤務之規劃理論中，有提高偵查效率之新策略與強調事前預防之新勤務作為。不論是偵查或者預防之策略，均可跳脫傳統之不眠不休的 24/7 的勤務時間編排之思維與侷限，而以更多元、寬廣之策略來處理社區安寧之議題。例如，於勤區訪問的勤務執行時，能與社區之民眾有社區聯防機制之形成，則可以藉助民力而建置情境犯罪預防理論中之各種預防犯罪之措施（Situational Crime Preventuion），若然則犯罪發生率可以更有效的控制，勤務之編排就不需要太強調高密度與不間斷的勤務部署了。亦即，以犯罪之預防與犯罪發生熱點之鎖定，可以發展聰明的警察勤務策略，即將有限的警力與勤務時間作最適宜的編排，可節省一些可能成為無效警力時間之安排，而運用到較有效益的勤務活動之上。如此的多元運用，則後述篇章之中各類之勤務規劃理論，即可以機先式的有效維護社區的安寧秩序，同時員警之勤、休與身心之健康也因為勤務效率的提升而更能確保。又例如，可以發展實境與虛擬勤務，透過雲端、網路、大數據警政模式，或者新的勤務科技工具（CCTV 等）作巧妙的整合，不但能更為經濟與有效的維護社會治安，同時亦能間接的促使員警勤休與生理時鐘更正常的發展。

伍、勤務時間編排與超勤津貼

依「警察機關外勤員警超勤加班費核發要點」規定，每人每月超勤加班費於 100 小時、17,000 元範圍內核實發給（內政部警政署人事室）。又依據該警察機關外勤員警超勤加班費核發要點之規定（內政部警政署，2018e：

1700），其要點 5 超勤加班費支給標準：（一）每小時支給標準，按行政院核定加班費標準辦理；（二）每人每月最高超勤時數以 100 小時為上限；最高金額以經權責機關核定之標準發給。其要點 8 本案所需經費依各單位預算程序，按年度編列預算支應。

又根據前述之員警超勤加班費核發要點 6 之規定，超勤時數之核計如下：

一、有下列情形之一者，為超勤：

（一）依勤務分配表輪服勤區查察、巡邏、臨檢、守望、值班、備勤等勤務，超過 8 小時之時數。

（二）非依勤務分配表輪服勤務之員警，以在規定辦公時間外，實際執行或督導勤務之時數。

（三）實際執行或督導勤務之各級正副主官（管），以在規定辦公時間外實際督導勤務或帶班執行勤務之時數。

二、每人每日支給超勤加班費時數，除遇有特殊情形經機關主官核定外，不超過 4 小時。但下列情形得按實際超勤時數核支：

（一）因特殊狀況經核定停止輪休者。

（二）放假之國定紀念日、民俗節日、其他放假日、停止辦公日服勤者。

（三）執勤中因特殊狀況奉命延長服勤時間處理治安、交通等事故者。

三、超勤時數以小時計。未滿 1 小時者不計，不同時段未滿 1 小時或超過 1 小時之餘數，均不得合併計之。

四、專屬或專業警察機關，依據任務需要超勤加班費時數之核計，比照辦理。

然而集會遊行暴增，警察工作超重，但受限法令，警察每月超勤加班超過 100 小時或加班費超過 17,000 元時，其若有多出加班工時，只能以記嘉獎、補休等方式取代之。2018 年 3 月執政黨立委多人主張，要求刪除加班費上限的相關要點之上限規範（聯合新聞網，2018）。因為其論述稱，警察超時出勤近年來已然成為常態，但受限「警察機關外勤員警超勤加班費核發要點」以及「公務人員不適用勞基法」等法規之規範，因而員警之加班費設有上限，超過上限之部分只能改記以嘉獎。而臺灣警察工作權益推動協會則主張，如此以行政獎勵用來取代加班費，40 小時加班換取 1 個嘉獎，而 8 小時換 1 天補休，因此 1 個嘉獎要用 5 天休假來換，這樣的取代加班費之制度不甚合理。進而更主張加班費上限之 17,000 元，南部縣市警察單位，甚而根本沒辦法達到上限，很多縣市只有 12,000 元加班費。且延長工時容易造成各種生理的疾病，包括

腸胃、心血管，心理部分則會有慢性疲勞、憂鬱症、躁鬱症等，因此其呼籲延長工時應給予另外之加給。因此部分立委們遂如前所述，主張取消加班費之上限規定，這樣可以以價制量。而若地方政府發加班費可能透支其預算時，則應思考以減少勤務活動，或者減輕警察工時來對應與處置。對此，人事行政總處給與福利處表示，取消加班費上限涉及預算編列，若要取消應是內政部權責，且涉及地方之財政，所以必須要與地方政府溝通與研議之；警政署人事室進一步說明，超勤上限是行政院訂定的要點，若要修正則必須由行政院研議與修訂之。

　　因此時至今日，超勤與加班費之議題，仍然是未達成合理解決之狀況下，則改變勤務活動與提升勤務之效率，或許是解決此一困境的較佳良策。若然，則以前述新的警察勤務策略來提升其效率，並因而有合理之勤務時間之編排，或許就有其運用與發展之價值及空間。然而，前述之 2019 年 2 月 24 日有新聞報導稱，未來員警每日服勤將以 8 小時為原則（姚岳宏，2019）。因此，警察工時的合理化改革，似乎已有其可能性。但是，警察機關外勤員警超勤加班費核發要點，自民國 95 年訂定至今已行之多年，有部分員警亦可能將其視之為薪資的一部分，因此若驟然取消，亦可能造成個人每月之收支產生失衡現象，所以在研議修訂時，亦必須將此因素列入評估與考量。

參考書目

一、中文書目

內政部警政署（2018a年10月1日），函示有關「各級警察機關辦理勤務審核作業規定」，警署行字第10701455582號函。

內政部警政署（2018b年10月1日），修正「各級警察機關辦理勤務審核作業規定」，警署行字第10701455581號函。

內政部警政署（2018c），各級警察機關辦理勤務審核作業規定第8點、第11點修正總說明。

內政部警政署（2018d），各級警察機關辦理勤務審核作業規定第8點、第11點修正對照表。

內政部警政署（2018e），警察實用法令，警察機關外勤員警超勤加班費核發要點，內政部警政署編印。

內政部警政署（2016年6月20日），刑事警察勤務規劃及編排注意事項，警署刑偵字第1050003608號函。

陳明傳（2010），警察業務專題，警察實務，中央警察大學印行。

鄭善印（2011年1月），三班制警察勤務之研究，警學叢刊，31卷4期。

內政部警政署人事室，福利類—詢問加班費之法源依據，2019年3月10日取自：https://www.npa.gov.tw/NPAGip/wSite/ct?xItem=31912&ctNode=11635&mp=7。

立法院（2018a年10月11日），議案關係文書，院總第915號委員提案第22305號，2019年3月10日取自：https://lci.ly.gov.tw/LyLCEW/agenda1/02/pdf/09/06/03/LCE-WA01_090603_00024.pdf。

立法院（2018b年10月11日），第9屆第6會期第3次會議議案關係文書，院總第915號委員提案第22305號，2019年3月10日取自：https://lci.ly.gov.tw/LyLCEW/agenda1/02/pdf/09/06/03/LCEWA01_090603_00024.pdf。

法務部全國法規資料庫（2013年8月21日），內政部警政署組織法，華總一義字第10200156141號令制定公布，2019年3月10日取自：https://law.moj.gov.tw/Law/LawSearchResult.aspx?p=A&k1=%E5%85%A7%E6%94%BF%E9%83%A8%E8%AD%A6%E6%94%BF%E7%BD%B2%E7%B5%84%E7%B9%94%E6%B3%95&t=E1F1A1&TPage=1。

姚岳宏（2019年2月24日），揮別12小時上班！警政署長推減少警察工時新規，自由時

報，取自：https://news.ltn.com.tw/news/society/breakingnews/2708495。

聯合新聞網（2018年3月23日），警察超勤作功德？立委要求取消警加班費1.7萬上限，2019年3月10日取自：https://udn.com/news/story/6656/3047628。

二、外文部分

東京都警視廳，KOBAN（交番），March 10, 2019, retrieved from http://www.keishicho.metro.tokyo.jp/multilingual/english/about_us/activity/koban.html.

Adams, Thomas F. (2007), Police Field Operations 7th ed., NJ: Pearson Prentice Hall, 2007, pp. 41-43.

Boudreau Phillipe, Dumont Guy A., and Boivin Diane B. (2013), Circadian adaptation to night shift work influences sleep, performance, mood and the autonomic modulation of the heart. PLOS One. 2013; March 10, 2019, retrieved from https://journals.plos.org/plosone/article?id=10.1371/journal.pone.0070813.

Desta Fekedulegn et. al., Shift Work, and Sleep Quality Among Urban Police Officers, NCBI, The National Center for Biotechnology Information advances science and health by providing access to biomedical and genomic information., March 10, 2019, retrieved from https://www.ncbi.nlm.nih.gov/pmc/articles/PMC4829798/.

Kanayama, Taisuke, Police Policy Research Center, National Police Agency of Japan, A DECADE FROM POLICE REFORMS IN JAPAN, HAS A POLICE FOR THE PEOPLE BEEN REALIZED?, March 10, 2019, retrieved from https://www.npa.go.jp/english/seisaku/A_DECADE_FROM_POLICE_REFORMS_IN_JAPAN.pdf.

LAPD, Department Manuals，March 10, 2019, retrieved from http://www.lapdonline.org/lapd_manual/.

LAPD, Organization Chart, March 10, 2019, retrieved from http://assets.lapdonline.org/assets/pdf/2018%20Org%20Chart.pdf.

LAPD, Shifts/Watches, March 10, 2019, retrieved from https://forum.officer.com/forum/public-forums/ask-a-cop/164207-lapd-shifts-watches

Metropolitan Police UK, Life as a Police Conssable, March 10, 2019, retrieved from http://www.metpolicecareers.co.uk/newconstable/being-a-pc.php.

National Police Agency, Police of Japan 2017, COMMUNITY SAFETY-1 Community Police, March 10, 2019, retrieved from https://www.npa.go.jp/english/kokusai/pdf/Police_of_Japan_2017_8.pdf.

National Police Agency, Police of Japan 2017, ORGANIZATION & RESOURCES-4. Human Resources, March 10, 2019, retrieved from https://www.npa.go.jp/english/kokusai/pdf/Police_of_Japan_2017_5.pdf.

North Yorkshire police UK, Frequently asked questions, March 10, 2019, retrieved from https://northyorkshire.police.uk/jobs/police-officers/questions-and-answers/.

Northumbria Police UK, Example Northumbria Police Shift Patterns, March 10, 2019, retrieved from http://careers.northumbria.police.uk/uploads/1/6/7/6/16763152/np-example-shift_patterns.pdf.

Police Community UK (2015), Met Police, Shift Patterns., March 10, 2019, retrieved from https://police.community/topic/6079-met-police-shift-patterns/.

Stone, Richard, Tim Kemp, Bernard Rix & George Weldon, Effective Shift Systems For The Police Service, POLICE RESEARCH SERIES: PAPER NO. 2, LONDON: HOME OFFICE POLICE DEPARTMENT, March 10, 2019 retrieved from http://library.college.police.uk/docs/hopolicersold/fprs2.pdf.

U.S. Department of Justice, Office of Justice Programs, Bureau of Justice Statistics, Full-Time Employees in Law Enforcement Agencies, 1997-2016, NCJ 251762 August 2018, March 10, 2019, retrieved from https://www.bjs.gov/content/pub/pdf/ftelea9716.pdf.

what-when-how in Depth Tutorials and Information, CASE SCREENING AND CASE MANAGEMENT FOR INVESTIGATIONS (police), March 10, 2019, retrieved from http://what-when-how.com/police-science/case-screening-and-case-management-for-investigations-police/.

CHAPTER

6

警察勤務指揮中心

第 一 節　我國警察勤務指揮中心之規範

壹、我國警察勤務指揮中心之規定與發展演進

依據內政部警政署組織法第 5 條之規定，警政署設下列內部單位，並得分科辦事：（一）業務單位：行政組、保安組、教育組、國際組、交通組、後勤組、保防組、防治組及勤務指揮中心；（二）輔助單位：督察室、公共關係室、秘書室、人事室、政風室、會計室、統計室、資訊室及法制室。又根據內政部警政署處務規程第 13 條之規定，勤務指揮中心掌理事項如下：（一）重大治安狀況、交通事故、聚眾活動、災難事故等案件之接報、指揮、處置及通報；（二）情資蒐集傳遞及命令之轉達；（三）民眾報案之受理及處置；（四）各級勤務指揮中心勤務運作之督導、考核；（五）一級、二級指揮所開設之協調、處理；（六）110 報案指揮、派遣及管制作業流程之整合、規劃；（七）警力監控系統及受理報案數位錄音系統之整合、規劃；（八）本署民眾服務中心受理陳情案件之交查、管制及回報；（九）通報資料之整理保管、檢討分析及提報；（十）其他有關警察勤務指揮事項（內政部警政署，2018：163-167）。

2011 年起，因資訊科技的發展一日千里及全球資訊交流無遠弗屆，衝擊人類既有的社會結構、意識型態、法律及經濟，導致脫序的犯罪行為伴隨而至，警察機關面對治安環境日趨複雜，執法更加困難，如何精進警政，使勤（業）務作為向 E 化方向邁進，便成為當前的主要目標。警政署據此治理典範，即因應勤務指揮管制資訊化，於過去曾研創「全國治安管制系統」，配合 2003 年底「強化勤務指管功能整建案」，併案建置。初期系統於 2005 年 1 月 1 日全面上線使用，透過網際網路達到集中管理、分散作業方式，運用資訊、通訊及地理資訊系統（Geographic Information System, GIS）等，完成勤務指管作業資訊 E 化之第一階段目標。2005 年底再全面檢討更新系統版本，進行系統二期功能擴充，至 2006 年 5 月 22 日正式完成全面啟用，成功整合各相關治安通報機制，俾利指揮官能藉由本系統隨時掌握各種治安狀況動態，達到強化通報反映作業速度，發揮即時指揮、調度、協調、管制、報告、通報及轉報等勤指作為，以達到簡化通報作業流程、縮短報告反映時間、發揮即時指管效率，使轄區內所發生之重大案件，皆能經由本系統即時通報，達到分局、警察

局、警政署同步掌握，立即反映之目標（內政部警政署，2006）。

2004 年警政署為因應社會環境變遷，提升勤務指管作業電腦化、管理資訊化、決策科學化，在 2004 年 5 月成立「建構 E 化勤務指管系統案」專案小組，推動「資通一元化，指管地方化」之策略，執行預算新臺幣 1 億 3,303 餘萬元，歷經三年蒐集資料、協商路由、確立架構、上網公告、決標評選、整合測試、教育訓練、介接導入、推動實施等階段，完備「聽音辨位緊急救援 110」安全網絡機制。110 是民眾日常生活中最熟悉、運用最頻繁的報案窗口，是民眾與警察機關意見傳達的重要橋樑，而 110 後端受理派遣的勤務指揮中心，更是警察機關勤務指管作為的神經樞紐，它連結當時之警政署、25 個縣市警察局、156 所分局、1,604 所分駐（派出）所的治安神經網絡。至其新研發之所謂「聽音辨位緊急救援 110」專案之系統，其對民眾而言，可立即回應民眾的報案需求，縮短民眾報案等待時間，提升民眾 110 報案的便捷性、時效性與完整性，化解民眾對警察吃案的疑慮。其對警政而言，可促進作業電腦化、管理資訊化、決策科學化，降低服務成本，強化內控機制，提升勤務效能。然此專案系統對社會而言，其可保障民眾、保護員警、保全跡證、釐清責任、確保流程透明、深化服務績效、提升服務品質，以及落實社區警政公民參與的安全之網絡聯結。

此外，該專案亦建構警政專屬的地理資訊系統（GIS）、強化各縣市警察局的犯罪分析、勤務部署、警力派遣。結合 ANI/ALI（Automatic Number Identification/Automatic Location Identification），行動電話基地臺位置／邏輯鏈路控制（Cell ID/LLC, Cell Phone ID/Logical Link Control），可迅速正確派遣所轄分局、派出所員警，縮短受理派遣作業時間，對內降低人力、物力、時間的服務成本，提升組織的配合度、協調性、員警的成就感，除強化內控機制，外顯於勤務落實與效能之提升。透過「E 化勤務指管系統」資通網絡基礎，由資訊流的串接、系統的整合、平臺的建立，提供社區、民眾「U 化」（Ubiquitous）── 3A（Anytime、Anywhere、Anyone）的服務，更可藉此平臺表達意見、反映情資，此建立具群眾性、積極性、深入性、互動性的全民治安網絡，落實人權保障，提升國家競爭力（內政部警政署，2008）。

2007 年警政署進一步訂定「警察機關受理報案 E 化平臺作業要點」，並經過多次的修正，其最新之規範如下，其即為推動各級警察機關受理報案 E 化平臺作業，以簡化員警受理報案工作，縮減民眾報案時間及便利提供報案資

訊,特訂定該要點。受理報案 E 化平臺作業,係指員警受理報案時,運用受理報案平臺資訊系統,進行案件受理、資料輸登、通報及查詢等處理工作,全程以電腦管制作業。該系統建置之主要工作項目如下:(一)標準化各類受(處)理案件表格、彙整各類案件所需偵訊之資訊及標準作業程序;(二)建置受理報案工作平臺;(三)整合後端各處理系統,如圖 6-1 及圖 6-2 所示(內政部警政署,2010)。

其中警網勤務派遣系統係由七大子系統組成,包括 110 報案集中受理系統、勤務規劃系統、勤務派遣系統、治安分析系統、行政管理系統、衛星定位通訊系統及地理資訊系統等 7 項功能模組;另尚包含天羅地網及交通號控系統之整合架接。該系統之特色乃能有效整合派出所、分局、警察局縱向流程,打破區域派遣限制,橫向整合各單位警力動態配置。並可建置 1 米解析度航空相片基本圖、門牌空間位置、重要地標、治安重點等資訊。並能整合 GPS(Global Positioning System)、GPRS(General Packer Radio Service)、GIS(Geographic Information System)系統功能,透過 GIS 空間分析技術,即時掌握警力動態配置位置,靈活勤務指揮調度。勤務指揮中心之 E 化勤指系統除了自動顯示來電號碼(ANI)及地址(ALI)外,並可針對行動電話發話位址,透過 GIS 之經緯度座標,進行案件定位(Cell ID),提供受理員立即掌握報案人位置,大幅縮短案件派遣及警力調度時間(桃園縣政府警察局,2008)。

如上所述,為因應社會環境的變遷及科技運用的快速發展,警政署又持續於 2016 年將「科技建警」的理念及目標分階段推動建置,全面運用在各項警察勤(業)務派遣與指揮作為上,十年間(2007 年至 2016 年)在勤務派遣工作不斷精進,建構勤務指揮中心成為一個受理快、派遣快、反應快的主管決策樞紐及勤務指管機制。因此如前所述,警政署曾於 2007 年 1 月 10 日曾建置 110「E 化勤務指管系統」,推動 110 勤務指揮、派遣「資通一元化,指管地方化」之策略。2013 年新增「視訊報案」及「瘖啞人士簡訊報案」等多元化報案功能,並將 110「E 化勤務指管系統」延伸至派出所層級,使各項指揮、調度及派遣更為快速,以有效管制勤指運作流程,加速案件處理速度,縮短民眾報案等待時間,提升為民服務品質。

又警政署亦曾於 2011 年為因應重大災害、突發事故及大型集會活動,民眾於緊急時刻同時間大量撥打 110 請求警察協助,卻發生 110 滿線或勤務指揮中心席位未全開放,致民眾求助無門情形。因此,於年度「強化 110 勤務指揮

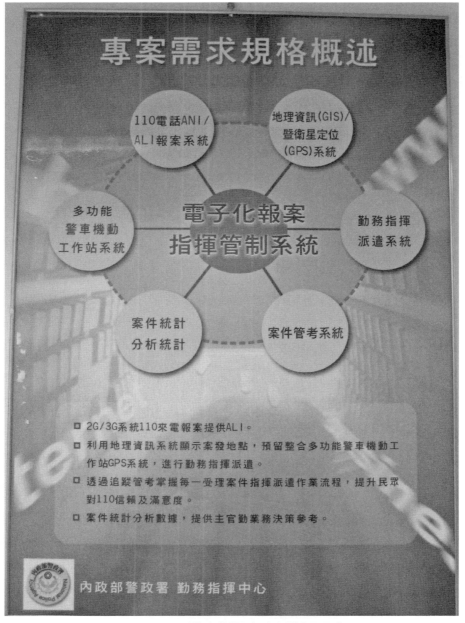

圖 6-1　110 勤務指揮中心編制及運作
資料來源：內政部警政署，百年歷史文物展，2011

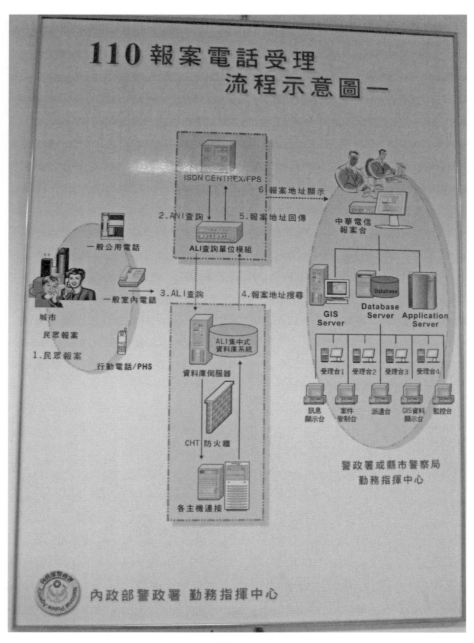

圖 6-2　110 電話報案案件流程

資料來源：內政部警政署，百年歷史文物展，2011

管制系統計畫案」規劃建置「大量話務處理機制」，以縱向溢流方式將民眾等候 110 電話導入至轄區警察分局勤務指揮中心代為受理，並立即將案件回報警察局勤務指揮中心派案；或以橫向移轉方式，將民眾等候 110 電話導入至鄰近縣（市）警察局勤務指揮中心代為受理，再透過「E 化勤務指管系統」將案件回傳至報案者所在地之警察局勤務指揮中心派案。並延伸虛擬之全國 110 報案中心架構至分局勤務指揮中心，以解決話務接線人力不足問題。又於 2015 年起為防止民眾無故撥打 110，避免增加警力負荷，規劃建置「雲端勤務派遣系統」，納入「如何有效派遣警力」及「減少撥打 110 之無效案件」之問題解決方案，並於 2015 年 6 月 3 日函頒「110 受理報案派遣警力原則」，明訂派遣警力之目的、原則、處理方式及聯絡機制，使警力專注於治安、交通工作，避免不當耗費警力資源，致影響警察任務之執行，以減輕警力負擔，有效提升勤務效能（內政部警政署，2017：274-279）。

　　綜上所述，警政署運用 110「E 化勤務指揮管制系統」已逾十年，其對治安工作已顯成效，尤以政府推動提升為民服務政策之際，員警素質及對新科技的接受度逐漸提高，因此能確實完成勤務指揮系統現代化，指管地方化，警力機動化，有效打擊犯罪，提升為民服務效能目標，讓 110 從信賴感，邁向全民滿意的警政策略發展。勤務指揮中心是各項勤務指揮派遣中樞，承擔 110 接受處理、警力指揮調度、案件研判處置和重大突發事件處置等職能，小至為民服務案件，大至重大、突發事件，勤務指揮中心執勤人員應變得宜與否，才是發揮勤務指揮派遣功能之關鍵。換言之，善用科技雖可提升執行效率，然而發揮 110 之指、管、通、資、情、監、偵之功能，尚待執勤人員確實掌握狀況及正確判斷能力，始能作出正確處置與反應。因此，再好的科技也需優秀的人才來完成，提升執勤員警素質、加強教育訓練及建立優質的標準作業程序（SOP），亦為勤務指揮中心所持續不斷要求精進的目標（內政部警政署全球資訊網，2018）。

　　至於各警察局及各分局勤務指揮中心之組織結構與其權責則大略包括如下：（一）勤務指揮中心置正、副指揮官，由正、副主管（官）依行政指揮系統遂行其職權，並負成敗之責；（二）警局勤務指揮中心置主任 1 人，負責綜理全中心業務，另配置執勤官、員（督察員、課員若干人，以上均專任），作業員、通訊員若干人。執勤官代表指揮官、副指揮官，負統一調度、指揮、管制所屬警力，執行各種勤務。轄區內發生重大災害，事故或其他案件時，得洽

請非所屬附近他轄區警力協助之；（三）分局勤務指揮中心主任，由第二（督察）組組長兼任，其執勤官員、作業員、通訊員則遴選組長、巡官或其他適當人員兼任（職掌與警察局勤務指揮中心同）（植根法律網，臺南縣警察局）。據此規定與勤務指揮中心之作業原則，勤務指揮中心之指揮官及副指揮官係指行政體制單位主（副）官，至該中心所配置主任、值勤官（員）、作業員、通訊員等人員則為幕僚，並對指揮官負責，而由主任負責督導運作。

　　至於我國之勤務指揮中心之結構可分為三級制，其中所謂第一級乃為警政署勤務指揮中心；第二級乃為各縣市警察局或專業警察單位之勤務指揮中心；第三級乃是各分局之勤務指揮中心。依據內政部警政署 2010 年 12 月 10 日警署勤字第 0990173447 號函修訂，各警察單位作業程序區分為：

一、**民眾 110 電話報案案件**：各警察局勤務指揮中心 ANI/ALI 顯示系統會即時顯示報案人電話、地址並自動語音錄檔。執勤官、員受理後，應立即將案類、發生時間、地點及案情內容輸入「受、處理案件處理系統」，交所轄分局勤務指揮中心。

二、**案情急迫需立即處置案件**：各警察局勤務指揮中心執勤官、員應立即以無線電呼叫指揮線上組合警力馳赴現場處理並回報外，按程序以電腦迅速傳輸所轄分局勤務指揮中心處理。

三、**車禍案件案件處理**：車禍案件除電腦傳輸所轄分局勤務指揮中心外，車禍專責處理小組派員至現場處理，處理情形並以電腦傳輸回報。如現場發現有民眾受傷，應通知 119 消防局勤務指揮中心派員實施救護，他轄案件則轉報管轄市、縣（市）警察局勤務指揮中心處理。

四、**逐案管制案件**：各警察局勤務指揮中心執勤官、員逐案管制各所轄分局勤務指揮中心、交通隊（分隊）回報情形，並審核其續報內容，報告程序完整者，則始予結案。

五、**案件處理完畢**：各警察局勤務指揮中心應訪問民眾對「員警服務態度滿意度」，受理各類案件紀錄表由所轄警察局、分局勤務指揮中心執勤官或指定人員抽訪，以為日後執勤之依據。

　　因此，我國警察之勤務指揮中心雖然為三級制之結構，但邇來已整合成為以警察局之 110 報案中心為民眾報案的主要管道，雖然仍可以向分局以市內電話報案，或如前所述由警察局勤務中心轉至分局勤務中心處理，抑或親自向派出所的值勤臺報案，但警察機構仍然宣導以 110 報案為主。

　　至各級之勤務指揮中心為節省人力，並因應治安狀況需要，依實際情形，實施三級開設（植根法律網，臺東縣警察局），[1]亦即為一級開設、二級開設、三級開設。其中分局之三級開設，乃為一般平常狀況下之開設，並由勤務指揮中心主任督導運作，非辦公時間得由執勤官（於分局則由各組組長輪流輪值執勤官）代理之。二級開設乃發生一定程度之社會治安狀況時，由長官指示或權責（業務）單位之建議並經長官核定，提升為二級開設，權責（業務）單位視狀況需要通知有關單位，派員進駐指揮所實施聯合作業，並由權責（業務）主管單位主持，並依任務分工執行之。一級開設則為發生重大治安事件時，由長官之指示或權責（業務）單位主管之建議並經長官核定，提升為一級開設，並由機關主官（副主官）主持之，業務單位主管為幕僚長，相關編組單位派員進駐指揮所實施聯合作業，依權責（業務）主管單位之建議並經主持人裁（指）示後執行。

貳、我國警察勤務指揮中心之作業程序

　　勤務指揮中心對各種勤務活動應隨時了解其勤務狀況，其督考方式採逐級管制為原則，其規定大略如下：

一、計畫管制各分局（隊）警網每日勤務計畫（警網個數、警力配置、任務目標、勤務地區、勤務時段、通訊代號、帶班人員等），應於前 1 日 16 時 30 分前陳報警察局勤務指揮中心列管。

二、出勤收勤管制：各級警網出勤時，應先向勤務指揮中心試通無線電話報告「入網」（無線電通訊網）列管、收勤時報告「離網」，經允准後始可收勤，並將電臺關閉。

三、定時定點報告：警網執行任務，以採定時報告為原則，於到達及離開目標地區時，並與勤務指揮中心實施定點報告，其時距與次數以每 30 分鐘報告 1 次為原則。

四、勤務查詢：警察局及各分局勤務指揮中心對所列管之警網勤務活動、執行情形，應不定時實施無線（有線）電話查詢及必要之諮詢與支援。

---

[1] 所謂開設不同層級之勤務指揮中心，乃因社會治安事件之性質及其狀況之不同，而「開始設置」不同層級之因應指揮體系之意。

五、標圖管制：警察局及各分局勤務指揮中心，對於警網勤務狀況，並隨時根據報告，以符號標示於最新狀況圖。

至於勤務指揮中心之狀況處置，應強調速度與確實，爭取最先 1 秒鐘，注重工作實效並要求：報告快、指揮快、行動快、通訊快。而警察局及各分局勤務指揮中心受理報告時，應注意下列事項為：（一）報案紀律：初報、續報、結報；（二）報告紀錄：複誦、紀錄、質疑、受理各類案況紀錄（通報）單；（三）狀況標示：標圖。一般案（事）件，值日執勤官應按狀況處置原則與要領逐行處置，對重要（大）案（事件），應本「一面報告，一面處理」原則循三線系統分別向上級機關報告最新狀況，其程序係「各級勤務指揮中心重大事故（情報）報告處理區分表」分別辦理。後續狀況並應衡量性質作彈性處置及通報。發生重大治安狀況時，應即示警（警鈴或閃光燈）提醒全體執勤人員注意，並藉複誦、質疑將狀況傳知有關執勤人員。

然而警網規劃方面，各警察機構或略有不同，而因為時序之更迭，其警網規劃之模式當然會與時俱進，但其大略可有如下之程序：（一）警察局勤務指揮中心執勤官於晨報提報前 1 日轄內全般治安狀況、勤務績效、各有關單位主管並檢討分析最新狀況，提出當日勤務規劃建議；（二）各分局勤務指揮中心舉行晚報時，執勤官應提報當日轄內全般治安狀況，勤務績效，及有關組分析檢討最新狀況，並提出次日警網規劃建議或請求警察局支援事項建議；（三）指揮官應裁示警網勤務規劃重點；（四）警察局各分局勤務指揮中心對各單位請求支援事項，應立即作適切之處置，務求執勤靈活落實有效（植根法律網，臺南縣警察局）。

又依據各級警察機關勤務指揮中心作業規範，以及警察機關分駐（派出）所常用勤務執行程序彙編之規定，警察局勤指中心「受理 110 報案」之作業程序如下：（一）受理人員接獲民眾報案，應詢明案情、現場狀況（例如：歹徒特徵、人數、犯罪工具、交通工具或逃逸路線等）；（二）受理人員依據案況一面通報分局勤指中心派遣線上警力到場處理，並提示應注意事項（自身安全等）；（三）對於重大案件並應派遣直屬隊警力及通報相關業務單位處置；（四）警察局勤指中心受理人員應對案件確實管制，追蹤管制案件後續案情發展，視案況發展向上級報告，並作適切之處置，案件處理完畢由警察局勤指中心執行結案。然而，如遇重大（重要、緊急）治安事故時，除上述「受理 110 報案」時應注意事項外，警察局執勤員依據案況，立即依照下列先後之順序，

通報線上最近巡邏警力、分局勤指中心、分局線上巡邏警力，先行支援查處，之後亦要通報業管單位辦理或後續之管理與處置。

　　若為分局之勤務指揮中心，在接獲警察局 110 報案系統之通報後，必須有下列之作業程序：（一）執勤人員接獲警察局通報後，立即派遣分局轄內之線上巡邏警力到場處理；（二）管制線上巡邏警力到場時間、掌握現場狀況，俾利指揮調度；（三）執勤人員對現場狀況研判，需以優勢警力到場為妥者，應先指派線上警力到場協助；（四）執勤人員應將現場處理情形回報警察局勤務指揮中心，並視現場狀況決定是否請求其他支援警力，並由勤務指揮中心聯絡相關業務單位到場處置（內政部警，2016：229-231）。

第 二 節　警察勤務指揮中心之新發展

壹、新北市政府警察局的情資整合中心（Intelligence Integrated Center, IIC）

　　如前所述，新北市警察局自 2011 年 8 月 24 日起，由該局保安民防科成立「情資整合中心」，設置監視器管理相關 8 項系統，以及大型電視牆等硬體設備，以監錄系統之監控中心為主要功能，之後則改由資訊室統籌管理。該局積極導入 E 化及 M 化的科技與管制措施，結合高科技無線通訊技術、即時動態管理系統，能掌握案發機先時刻，有效處理犯罪案件。又在即時回應民眾需求方面，例如推動「即時到位」交通服務，提供民眾便捷交通，免於塞車之苦。在推動「快速打擊部隊」勤務措施方面，即能即時打擊街頭犯罪，提供民眾即時安全服務。在推動「防竊達人」與「報案到宅服務」方面，亦能即時提供民眾居家安全服務等。

　　由於新北市警察局成立「情資整合中心」，可提供全方位即時安全服務，其即以科技為主軸，以情資整合為導向，運用現代化的科技設備與技術，透過有效的資源整合，精進治安服務效能，並整合建構從住家安全、社區安全到整體都市安全，發展多層次之安全防衛機制，發揮空間防衛之效能，以達成勤務指揮視覺化、治安管理智慧化、事件防控即時化、勤務運作數位化與提升犯罪科技偵防能量，達成形塑現代「科技防衛城」之目標（陳明傳等，2016：

92）。

　　新北市警察局更於 2013 年 1 月 16 日亦曾調派專業領域專責人員進駐該情資整合中心，以任務編組型態維運，推動各項業務工作。其中包括：（一）情資整合分析協助打擊、預防犯罪。其乃為協助偵查人員偵辦案件，除提供各項警政資訊系統之整合性資料查詢服務外，並運用分析軟體進行整合關聯分析，將文字資料轉化為圖像化資料，加速辦案效率，提升破案率；（二）科技設備維護大型活動安全。該市重大節慶時，為維護大型活動現場之交通、治安、群眾安全，市政府應用「即時影像傳輸設備」建置「三層複式科技維安網」，依活動現場地形特性，以「內圍、中圍、外圍」方式架設網路攝影機，並使用有線及無線傳輸裝置將現場人潮、交通即時畫面傳送至指揮所，供指揮官掌握現場狀況及調度警力，以快速處置突發狀況。因而，該情資整合中心以「科技建警，建構新北安全城市」經考試院核定榮獲 2016 年度公務人員傑出貢獻獎團體組獎項，該局將持續運用高科技於治安治理與交通管理上，有效掌握犯罪情資，建構安全的新北市住居空間（新北市政府施政成果網）。

　　然而，此情資整合中心成立以來，一直只是個任務編組，至 2019 年的 1 月 1 日才正式納入新北市警察局組織編制，也為臺灣智慧警政發展達成一項重要的里程碑。因而至 2019 年 1 月 1 日，情資整合中心終於正式納入新北市警察局資訊室之下的情資整合股，其業務執掌將有以下 7 項：（一）協助各外勤單位執行刑事案件分析工作；（二）協助各單位執行情資整合分析工作；（三）雲端智慧影像分析及檢索系統管理；（四）辦理影像辨識分析業務；（五）執行科技維安即時影像傳輸工作；（六）辦理即時影像設備保管維護業務；（七）辦理情資整合監控中心保管維護業務。至於其未來的願景之一則包括，建構治安治理決策資訊服務。亦即，強化警政資訊效能，提升科技犯罪偵防能量，整合該局警用資訊及偵防情資，運用最新資訊技術有效提供決策資料，建置科技犯罪偵防系統，以快速並有效提供犯罪偵防所需決策資訊，輔助機關首長達成治安治理目標（新北市政府警察局，2019）。惟筆者認為，若要更為發揮其情資整合之功能，則未來或許可研究與評估，其與該局勤務指揮中心整併之可能性。因為惟有如此才能建立類似美國國土安全情資融合中心之概念（Fusion

Center），[2]發揮整合與互相密切配合，與相互運用的快捷分享、運作之治安維護效能。而若能更進一步適當的融合民間之情資系統，並建立一定之情資運用之安全與使用規則，則將是未來勤務指揮中心結合「公私協力」的情資運用之可能發展方向。[3]

貳、聖路易市警察局勤務指揮中心概況與人力之培訓

於 2015 年 5 月聖路易市警察局創新的即時犯罪中心（Real Time Crime Center, RTCC）在警察局的局本總部揭幕，其乃為全天候 24 小時，全年無休的警察勤務指揮中心。此中心亦為警察科技運用以及情資分享與處置之中心。被派到該中心的員警在聖路易斯市，處置和傳播治安的相關資訊。其工作重點，是透過：（一）使用監控攝像設施；（二）固定和移動式的車牌識別系統；（三）犯罪分析和其他執法軟體以及資料庫等設施，即時的監測、制止和評估分析犯罪的活動。

即時犯罪中心建置專案的第一階段包括監控攝像機技術、車牌識別（License Plates Recognition, LPR）技術、電腦輔助勤務派遣系統（Computer Aided Dispatching, CAD）和槍擊之鑑識與定位分析系統（ShotSpotter）等等技術的整合之勤務指揮系統。這個最先進的勤務指揮中心提供了先進的技術與工具，以便解決犯罪的問題，並提供所轄社區的公民和遊客，都能感受到更加的安全。自成立以來，該中心透過不斷以明確的情資與可採行的勤務方式，向執勤中的員警提供資訊，因此該中心實乃為警察勤務活動中，重要的支援工具與必備的科技系統。聖路易市警察局的即時犯罪中心，亦曾獲頒為 2015 年

---

[2] 陳明傳等（2016），國土安全專論，第二章公私協力之國土安全新趨勢，五南書局，頁 70。所謂之公私協力之國土安全新趨勢，其乃強調公私整合平臺的全面性融合中心之創立（Fusion Center）與其情資之便捷運用，且更精準的作到公私機構的情資之分享，與危機之機先預警機制的（Proactive Stance）達成反恐之任務。

[3] Department of Homeland Security, State and Major Urban Area Fusion Centers, https://www.dhs.gov/state-and-major-urban-area-fusion-centers，美國國土安全部，定義融合中心（Fusion Center）為：融合中心作為州和城市、地區的情資協調中心，負責接收、分析、蒐集與威脅有關的資訊，並且將其分享至聯邦、州、地方、部落等機構之間，且及於私營部門的合作夥伴機制。

國際警察規劃師協會（the International Association of Law Enforcement Planners, IALEP）的年度專案大獎（Metropolitian Police Department City of St. Louis）。

至於聖路易市警察局（St. Louis Metropolitan Police Department, Missouri）勤務指揮中心人力資源發展，亦受到相當的重視與詳盡之規劃。至於其新進勤務中心之人員的訓練，因為該中心的執勤員均為約聘顧性質，所以該中心可自行招聘新人進行第一階段的基礎之實地訓練，用人單位與訓練單位可謂是合而為一。因而，指導官即可對新進人員進行「一對一上機訓練」。至於，在職人員之第二階段進修的在職訓練，則在該警察局下設有警察學校，不定期開辦勤務指揮中心執勤專業講習班。同時，該局之執勤員有相關專業證照之授與以及證照審查制度，因此亦可將其視之為他山之石，足堪仿效。因為警察局勤務指揮中心之執勤員，均宜接受專業之訓練，同時必須與時俱進的接受進階的在職訓練，因為其乃為警察勤務執行之中樞功能，攸關勤務之成敗甚鉅矣（藍應華，2011）。

綜上，聖路易市警察局即時犯罪中心（類似我國之勤務指揮中心）的執勤員都必須具有操作多種頻道的無線電設備，和使用電腦派遣轄區內的警力、消防及緊急醫療服務等等之基本職能。其中包括接聽處理緊急求救電話技巧、冷靜處理危機事件、無線電通訊技巧、人際溝通、壓力調適、警網派遣等能力。再者，在今日科技日新月異情況下，勤務指揮中心執勤員，也扮演著警察機關使用創新科技設備的領航員的角色。所以，執勤員的職能需要經過適當的培訓養成，且在職期間宜作不定期的訓練，以強化執勤員警修正其不當的服勤態度，而能提升勤務指揮中心之服務績效。故而，警察局之勤務中心持續的推動人力資源發展，應有其必要性與重要性。

參、2008年桃園縣政府警察局之「警網勤務派遣系統」

桃園縣政府警察局之「警網勤務派遣系統」，於2008年時，除楊梅分局、大溪分局外，餘各分局均已建置完成，並持續進行後續建置工作，期運用現代化資訊與通訊技術，建構一個高速通報平臺，提升指揮、管制及協調功能，以強化打擊犯罪能力，並提供民眾優質便捷之服務。警網勤務派遣系統係由七大子系統組成，包括110報案集中受理系統、勤務規劃系統、勤務派遣系統、治安分析系統、行政管理系統、衛星定位通訊系統及地理資訊系統等7項功能模

組，另向包含天羅地網及交通號控系統之整合架接。其系統架構如圖 6-3，該系統特色為：（一）E 化縱向與橫向整合，有效整合派出所、分局、警察局縱向流程，打破區域派遣限制，橫向整合各單位警力動態配置；（二）建構桃園縣最新細緻圖資內容，建置 1 米解析度航空相片基本圖、門牌空間位置、重要地標、治安重點等資訊；（三）整合 GPS、GPRS、GIS 系統功能，透過 GIS 空間分析技術，即時掌握警力動態配置位置，靈活勤務指揮調度。

其在實務運作與應用方面有兩種功能：（一）110 受（處）理報案，結合警政署 E 化勤務指管系統，除自動顯示來電號碼（ANI）及地址（ALI）外，最大特色可針對行動電話發話位址，透過 GIS 之經緯度座標，進行案件定位（Cell ID），提供受理員立即掌握報案人位置，大幅縮短案件派遣及警力調度

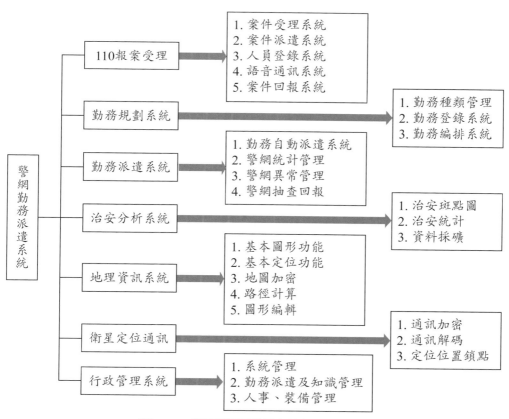

圖 6-3　桃園警網勤務派遣系統架構

時間：（二）跨縣、市案件移轉，透過三方通話，縮短通報流程，並落實「單一窗口」受理報案作業。至於指揮派遣方面亦有下列兩種方式：（一）警察局受理臺或分局作業臺將案件（案情、案發地點）以簡訊派送至警車，車機面板接收後，除顯示文字外，系統自動以語音廣播案件內容；（二）簡訊派案時，系統自動提供距離案發地點最近之警車，以利派遣；另受理重大案件時，亦可同步進行線上警車群呼。

該局勤務指揮中心在追蹤管考方面，則有下列兩種方式：（一）線上警車監控，顯示目前線上全部警車數量、位置、勤務表無線電代號等。點選警車 ICON（圖形）時，系統自動顯示警車車號、無線電代號、服勤員警姓名、行動電話、攜帶裝備、該時段勤務中有無受理簡訊派案等資訊；（二）案件管制：勤務指揮中心之執勤官依案類、案別可選擇特定案件進行管制（洪志朋，2008）。

至 2008 年桃園縣政府警察局之警政革新，尤其在勤務指揮中心的變革，乃為改革之重點。然之後該局亦有結合警察之監視系統、守望相助之錄影監視系統、民間之錄影監視系統等等，擬與數家通訊公司配合研發其所謂之「租賃式」的整合的錄影監視系統，以便提升監錄系統的相乘效果，確實提高社區治安維護之效益。其作法即由當時之桃園縣政府主導，邀請各監錄系統的公、私之管制使用單位提供其需求，並提出標案，然後由數家通訊公司來競標，之後由得標公司來研發，之後由各單位來租賃使用，而維護與維修亦由該得標承攬之通訊公司負責。若然，則可改善目前所有監錄系統的使用效率。因為，政府與民間守望相助之監錄系統架設並不難，但設置完竣之後的良率與維修最是問題所在，因此才提出此種公私協力研發之租賃新模式。然而，因為首長之更迭，所以新方案遂束之高閣。但此新模式確實甚值得賡續的研究辦理之。

肆、嘉義市政府警察局「i Patrol Car」雲端智慧巡邏車之規劃

如前所述，嘉義市政府警察局「i Patrol Car 雲端智慧巡邏車—行動派出所進化版 2.0」巡邏車之規劃，即為新的與勤務指揮功能有相關之方案。該局運用 4G 科技，在巡邏車的前、後、左、右位置，配置高解析百萬畫素並具廣角、望遠功能的攝影鏡頭，透過無線雲端智慧錄監系統，即時收錄現場畫面，

使勤務指揮中心能掌握執勤畫面,機動調派警力支援,有效輔助員警執法、蒐證,提升各種勤務狀況處置品質。嘉義市政府警察局於 2016 年 6 月完成全市 12 個派出所及保安隊、交通隊共 14 部雲端智慧巡邏車,雲端智慧巡邏車上有 8 具百萬畫素廣角及望遠鏡頭,透過 4G 無線網路上傳,嘉義市政府警察局各級勤務指揮中心可即時收錄現場狀況,必要時立即派遣警力支援。該系統不但可以輔助員警執法,串聯固定式路口監視器,更可提供市政府相關單位之運用,如市容景觀、天然災害(查報)、大型活動等,以發揮該系統最大之功效(警光新聞雲,2017)。而此改革,若能以前述各國警政改革中所述之大數據的技術配合研發之,則其效果想必能更加彰顯。

伍、湖南省常德市公安局暨其所屬機構各級勤務指揮之機制

2013 年我國之中央警察大學應大陸地區湖南省公安廳邀請,至常德市公安局暨其所屬機構進行學術性之參訪。常德市歷史悠久,被稱為湘西門戶,地理位置重要,在治安上也是居重要咽喉位置。根據資料顯示,常德市常住人口約有 572 萬人,是臺北市的 2 倍人口,在治安、交通及為民服務的工作上備受重視。常德市公安局根據不斷變化的治安形勢,大膽創新公安工作理念,嚴管細抓各項公安工作,取得了顯著成效。觀察其關鍵計畫明確且確實能落實的執行,其之要求為:(一)以維護穩定為首責,切實提升維穩能力和水準;(二)以資訊化建設為載體,帶動和提升公安機關整體戰鬥力;(三)以執法規範化建設為重點,進一步提高公安機關的執法公信力;(四)以構建和諧警民關係為支撐,務實公安工作的根基;(五)堅持主動打擊、積極防範,切實提高人民群眾的安全感。常德市公安局積極作為及傑出表現,值得相關警政機構之參考。而在勤務指揮中心部分,勤務指揮中心分成 4 區:接警區、指揮區、訊息區、反饋區。常德市公安局「勤務指揮中心」亦能針對其職責,發揮其應有功能,包括警力的派遣功能、勤務樞紐的功能、應急指揮調度功能及服務領導參謀決策功能。有關勤務指揮中心之功能及其相關設備及操作過程,均值得相關單位參考。

在常德市公安局下轄之武陵分局,參訪武陵分局「勤務調度中心」、執法辦案中心以及刑事鑑識中心等設施。武陵分局各項設備新穎,且各項辦案勤務工作之作業流程均力求標準化,令人印象深刻,值得我國各縣市警察局暨各分

局參考（中央警察大學，2013）。在基層的常德市公安局的武陵分局下轄之城南派出所之中，可觀察到該所共分為接待區、辦公區、辦案區及調解區等 4 個功能區，除各項設備齊全，各項勤務工作與規定均有標準化作業流程外，其派出所之「影像監視中心」的影像追蹤系統，能針對影像特徵，鎖定該影像，實施影像追蹤、繪製影像行進軌跡，協助犯罪偵查。而城南派出所設有「**值班所長室**」，設置有全所之錄影監控系統，以及可監看轄內治安狀況之監控系統，使得值班的所長，能迅速全盤的掌握狀況，以便作出快捷與正確的指令給基層的值勤員警。

　　以上大陸之各級公安單位的勤務指揮建置，可區分為公安局的「勤務指揮中心」，公安分局的「勤務調度中心」，以及公安派出所之「影像監視中心」，分為三級之不同規劃與功能之設定。其乃根據不同層級之功能與任務的不同，而給予不同的設置標準。又其公安派出所除了影像監視中心，可供所有員警運作之外，其特別設置之「值班所長室」，設置有全所之錄影監控系統，以及可即時監看轄內治安狀況之監控系統，可讓值班之所長即時的掌握治安狀況，並能快捷有效的作出處置。以上公安單位勤務指揮之設定，亦甚值得各國警察機構設置勤務指揮系統時之參考與研究。

第 二 節　我國警察勤務指揮中心之未來發展

壹、情資導向的勤務指揮中心暨公私協力之落實

　　如前述之新北市警察局成立「情資整合中心」，以科技為主軸，以情資整合為導向，運用現代化的科技設備與技術，透過有效的資源整合，精進治安服務效能，並整合建構從住家安全、社區安全到整體都市安全，發展多層次之安全防衛機制，發揮空間防衛之效能，以達成勤務指揮視覺化、治安管理智慧化、事件防控即時化、勤務運作數位化與提升犯罪科技偵防能量。此情資整合中心成立以來，一直只是個任務編組，至 2019 年 1 月 1 日才正式納入新北市警察局組織編制，也為臺灣智慧警政發展達成一項重要的里程碑。亦即，2019年該局之情資整合中心正式納入新北市警察局資訊室之下的情資整合股。惟筆者認為，若要更為發揮其情資整合之功能，則未來或許可研究，其與該局勤務

指揮中心整併之可能性。因爲惟有如此才能建立類似美國國土安全情資融合中心之概念（Fusion Center），發揮整合與互相密切配合，與相互運用的快捷分享與運作之治安維護效能。而若能更進一步適當的融合民間之情資系統，並建立一定之情資運用之安全與使用規則，將是未來勤務指揮中心結合公私協力的情資運用之可能發展方向。而所謂之公私協力之國土安全新趨勢，其乃強調公、私整合平臺的全面性融合中心之創立，與其情資之便捷運用，且更精準的作到公私機構的情資之分享。至美國國土安全部，定義融合中心應成爲州和城市、地區的情資協調中心，負責接收、分析、蒐集與威脅有關的資訊，並且將其分享至聯邦、州、地方、部落等機構之間，且及於私營部門的合作夥伴機制。所以，我國之警察勤務指揮中心，若能訂出一套安全管制情資之分享機制，則對於全方位之情資分享與運用，以及整體社區安全之提升，一定會產生警民合作、公私協力等等之加乘效果。

至於，如前述第一章之第一節的柒、之中，其所述的大數據時代的警政策略新發展之中的國內、外各種新的警政經營模式，例如我國之「警政雲端運算發展計畫」、美國之西雅圖市警察局亦曾推動名爲 SeaStat 的新方案、以及紐約市警察局與微軟聯手合作在 2012 年研發並使用所謂之轄區警報系統（the Domain Awareness System, DAS）等等勤務運作與指揮系統的科技化與現代化之革新，均可爲我國警察勤務指揮中心革新時之創新發想與重要之參考元素。至其基本之精神與研發之原則，乃是運用大數據分析之技術並將其推向雲端，且將其運作、指揮之模式與通路，直接連結至端末之派出所、巡邏車、以及警勤區員警等手邊的資訊工具之上。若然，則各級勤務指揮中心的指揮體系，就更能全面、快捷的掌握最多的訊息，並作出最正確的指揮，達到如臂使指的快速而有效的警力運用之功效。

貳、各級勤務指揮之革新設置

我國警察之勤務指揮中心雖然爲三級制之結構，但邇來已整合成爲以警察局之 110 報案中心爲民眾報案的主要管道，雖然仍可以由警察局轉至分局勤務中心，或向分局透過市內電話報案，抑或親自向派出所的值勤臺報案，但警察機構仍然宣導以 110 報案爲主。相對的大陸之各級公安單位的勤務指揮之建置，則可區分爲公安局的「勤務指揮中心」，公安分局的「勤務調度中心」，

以及公安派出所之「影像監視中心」，分為三級之不同規劃與功能之設定。其乃根據不同層級之功能與任務的不同，而給予不同的設置標準。又其公安派出所除了影像監視中心，可供所有員警運作之外，其特別設置之「值班所長室」，設置有全所之錄影監控系統，以及可即時監看轄內治安狀況之監控系統，可讓值班所長即時的掌握治安狀況，並能快捷有效的作出處置。以上公安單位勤務指揮之設定，亦甚值得各國警察機構設置勤務指揮系統時之參考與研究。

綜上，我國勤務指揮之體系，若要落實「社區警政」之概念，則或許可以將分局與派出所之勤務指揮，適當的強化其在地化（localizarion）的指揮功能。因此，在強化以「情資導向」為主軸發展之 110 報案系統之勤務指揮功能之外，在分局轄區之勤務指揮功能方面，或許亦可以在地化之規劃，提升其地區性勤務執行之迅速性與效益性。例如，大陸公安分局之「勤務調度中心」之建置，而不僅是接收警察局 110 報案中心轉傳及通報之指令而已。至於，派出所除了值班臺接受民眾報案之外，應可以思考設置「值班所長」之發想，讓所長以及數位副所長（可思考增設數個副所長以為應對）輪流值班，以便及時指揮派出所全部之勤務，也可提高基層端末派出所的勤務執行之成效。

參、落實勤務指揮值勤員之甄選、訓練與認證制度

我國勤務指揮中心人員之派任，大都以職務之調任為主，且主要以派任之後的現地學習為原則。其學習過程，容或有在職的專業訓練規劃與課程，然並不若歐美國家之警察勤務指揮的專業訓練與課程提供之強度。而且，勤務指揮中心實為警察勤務發動的神經中樞，因而其人員之派任與專業化程度，應在一般執勤人員之上。因而，我國勤務指揮中心人員之派任與專業訓練，似乎有強化之空間。因而，如前述之聖路易市警察局即時犯罪中心（類似我國之勤務指揮中心）的執勤員，都必須具有操作多種頻道的無線電設備，和使用電腦派遣轄區內的警力、消防及緊急醫療服務的基本職能等。其中，包括接聽處理緊急求救電話技巧、冷靜處理危機事件、無線電通訊技巧、人際溝通、壓力調適、警網派遣等等能力。再者，在今日科技日新月異情況下，勤務指揮中心之執勤員，也扮演著使用創新科技與設備的領航員之角色。所以，執勤員的職能需要經過適當的培訓養成，且在職期間宜作不定期的常年訓練，以強化執勤員警之

職能，而能提升勤務指揮中心的服務績效。故而，我國未來之勤務指揮中心人員之派任，必須選派較優秀表現之員警來任用，並且給予一定之訓練課程，或者創新勤務指揮執勤人員認證制度的新規範。同時，對於勤務中心之值勤員，在人事制度方面應該給予適當的職務加給、升遷的獎勵等等，亦必須配套式的加以革新，如此才能保證此勤務中心改革能順利的推展，並且達到提高勤務指揮預期之效能。

參考書目

一、中文部分

中央警察大學（2013），大陸地區報告書，警察學術研究與交流研討會。

內政部警政署（2006），警政白皮書，第7章，內政部警政署印行。

內政部警政署（2008），聽音辨位緊急救援110—熨燙冷漠社會的安全網絡，97年度「政府服務品質獎」參獎申請書。

內政部警政署（2010年4月6日），「警察機關受理報案E化平臺作業要點」及「修正對照表」，警署行字第0990068677號函。

內政部警政署（2011），百年歷史文物展，慶祝建國一百年警察歷史文物展活動資料。

內政部警政署（2016），警察機關分駐（派出）所常用勤務執行程序彙編，中央警察大學印行。

內政部警政署（2018），警察實用法令，內政部警政署組織法、內政部警政署處務規程，內政部警政署編印。

洪志朋（2008），警網勤務派遣系統簡介。

桃園縣警察局（2008），民國97年行政院政府品質獎—「警網勤務派遣系統」簡介。

陳明傳等（2016），國土安全專論，五南圖書出版社。

藍應華（2011年7月6日），考察美國警察機關勤務指揮中心及人力資源發展之報告，中央警察大學行政會議。

內政部警政署（2017），105年警政工作年報—第9章警察勤（業）務管理，第3節勤務派遣與指揮。2019年3月10日取自：file:///C:/Users/Trillionaire/Downloads/f1516606656634.pdf。

內政部警政署，民眾如何向警察機關報案？，2019年3月10日取自：https://www.moi.gov.tw/chi/chi_faq/faq_detail.aspx?t=2&n=2797&p=7&f=6。

內政部警政署全球資訊網（2018年10月31日），未來展望，2019年3月10日取自：https://www.npa.gov.tw/NPAGip/wSite/ct?xItem=69661&ctNode=12376。

植根法律網（1983年10月4日），臺東縣警察局，勤務實施細則，臺東縣政府府秘法字第66663號令修正，2019年3月10日取自：http://www.rootlaw.com.tw/LawContent.aspx?LawID=B220200000000600-0721004。

植根法律網（1983年8月19日），臺南縣警察局，警察勤務實施細則，臺南縣政府警行字第22778號令修正，2019年3月10日取自：http://www.rootlaw.com.tw/LawContent.aspx?

LawID=B160090000900200-0720819。

新北市政府施政成果網，全國首創情資整合中心提升犯罪偵防與治安治理能量，2019年3月10日取自：https://wedid.ntpc.gov.tw/Site/Policy?id=114。

新北市政府警察局（2019年1月3日），打造智能城市新北警情資整合中心首創提升成正式編制，2019年3月10日取自：https://www.tamsui.police.ntpc.gov.tw/cp-249-56864-21.html。

警光新聞雲（2016年7月22日），警政科技化@嘉義市雲端智慧巡邏車++全面上線，2017年5月1日取自：http://policetorch.blogspot.tw/2016/07/blog-post_22.html。

二、外文部分

Department of Homeland Security, State and Major Urban Area Fusion Centers, March 10, 2019, retrieved from https://www.dhs.gov/state-and-major-urban-area-fusion-centers.

Metropolitian Police Department City of St. Louis, Missouri, Real Time Crime Center (RTCC), March 10, 2019, retrieved from https://www.slmpd.org/RealTimeCrimeCenter.shtm.

CHAPTER

7

警察勤前教育與常年訓練

　　警察機關爲了提升爲民服務之品質以及確保治安維護的有效執行，必須對於其員警之執法能力作定期之在職訓練（in service training），以期確保其工作之效率與品質。我國警察機關在此方面之機制中，最重要且與一般公、民營機構之在職訓練較有相關之兩項，即爲勤前教育與常年訓練，茲論述之如下。

第 一 節　我國警察勤前教育之規範

壹、我國警察勤前教育之種類

　　根據我國「警察勤務條例」第 24 條之規定，勤務執行前，應舉行勤前教育，其種類區分如下：（一）基層勤前教育：以分駐所、派出所爲實施單位；（二）聯合勤前教育：以分局爲實施單位；（三）專案勤前教育：於執行專案或臨時特定勤務前實施。因此，我國之警察勤前教育之種類可分爲下列三種。

一、**基層勤前教育**：以分駐所、派出所爲實施單位。並根據警察局各別之「勤務實施細則」的細部規範，其於每日勤務交接時間前半小時舉行，由分駐所或派出所所長主持。各派出所不含所長之現有員額在 7 人以上者，應逐日實施；現有員額爲 6 人以下 4 人以上者，隔日實施；3 人以下及山地、離島等勤務執行機構勤務單純者，得不拘形式，每週實施 2 次（高雄市政府警察局，2015）。

二、**聯合勤前教育**：以分局爲實施單位。亦可定之爲各警察分局應每 2 週舉行 1 次爲原則（每月舉行 2 次），由分局長主持。聯合勤前教育舉行時，當日之基層勤前教育，得免予舉行。然而，於 2015 年 8 月 5 日警政署曾以警署行字第 10401311915 號函頒相關改善勤前教育之規定，其中重要變更之處如下：（一）現行聯合勤前教育舉行週期，由「每 2 週 1 次」修正爲「每月 1 次」爲原則；（二）施教重點資料及紀錄應張貼於警察機關「內部網站」供同仁點閱；（三）增訂員警於勤前教育開始時已無勤務編排者，除有特殊情形，「不得」要求參加勤前教育，以維同仁權益；（四）〔刪除〕「勤務手冊及無故未依規定過錄之懲處」規定等（NPA 署長室，2015）。

三、**專案勤前教育**：於執行專案或臨時特定勤務前實施。亦可更細部定之爲專案勤前教育，由各勤務執行機構於執行專案或臨時特定勤務前舉行，並由

主官（管）或指定資深之帶班人員主持。主官（管）如因故未能主持，由職務代理人爲之。

貳、我國警察勤前教育施教之內容與要領

　　根據我國「警察勤務條例」第 25 條之規定，勤前教育施教內容如下：（一）檢查儀容、服裝、服勤裝備及機具；（二）宣達重要政令；（三）勤務檢討及當日工作重點提示。前項勤前教育之實施，由警察機關視所轄勤務機構實際情形，規定其實施方式、時間及次數。另根據 1996 年 4 月 9 日內政部警政署警署行字第 26211 號函訂定發布之「各警察機關勤前教育實施規定」，勤前教育細部之施教內容如下：（一）檢查檢容、服裝及應勤裝具；（二）宣達重要政令；（三）最新治安狀況之分析、研判；（四）檢討勤務規劃、執行及服務態度之得失；（五）重要工作提示與任務交付。

　　又根據前述之 1996 年 4 月 9 日內政部警政署警署行字第 26211 號函訂定發布之「各警察機關勤前教育實施規定」全文共 6 點（內政部警政署，1996），其中有關勤前教育之施教要領規範如下：

一、**基層勤前教育之執行要領爲：**（一）實施單位：分局爲警察所、分駐、派出所、駐在所、警備隊、刑事組、檢查哨。警察局爲直屬隊各分（或小）隊。專業警察機關爲分駐、派出所、警備隊、組、分（或小）隊；（二）實施時間：以不超過 30 分鐘爲度，其起訖時，由各警察機關自行規定；（三）實施時機：於出勤前集中實施爲原則；（四）實施次數：實施單位實有人數在 7 人以上者，應逐日實施；6 人以下，4 人以上者，隔日實施；3 人以下及山地、離島等勤務執行機構勤務單純者，得不拘形式，每週實施 2 次。前項實有人數不包括主管在內；（五）主持人：由主管主持，如因故未能主持，由職務代理人爲之；（六）參加人員：由主管依所屬單位特性決定；（七）施教內容應扼要註記於勤前教育紀錄簿內；（八）勤前教育紀錄簿內每次施教內容，員警均應傳閱並於傳閱欄內簽章。惟應注意者，前述警政署於 2015 年已函頒相關改善勤前教育之規定，其中重要變更之處，例如施教重點資料及紀錄應張貼於警察機關「內部網站」供同仁點閱；增訂員警於勤前教育開始時已無勤務編排者，除有特殊情形，「不得」要求參加勤前教育，以維同仁權益；〔刪除〕「勤務手冊及無故未依規

定過錄之懲處」規定等新的規範之變更,因此應適用新的勤教之正確規定。

二、**聯合勤前教育之執行要領為**:(一)實施單位為分局、警察局直屬隊(大隊)、專業警察機關之分局、段、隊(或大或中隊或局直屬隊);(二)實施時間、時機、參加人員由實施單位審酌實際情形規定;(三)實施次數以每 2 週舉行 1 次為原則;(四)主持人由單位主官主持;(五)上級正、副主官及督察長得輪流列席指導;(六)實施情形應詳實記錄,陳報上級備查;施教重點資料,應印發所屬勤務執行機構,黏貼於勤前教育紀錄簿內供員警傳閱;(七)聯合勤前教育舉行時,基層勤前教育,得免予舉行。惟應注意者,前述警政署已於 2015 年相關改善勤前教育之規定,其中重要變更之處,例如現行聯合勤前教育舉行週期,由「每 2 週 1 次」修正為「每月 1 次」為原則;施教重點資料及紀錄應張貼於警察機關「內部網站」供同仁點閱等新的規定與適用之新規範。

三、**專案勤前教育之執行要領為**:(一)實施單位為執行專案之勤務單位;(二)實施時間:由實施單位審酌實際情形規定;(三)實施時機:於執行專案或臨時特定勤務前舉行;(四)主持人由主官(管)或指定資深之帶班人員主持。主官(管)如因故未能主持,由職務代理人為之;(五)參加人員:任務編組人員全員參加;(六)前 1 日深夜實施專案勤務時,次日基層勤前教育得免予舉行;聯合勤前教育則得順延之;(七)施教經過及任務執行完畢後,其執行情形與得失檢討,均應詳實記錄;施教重點資料,並應印所屬勤務執行機構,黏貼於勤前教育紀錄簿內供員警傳閱。惟在此亦同樣應注意者,即前述警政署已於 2015 年相關改善勤前教育之規定,此類專案勤前教育之重要變更之處,例如施教重點資料及紀錄亦應張貼於警察機關「內部網站」供同仁點閱等新的規定與適用之新規範。

第 二 節 我國警察常年訓練之規範

在 2003 年「警察常年訓練辦法」總說明中,闡述警察常年訓練之目的,乃在維護警察紀律、鍛練員警體能及充實其實務知能,以因應社會環境及工作需求,有效遂行警察職務。爰依據「警察教育條例」第 12 條規定:「各級警

察機關應實施警察常年訓練，其辦法由內政部定之。」警政署遂於 2003 年 4 月 16 日內政部臺內警字第 0920075418 號令訂定警察常年訓練辦法，發布全文共 16 條（內政部警政署，2018：1440-1441），並自發布日施行。該辦法乃期能保持員警執法能力，並能與時俱盡進的提升其戰力。

壹、警察機關辦理常年訓練之權責區分

根據我國「警察常年訓練辦法」第 3 條之規定，各級警察機關辦理常年訓練之權責區分如下：

一、內政部警政署：負責全國性警察訓練之策劃、督導、考核事宜。
二、直轄市、縣（市）警察局：負責所屬警察訓練之策劃、督導、考核事宜。
三、直轄市、縣（市）警察局所屬分局：負責所屬警察訓練之執行及測驗事宜。
　　警政署所屬警察機關，則比照前項規定爲之。

貳、常年訓練之種類

根據「警察常年訓練辦法」第 4 條之規定，常年訓練區分爲一般訓練及專案訓練兩大類，茲略述之如下。

一、一般訓練包括下列之訓練類型

（一）個人訓練：以員警個人爲對象，銜接學校養成教育，吸收新知新技、陶冶品德修養、鍛鍊強壯體魄及充實各項勤（業）務執勤職能。個人訓練內容包括學科訓練及術科訓練，其範圍如下：

1. 學科訓練：以陶冶品德修養、專業知識、法令規章及執勤要領爲主。學科訓練實施方式則包含：(1) 自行研讀：警政署編撰教材，由員警自行研讀；各單位並得視地區特性、勤（業）務需要，自行編印補充教材；(2) 集中實施：每季集中實施 1 次；每次 1 天，每天 8 小時。
2. 術科訓練：以鍛鍊體魄、執勤技能及各種武器射擊技術爲主。術科訓練爲射擊訓練及體技訓練。每人每月集中訓練 8 小時。射擊訓練項目爲基本、應用射擊及戰鬥射擊，由本署律定訓練進度，各單位依測驗成績分組實施並管制執行。體技訓練項目爲綜合逮捕術、跑步、柔道、跆拳道、綜合應用拳技或其他應勤技術訓練，並依任務特性編組實施。

　　（二）組合訓練：以組合警力為對象，充實組合警力之執勤要領及技能。組合訓練實施方式如下：

　　1. 日常訓練：結合日常勤務，由派遣單位之主官（管）或指派教官，循任務提示、警棋推演、現地指導（演練）、勤畢集中檢討等經常實施。

　　2. 機會訓練：利用集結地區、集中待命時或其他機會，指派教官講解、指導編組隊形，實施警棋推演或實警演練。每月術科訓練時，得集中辦理組合訓練，並置重點於勤務檢討、案例教育。

　　（三）業務訓練：以各級業務人員為對象，充實專業知識及勤（業）務能力。業務訓練由各業務單位，依業務特性及需求，策訂訓練計畫實施。

　　（四）幹部訓練：以中央警察大學、臺灣警察專科學校應屆畢業生及分駐（派出）所以上各級主官（管）為對象，充實工作經驗、技能，傳授幹部領導之能力。幹部訓練由各單位針對幹部勤（業）務需要，策訂訓練計畫實施。

　　（五）其他一般之訓練：前四目一般訓練以外之一般性訓練。

二、專案訓練包括下列之訓練類型

　　（一）特定任務訓練：針對任（勤）務之特性及工作條件，設計課程施教，以充實特定任務執勤能力。特定任務訓練，各單位在特定時間內，針對勤（任）務特性訂計畫，採講授、研討、現地偵察（演練）、警棋推演等方式實施。

　　（二）特殊任務警力訓練：針對特殊任務警力，設計課程施教，以充實其打擊重大暴力、組織犯罪及遂行其他特殊任務之能力。特殊任務警力訓練實施方式如下：

　　1. 基礎訓練：由本署規劃集中訓練。

　　2. 保持訓練：由各單位依本署訂定課目基準，定期實施。

　　3. 定期複訓：由本署規劃，每年定期實施重點課目複訓。

　　（三）其他之專案訓練：前二目之專案訓練以外之專案性的訓練。

第 三 節　我國警察勤前教育與常年訓練未來之發展

壹、運用新的訓練理論於勤教與常訓之上——新加坡警察之經驗

　　我國警察勤前教育與常年訓練，以往較以傳統之方式來執行與推展之。然而，各行各業在其相關之在職訓練中（in service traininbg），亦都有很多之創新方法。[1] 至其目的乃期藉新的訓練機制，能提升其在職學習與不斷的成長之效果，並能間接影響其工作之效益。而在創新訓練方法的過程中，新的訓練理論之援用，以及其他機構在訓練方法創新之成功經驗均甚值得學習與仿效。如此才能快速的突破傳統思維之桎梏，並較能保證其能終底於成。在此本書將援引新加坡警察機構（Singapore police Force, SPF），運用美國麻省理工學院（MIT, Sloan School of Management）管理學教授 Peter Senge 先生之學習型組織（Learning Organization）中之組織學習（Organizational Learning）的五項修練之技巧，其即包括組織學習的下列五項要素：（一）建立共同願景（Building Shared Vision）；（二）團隊學習（Team Learning）；（三）改變心智模式（Improve Mental Models）；（四）自我超越（Personal Mastery）；（五）系統思考（System Thinking）等（郭進隆譯，1994；Senge, 1990）。藉用此五項組織學習的訓練方法，於其組織在職訓練的革新變革之上。本文擬詳述如後，以

---

[1] 所謂在職訓練是指管理者在日常的工作中指導、開發下屬技能、知識和態度的一種訓練方法。有論者主張所謂之「傳統訓練法」可包括：（一）探討演出法（Presentation methods，可包括講授與視聽技巧二種方法）；（二）實地演練法（可包括現地訓練、模擬、個案研究、企業競賽、角色扮演與行為示範等方法）；（三）群體建立法等訓練方法。國立中興大學教師資訊網頁PPT，在職訓練第七章傳統訓練法。

又見林孟彥譯，管理學，其稱在職訓練可分為：（一）訓練型態可包括：人際技巧、技術、企業、法律、績效管理、問題解決／決策、個人之訓練（可包括生涯計畫、時間管理、福利、個人財務及金錢管理、演說術）以上等各類型態；（二）訓練的方法可包括：1.傳統訓練方法；2.科技的訓練方法兩大類。傳統訓練方法可包括工作輪調、經驗練習法、課堂授課、顧問暨輔導法等傳統訓練方法。科技的訓練方法可包括影片教學（觀看多媒體影片，來學習特定的技術）、語音或視訊會議（在訊息傳遞的當下，即時參與現場的學習）、E學習（讓員工在網路環境中，透過多媒體或模擬情境學習）等新的訓練方法。

當作我國警察之勤前教育與常年訓練創新作為的參考與援引之案例，因為同為華人社會的警察機構，其同質性甚高，故而可成為參酌與仿效之範本。

對於新加坡之警察而言，過去組織學習僅從一個全球管理學術界的流行語，期望能創新實踐而成為新加坡警察機構在職訓練的一個重要之發展新模式。它在戰略層面和員警的日常工作之中，都有一定程度的在實施此策略。許多新加坡之警察幹部認為，這一概念是有用的工具，並可以帶來深刻的變化。因而，新加坡警察的領導幹部，即有認識到此策略之重要，並且言行一致的鼓勵此類之實驗和創新，使組織學習在員警的日常工作中能真正的落實。對此組織學習概念的認識，和組織學習的工具，改變了新加坡警政的發展方向和他們的思考、行為和合作的工作模式。這一變化也提升了警察保護和服務新加坡人民的能力。

1992 年當時的 Tee Tua Ba 警察局長，於新加坡警察定期舉行的局、處長等領導幹部之論壇會議中（Commissioner of Police Directorate Forum, CPDF），介紹了此一組織管理之新概念。這類會議旨在成為管理階層探索革新之想法，和集思廣益並期能有創新解決方案的論壇。此論壇更有趣的基本規則之一是，會議期間提出的意見將可暢所欲言而不必負擔責任，以便出席者能夠自由的發言。雖然此會議是相對短暫的，然而它卻是團隊學習（team learning）與相互學習的一個重要的機制。自 1996 年起，新加坡警政首長指派一些科室的主管、某些警官幹部，為此關鍵性變革的推動者，並令其參加了為期 5 天的組織學習課程。隨著時間的推移，總共有 200 多名警官接受了組織學習與如何實踐的培訓。

之後上述新加坡警察組織學習之論壇，甚而擴大到包括第一線基層幹部在內的整個領導班子的參與，並且引進了受過組織學習概念與其工具之培訓的年輕警官，來共同參與討論及腦力激盪，以便提升會議之品質與效益。至今大約每 2 週都有 40 名左右之成員所組成的小組，舉行 1 次此類組織學習之會議。而設在警察總部大約有 15 名參謀人員，輪流擔任此論壇之會議主持。該會議進行中沒有所謂「主席」之席位。事實上，高級警察總是特意坐在整個圈子裡。討論之議題被定義為「討論之問題」（discussion questions），避免將該

群體帶入兩極分化（yes/no situations）或者非爲「零合」之情況。[2] 會議採取分組討論或大型小組討論的形式，並且有主持人和記錄。

於是新加坡警察局、處長論壇會議，已從過去威權式硬性的執法議題，改變成爲較軟性、開放，但其仍然是警察執法的重要議題。其中之議題，例如一個警察單位如何有效的領導、內部如何有效的溝通、或者組織同仁對於警局之政策或推行之專案的看法等等。此類之新議題在過去是不太可能被提出來討論的，而此論壇會議祕書，會將會議之概要記錄，以及其觀察這個領導幹部會議之進行，是否有達到團隊研究與學習成效（collective thinking and team learning）之報告，通報給所有警察同仁參考。此報告亦可成爲同仁組織學習，以及建立其人際互動技巧的參考資料。

在過去數年新加坡警察的領導幹部會議，達到了以下兩項重要里程碑與成效：（一）創造了新加坡警察的共同願景（SPF Shared Vision）；（二）透過共同的協力與努力來共創一革新方案，以便達成此願景的實現。而此程序的第一步驟爲介紹基層第一線之警察人員，有關此新革新方案之組織學習的觀念與技術（rganizational learning concepts and tools）。透過此程序，基層單位之員警學習該領導會議之共同願景，並用組織學習同樣之各項技術，例如改變心智模式的左手欄（the Left hand Column）、系統思考（System Thinking）、團隊學習（team learning）等組織學習的 5 種技術，[3] 來共同創造其單位之共同願景。而爲了加強此組織學習之效能（organizational learning），在新進的員警的教育訓練課程中，亦加入此技術之學習課程。

新加坡警察機構隨後努力以整體的方式來實現這些概念，並將它們無縫接軌的融入到組織的體系結構中。其他關鍵會議也變得更加以「組織學習」的形式來進行。各警察機構設立了學習中心，提供多媒體學習輔助設備和組織學習

---

[2]　「零和理論」（zero-sum game or win-lose）即一方之所得必為一方之所失。換言之，是一種全面衝突型態，一種雙方謀求全勝的策略，其結果則為一方勝，一方則輸，例如：世界大戰、二人競選局面等。其相對之名詞則為雙贏之策略（win-win policy）。

[3]　學習型組織應括5項要素：（一）建立共同願景（Building Shared Vision）；（二）團隊學習（Team Learning）；（三）改變心智模式（Improve Mental Models）；（四）自我超越（Personal Mastery）；（五）系統思考（System Thinking）。見郭進隆譯（1994），第五項修練—學習型組織的藝術與實務，臺北：天下文化出版社。

的相關資源，以鼓勵每位基層員警能掌握組織學習的技巧。新加坡警察機構還留出時間和資源，使各單位能夠定期舉行檢討會，通過適當的活動來分享此類新的警察執法之觀點與技巧。而其中新創設之討論小組，是警察內聯網上的一個電子論壇，已成爲許多當前警政問題進行對話的媒介，從而在警察組織中促進橫向和縱向的更開放之溝通、討論與成長、學習。總體而言，資訊流動變得更快、更透明，這對推動學習至關重要。

　　新加坡警察機構還將組織學習納入其未來發展之規劃和業務流程再造的工作之中，以實現集體思考的效益（collective thinking），並鼓勵自我審視心智模式（mental model）和執行各類勤務可能衍生之後果。其將來自美國陸軍的事後審查與檢討方式制度化，並將其融入工作流程之中，以培養團隊學習（team learning）並能持續的改進。此外，其現在處理錯誤的方式，是以學習和改進爲導向的，而不是指責或懲處錯誤而已。當然，如果員警犯了嚴重的罪行，他們仍然會受到指責。其亦特意的在整個警察機構中分享最佳執法之作爲，以便其他員警能夠從中學習並因而受益。許多由下而上的革新方案（bottom-up initiatives），突顯了這些革新的落實至基層組織。這些革新作爲，亦顯示出新加坡警察機構內部，眞正的接受與完全融入組織學習之精神與技巧。

　　經過此警政之革新，見證到新加坡警政工作場所更高的精神展現和員警之間關係的改善，在溝通上更加清晰和誠實，特別是在「不可討論」（undiscussables）方面的議題。對集體思維的渴望，也加強了其挑戰現狀和制定更高品質計畫的能力。這種員警能力的改變，又促使員警在面對問題時，表現出更大的主動性和自主權。其學習、獲得技能和知識，以及尋求智慧的欲望越來越大，這表現在員警相互分享文章、經驗和錯誤的互動行爲之上。經過此種培訓與革新，他們對組織改革採取了更全面的看法，並能「跳出框架」之傳統思考模式（think out of the box）。因而，新加坡的警察人員，能更廣泛的從國家社會的整體角度來思考執法的問題，而不是從自己狹隘的觀念來看待問題。至於新加坡民衆亦感受到員警對於民衆所提之需求與協助，明顯的比改革前更加的快速與有效。同時員警對於民衆之報案或事故之處置，也比過去更加的多元，並能提出更佳的解決策略，以滿足不同狀況之需求。同時，很多義警或志工（reservist）也表示，新加坡的警察機構比以前更加的開放（openness），並更能接受不同之意見。

以上各種新加坡警政改革之現象，正說明了警察機關援引並落實了組織學習（organizational learning）之原則與技巧之效益與成果。茲以下述圖 7-1 品質循環圈（Cycle of Quality）說明之。亦即，組織學習的實踐，帶來了更高品質的員警間的互動關係，進而帶來了更高品質的集體系統思維。如此，可獲得了集體之智慧，並會因而帶來更高品質的組織計畫，隨著計畫更高品質的落實執行，便可取得了優越的成果。這一成功的結果強化了「組織學習對我們是有效」的信念，從而進一步提升了互動關係的品質。

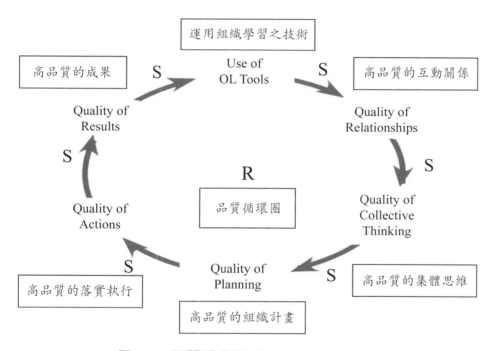

圖 7-1　品質循環圈（Cycle of Quality）

　組織學習原理的實施和融入，可以創造組織的卓越，要實現如此大規模的革新與轉型，新加坡政府內部需要有更多的單位來共同參與組織之再造。為此，新加坡警察機構開始與許多不同的政府組織，分享他們成功的經驗。而警察機構也對組織學習產生了更多的興趣。事實上，新加坡各部會，已派出變革推動小組，參加 1999 年 1 月開始的為期一年的組織學習課程。該課程的目標是培養今後新加坡政府部門從事改革的領導者。然而，於當時新加坡沒有一個

機構，正式的協商此一革新的工作；因而政府部門的不同組織，以不同之程度接受或者對組織學習之變革，並作出了積極的配合與回應。不過當時的新加坡副總理還是表示，作為一個現代化的國家，新加坡必須成為「一個學習型組織」的有效率之政府。因此，在總理辦公室下之各部會機構，逐漸地在推動此種變革，並且推廣至其他之公共服務部門，包括學校和半官方的政府機構，均採用組織學習之新概念，來發揮更大的組織功能與效益（Hui & Ng）。以上新加坡警察機構在新的管理與訓練方法的援引與創新之經驗，甚值得我國在思考勤前教育與常年訓練創新作為時，甚為典型之成功經驗。因此爾後在管理理論與訓練新模式的創新與發展之上，亦可本諸此精神而不斷的因地、因時的創新發展，期能幫助我國警察人員，透過此種便捷、有效之學習新機制而不斷的成長，並能為社會與社區民眾提供更高品質之服務。

貳、勤前教育與常年訓練之改革與創新

　　為了提升我國警察之勤前教育與常年訓練之品質與效益，則必須在如何隨著社會環境之變遷與犯罪手法的多元化之大環境下，有所改革與創新。如此，才能保持員警治安之能力不斷的提升，也才能更為有效的處理社會之治安事件；同時也使得員警在第一線執法時更有信心，正所謂藝高而人膽大。再者，因為學習之多元與方便性，使得員警更樂於且便利的學習，因而整體治安之戰力能因而快速的提升。至其方式，可若前述新加坡警察之組織學習之新措施，融入組織學習之原理與技術，使得警察組織，能整體快速的提升員警之執法能量；又如前述我國之警政署於 2015 年 8 月 5 日曾以警署行字第 10401311915 號函頒相關改善勤前教育之規定，其中重要變更與改革為：（一）現行聯合勤前教育舉行週期，由每 2 週 1 次修正為每月 1 次為原則；（二）施教重點資料及紀錄應張貼於警察機關內部網站供同仁點閱；（三）增訂員警於勤前教育開始時已無勤務編排者，除有特殊情形，不得要求參加勤前教育，以維同仁權益；（四）刪除勤務手冊及無故未依規定過錄之懲處規定等等之變革，均為未來我國警察在勤前教育與常年訓練之改革中，值得參酌之範例。

　　總之，警察勤前教育與常年訓練之改革之基本原則，為追求員警之執法能力，期能在組織的參與中不斷的精進與提升，且能以新的訓練理論與模式來方便有效的推展訓練之業務與課程，至其方式則可本諸上述便捷、適宜與有效等之原則，而不斷的創新與研究發明較為適合時代需求，而且更為有效的新方法。

參考書目

一、中文部分

內政部警政署（2108），警察實用法令，警察勤務區家戶訪查作業規定。

郭進隆譯，Peter Senge著（1994），第五項修練－學習型組織的藝術與實務，天下文化出版社。

NPA署長室（2015年8月11日），勤前教育實施規定有變革囉，2019年3月10日取自：https://www.facebook.com/search/str/%E5%8B%A4%E5%89%8D%E6%95%99%E8%82%B2/keywords_blended_posts?esd=eyJlc2lkIjoiUzpfSTgxODc3MzA0NDgyNzAyNTo4NzI1NTg2ODYxMTUxMjciLCJwc2lkIjp7IjgxODc3MzA0NDgyNzAyNTI1NTg2ODYxMTUxMjciOiJVenBmU1RneE9EYzNNNekEwTkRneU56QXlOVG80TnpJ1NTg2ODYxMTUxMjciOiJVenBmU1RneE9EYzNNekEwTkRneU56QXlOVG80TnpJ1NTg2ODYxMTUxMjciOiJVenBmU1RneE9EYzNNekEwTkRneU56QXlOVG80TnpJ1NTg2ODYxMTUxMjciOiJVenBmU1RneE9EYzNNekEwTkRneU56QXlOVG80TnpJMU5UZzJPRFl4TVR1eE1qY2lPaUJVenJmU1RneE9EYzNNekEwTkRneU56QXlOVG80TnpJMU5UZzJPRFl4TVR1eE1qY2lPaUJ2ZW5wbU11RneE9EYzNNekEwTkRneU56QXlOVG80TnpJMU5UZzJPRFl4TVR1eE1qY2lPaUJ2ZW5CbU11RneE9EYzNNekEwTkRneU56QXlOVG80TnpJMU5UZzJPRFl4TVR1eE1qY2lPaUJ2ZW5CbU1uUm5lRTlFWXpOTmVrRXdUa1JuZVU1NlFYbE9WRzgwVG5wSk1VNVVaekpQUkZsNFRWUlZlRTFxWXowaWZTd2lZM0pqZENJ6InRleEQiLCJjc2lkIjoiNWYxMzgxNDU1ZDMyNzFmZmJjMDRiZGUlMDZiZDc1ODAxN2MifQ%3D%3D。

內政部警政署（1996），各警察機關勤前教育實施規定，警署行字第26211號函，2019年3月10日取自：http://www.rootlaw.com.tw/LawArticle.aspx?LawID=A040040111033500-0850409。

林孟彥譯，管理學，2019年3月10日取自：https://www.pws.stu.edu.tw/yjchen/TotalHP/Lab/Chen/courseothgers/95B/952Management/ch12.ppt。

高雄市政府警察局（2015年10月28日），勤務實施細則，2019年3月10日取自：https://www.kmph.gov.tw/Upload/UserFiles/23%E9%AB%98%E9%9B%84%E5%B8%82%E6%94%BF%E5%BA%9C%E8%AD%A6%E5%AF%9F%E5%B1%80%E5%8B%A4%E5%8B%99%E5%AF%A6%E6%96%BD%E7%B4%B0%E5%89%87.pdf。

國立中興大學教師資訊網頁PPT，在職訓練第7章傳統訓練法，2019年3月10日取自：http://web.nchu.edu.tw/pweb/users/angela/lesson/1219.ppt。

二、外文部分

Hui , Khoo Boon & Ng, Antony , Toward Organizational Learning in the Singapore Police Fore, in System Thinker, March 10, 2019 retrieved from https://thesystemsthinker.com/toward-organizational-learning-in-the-singapore-police-force/

Senge, Peter M. (1990), The Fifth Discipline- the Art and Practice of the Learning Organization, N.Y.: Doubleday.

CHAPTER

8

警察勤務督察

第 一 節　我國警察勤務督察之規範

壹、我國警察勤務督察之業務規定

根據「警察勤務條例」第 26 條之規定，各級警察機關為激勵服勤人員工作士氣，指導工作方法及考核勤務績效，應實施勤務督導及獎懲。黎明、黃昏、暴風、雨、雪、重要節日及特殊地區，應加強勤務督導。又依據「內政部警政署組織法」第 2 條第 1 項第 12 款之規定，警政署掌理全國性警察業務，並辦理下列事項：第 12 款，警察勤（業）務督導及警察風紀督察考核。另根據「內政部警政署處務規程」第 14 條之規定，督察室掌理事項如下：（一）模範（績優）警察之表揚、規劃、執行、督導及考核；（二）員警因公傷亡、殘疾慰問、急難濟助之規劃、執行；（三）改善員警服務態度之規劃、督導及考核；（四）員警風紀之規劃、督導、考核及重（大）要違法（紀）案件之查處；（五）員警之考核、風紀評估、教育輔導之規劃、執行、督導及考核；（六）員警勤務及重大演習之督導、考核；（七）特種勤務之協調、聯繫及督導；（八）勤務及風紀等內部管理之督導、考核；（九）其他有關督察工作事項。

貳、我國警察督導人員之範圍暨層級之規定

另根據「警察勤務督察實施規定」第 3 點之規定，督導人員之範圍如下：（一）各級單位正、副主官（管）；（二）各級督察（查勤）人員；（三）各級主管業務人員；（四）其他經指派之督導人員。「警察勤務督察實施規定」第 4 點之規定為，勤務督察區分為署、警察局及分局等 3 級，其任務區分如下：

一、**警政署**：（一）宣慰、指導及了解員警困難與需要，適時協助或反映解決；（二）重要（點）勤（業）務之督導考查；（三）重大（要）治安、勤務及風紀案件之督導、調查；（四）各級主官（管）領導統御及內部管理之督導考查；（五）幹部考核；（六）交辦事項。

二、**直轄市、縣（市）警察局**：（一）指導及了解員警困難與需要，適時協助或反映解決；（二）勤（業）務之督導考查與專案勤務之督導與支援；（三）重大（要）治安、勤務及風紀案件之督導、調查、陳報；（四）各級主官（管）領導統御及內部管理之督導考查；（五）各級主官（管）執行勤（業）

務督導情形之考查；（六）勤務紀律及服務態度之督導考查；（七）幹部考核；（八）交辦事項。

三、**直轄市、縣（市）警察分局**：（一）深入基層，了解員警困難與問題，協助或反映處理；（二）一般勤（業）務查察及勤務之督導與支援；（三）警勤區、刑責區工作之督導考查；（四）各勤務單位內部管理及員警服務態度之督導考查；（五）一般治安狀況之調查、反應；（六）重大（要）治安、勤務及風紀案件之調查、陳報；（七）交辦事項。

參、我國警察勤務督導類型之規定

根據「警察勤務督察實施規定」第 6 點之規定，勤務督導分爲駐區督導、機動督導（專案督導）及聯合督導等 3 類，其執行方式如下：

一、**駐區督導**：劃分督導區，每區派員專責督導。（一）警政署就全國治安狀況及地區特定，劃分爲若干督導區，派督察駐區督導；（二）直轄市、縣（市）警察局，依轄區大小、單位多少、工作繁簡，劃分爲若干督導區，每區派督察（員）負責督導。

二、**機動督導（專案督導）**：遇重大慶典及重要勤務活動等狀況時，依需要臨時專案規劃派遣督導。

三、**聯合督導**：依工作需要派遣，或與有關業務單位、督察人員配合實施督導。但非督察人員除勤務督導外，以督導主管業務爲原則（內政部警政署，2018：1748-1749）。

另根據「警察機關強化勤務業務紀律實施要點」之規定，對於警察勤務、業務督導之處理與報告之紀律，亦有甚爲詳細之規範，可自行參酌內政部警政署編印之《警察實用法令》，有關警察機關強化勤務業務紀律實施要點之相關規定（內政部警政署，2018：1746-1747）。

肆、我國警察勤務督導與政風業務之權責劃分之規定

根據「內政部警政署處務規程」第 18 條之規定，政風室掌理警政署政風事項。因此，可了解我國警察之勤務督導乃以警政署督察室爲主，而屬於專業督導之模式與類型，並且以勤務之督導爲核心。至於，有關風紀之督考則以政風單位

為主，至若未設政風單位之警察機構，其政風業務則由督察科（或督訓科）兼辦之。根據警政署所規範之內政部警政署督察室與政風室權責劃分表，其之工作劃分如表 8-1 所示。至於警察單位在政風系統之發展方面，1992 年 7 月 1 日公布施行之「政風機構人員設置條例」，將原來政府各級機關中人事查核單位改制為政風機構，依法律賦予「端正政風，促進廉能政治，維護機關安全」之任務，係機關機先防制貪瀆的前哨，以使政府廉能政治更為健全，因此警政署於 2001 年 2

表 8-1　內政部警政署督察室與政風室權責劃分表

督察室	政風室
1. 關於員警因公殘疾慰問急難救助之策劃、執行事項。 2. 關於改善員警服務態度之規劃、督導、考核事項。 3. 關於員警申訴之規劃、執行、督導、考核。 4. 模範警察、績優員警、好人好事之甄選表揚、考察。 5. 關於員工座談會之規劃、執行、督導、考核事項。 6. 關於勤務督察之規劃、督導、考核事項。 7. 關於專案督導之規劃、執行事項。 8. 關於員警違法犯紀案件之查處及研訂具體防制措施。 9. 關於駐區督察督導區劃分協調聯繫事項。 10. 關於內部管理業務之規劃、執行、督導、考核事項。 11. 關於員警考核之規劃、執行、督導、考核。 12. 關於員警教育輔導之規劃、執行、督導、考核事項。 13. 駐區督察派遣事項。 14. 關於各級督察人員之甄選（試）升遷調補作業事項。 15. 員警升遷、考試、訓練等案件考核評鑑、查核事項。 16. 督察幹部培訓講習。 17. 關於特種勤務暨首長警衛之聯繫、策劃、督導事項。	1. 擬訂、修正、蒐集及編印各項相關政風法令。 2. 訂定端正政風及防制貪污工作實施計畫。 3. 訂定政風工作手冊，宣導並貫徹執行政風法令事項。 4. 講解廉政肅貪案例、表揚績優政風事蹟。 5. 評估易滋弊端之業務、研訂具體防弊措施。 6. 追蹤管制防弊措施執行情形。 7. 研析發生之貪瀆案件，訂定具體改進措施。 8. 查察作業違常單位及生活違常有貪瀆不法傾向人員。 9. 關於員警貪瀆違法案件之調查事項。 10. 調查民眾檢舉及媒體報導有關單位人員涉嫌貪瀆不法事項。 11. 設置政風專用信箱及電話，受理檢舉案件。 12. 會同督導考核監標、監驗工作。 13. 關於辦理政風革新建議事項。 14. 辦理政風考核、獎懲建議事項。 15. 辦理機關公務機密維護事項及機關設施安全之維護。 16. 推動資訊保密措施及處理洩密案件。

月成立政風室，署政風室設有預防科及查處科。高雄市政府警察局於 2003 年 2 月 1 日設置政風室；臺北市政府警察局於 2006 年 1 月 16 日設置政風室；而新北市政府警察局於 2007 年 10 月 1 日因臺北縣升格爲準直轄市設置政風室，後 2010 年 12 月 25 日因臺北縣升格爲直轄市，該局政風室改制爲新北市政府警察局政風室；臺中市政府警察局、臺南市政府警察局於 2010 年 12 月 25 日設置政風室；桃園縣政府警察局於 2011 年 1 月 1 日因桃園縣升格爲準直轄市亦設置政風室（內政部警政署，警政署政風室工作職掌與工作重點）。另於現階段之規劃，則先於刑事警察局增設政風室，以及各地方警察局如基隆市、新竹縣、新竹市、苗栗縣、彰化縣、南投縣、雲林縣、嘉義縣、嘉義市、屏東縣、宜蘭縣、花蓮縣、臺東縣、澎湖縣、金門縣等警察局亦先後成立政風室之外，其他警察機構亦陸續在研究創設之中。上述之外的警政署所直屬之各警察機關，以及各縣市政府警察局，若涉及組織員額編制及地方制度法等相關問題，尚無設置政風機構之具體規劃，則政風業務委由督察單位兼辦，未來則仍積極推動警察機關全面設置政風機構。

第 二 節　勤務督導考核之功能與目的

從行政學的角度來看，警察勤務督導考核之功能與目的，是在追求秩序、效率等之外，具體言之，勤務督考之功能與目的在於：（一）糾正錯誤；（二）減少問題；（三）增加效率；（四）鼓勵成功；（五）透過組織以散布革新理念；（六）協助組織達成目的（李湧清撰，2006：101）。

其中之第一、二兩項之功能與目的，可謂勤務督導考核之消極功能，而第三至六項則係積極功能。然而，我國的警察勤務條例也規定，勤務督導的目的在於：（一）激勵工作情緒；（二）指導工作方法；（三）考核勤務績效。又依據「警察勤務條例」第 26 條規定，各級警察機關爲激勵服勤人員工作士氣，指導工作方法及考核勤務績效，應實施勤務督導及獎懲。而警察機關勤務督察實施規定，遂依據上開之立法意旨，於該規定之第 1 條揭示，勤務督察乃爲激勵工作士氣，指導工作方法，維護工作紀律，考核工作績效，落實勤務執行，發揮督察功能，即可說明勤務督導考核之功能與目的之優先順序，與其核心之功能。又根據立法院 2018 年 10 月 11 日印發之議案關係文書，其中有關勤務

督導的部分略以：「有鑑於警察勤務條例自民國 97 年最近一次修正以來已逾九年，由於時代進步，社會快速發展，諸多規範已不合時宜，無法合理因應實際之需求轉變。……爰提出『警察勤務條例第 16 條、第 17 條及第 26 條條文修正草案』，針對警察人員之值勤工時分配、勤務編排方式及勤務督導目的重行規定，期能符合時代演進與任務需求。」其中，有關勤務督導之修正建議為：「第 26 條各級警察機關為激勵服勤人員工作士氣，指導工作方法及考核勤務績效，應實施勤務督導及獎懲。特殊地區，應加強勤務督導。而**勤務督導應以指導改善工作為主，而非以懲處為目的。**」（立法院，2018）。足見立法院對於警察勤務督導之性質與其功能，亦認為勤務督導應以指導改善工作為主，而非以懲處為目的。筆者則期待，此等修正能早日完成立法，讓勤務督導能真正達到激勵員警士氣，並因而提升工作效率之良好結果。

因之，2017 年內政部警政署督字第 1060086598 號函修訂之「警察機關強化勤務業務紀律實施要點」第 8 點規定：「各警察機關（單位）主官、主管、督察及業務系統應分層負責，深入考查紀律及績效，發現有偏失或未依規定執行或辦理者，應即主動指導或查明處理。」其之第 9 點又規定：「各警察機關發生勤務或業務紀律違失案件後，應立即將案發經過及處理流程等內部管理不善事項加以檢討，擬定策進作為（含控制機制及檢討方案等），依案情適時陳報上級警察機關，並作成案例教育教材，利用勤教宣達。」（內政部警政署，2018：1746）。因此，我國警察勤務督導之積極與消極功能，亦即其實際之處理策略與作為，乃在於：（一）發現有偏失應即主動指導或查明處理；（二）立即將案發經過作成檢討方案陳報上級，並作成案例教育教材，利用勤教宣達之。然而，其具體之策略與細部之作為，則均僅僅以個案處理之而已。故而，實應該擴大到相關之激勵管理、指導工作方法，以及考核勤務績效等三方面的「學術原理」之援用，以便提升督察之功能，並且應汲取他山之石之監督方法（含國、內外警政及其他行政機關之成功經驗），而為我國督勤方法創新之用。今於茲先引述一、二之管理科學相關理論的論述如下，期為我國警察督導勤務時，提升其功能之參考。於援引相關理論之後，再引述行政監督的他山之石，以供我國勤務督導之參考。

壹、激勵理論運用於警察勤務督察

　　激勵是個人與情境互動的結果，激勵是在滿足個人需求的情況下，為達成組織目標而加倍努力的意願。其包括三項要素：即努力、組織目標、需求。激勵也是一種需求滿足的過程，需求則是使得特定結果變得有吸引力的一種內在心理狀態。而沒有被滿足的需求會產生緊張（tension），緊張會驅使人來滿足需求。受激勵的員警會更努力工作、更堅持，惟其需求必須與組織目標一致相容，才能得到報酬（國立臺灣大學圖書資訊學系）。因此，我國之警察勤務督導之型態與方法，若能善用此管理之技術，必將更能提升督導之效果與勤務之效率。

　　至於激勵管理之理論發展中，早期於 1950 年代激勵觀念蓬勃發展有下列數個重要理論，可供警察之勤務督導時之參酌：

一、Abraham H. Maslow 的需求層級理論（Hierarchy of Needs Theory）

　　他使用了生理、安全、隸屬感與愛、自尊、自我實現等 5 種需求，來描述人類動機推移的脈絡，人類的需求是以層次的形式出現，由低層次生理的需求滿足開始，才會逐級的向上發展到高層次自我實現層次的需求。

二、Frederick Herzberg 的激勵──保健理論或者兩因素理論（Motivation-hygiene Theory or Two-factor Theory）

　　1950 年代末，Herzberg 在匹茲堡進行研究發現，產生激勵的因素（高層次的需求）則包括：挑戰性工作、成就、增加工作責任、賞識。不會產生激勵作用的保健因素（低層次的需求）則包括：工資、改善人際關係、良好的工作條件、地位、安全感等。其與 Maslow 的需求層級理論不同，Herzberg 認為低層次需求的滿足，並不會產生激勵效果，而只有高層次的需求滿足，才能真正的激勵員工；但若低層次的保健因素不能滿足，則離職率會提高而已。

三、近代美國心理學家 John Stacey Adams 的公平理論（equity theory）

　　其理論認為工資報酬分配的合理性、公平性，會對員工生產的積極性產生影響。而員工的激勵程度來自於，對自己和參照對象（Referents）的報酬和投入的比例的主觀與比較之感覺；他不只關心自己所得報酬的絕對量，且關心自

己所得報酬的相對量。因此，其要進行種種比較，來確定自己所獲報酬是否公平、合理，比較的結果將直接影響今後其工作的積極性。

四、美國著名心理學家和行為科學家 Victor Vroom 的期望理論（expectancy theory）

其又稱之為「效價—手段—期望理論」（Valence-instrumentality-expectancy theory）；期望理論是以三個因素反映需要與目標之間的關係的，要激勵員工，就必須讓員工明確的認同以下三點考量：（一）工作能提供給他們真正需要的東西；（二）他們欲求的東西是和績效聯繫在一起的；（三）只要努力工作就能提高他們的績效。而激勵（motivation）取決於行動結果的價值評價（即「效價」valence）和其對應的期望值（expectancy）的乘積：亦即 M=V*E。

五、當代激勵理論的整合模式

其強調承認個人差異、適才適所、利用目標、確定員工認為目標是可以達成的、個人化的報酬、聯結報酬與績效、檢視系統的公平性等等新的激勵因素的系統整合模式，以及多元、多面向的激勵概念。

綜上所述，實務上管理者常用以上各階段之激勵理論，來解釋員工的激勵作用，而警察勤務督察之三個重要的功能與目的即是：激勵管理、指導工作方法，以及考核勤務績效等三方面。所以，若能深諳以上之激勵理論，在勤務督導之中，能深切了解被督導員警之個別之需求，掌握其之激勵與保健之因素，並且善加運用於勤務督導之上，則警察勤務督察在激勵與指導這兩項功能方面，必定能有更多的創新之作為，並能真正達到激勵基層員警工作之效率與士氣。

貳、組織學習理論運用於警察勤務督察

前述第一章中所述「整合時期」之警政哲學，亦深受品質管理哲學與趨勢之影響，而整合成為警政品質之管理（Quality Policing）。因此警政的品質管理，必須具備下列諸條件，才能竟其全功：（一）受過良好溝通訓練的高品質之基層警員；（二）高品質且肯授權之領導幹部；（三）參與式之人性化的工作設計；（四）以提升服務品質及顧客（民眾）為導向的角色之重新定位

等（Galloway and Fitzgerald, 1992: 1-7）。同時，品質管理之概念亦於晚近演化及衍生出組織再造（Reinventing Organization），及學習型組織（Learning Organization）等之原理，或知識經濟（Knowledge Based Economy）等新的管理觀念，均是警政革新的重要參酌途徑，深值得吾等之探討，並能援用於勤務督導的運用與研發之上（陳明傳，2004）。至於學習型組織乃延伸品質管理之原理，並強調學習的元素於其組織管理的革新之上。而學習型組織（Learning Organization）乃美國學者彼得・聖吉（Peter M. Senge）在《第五項修煉》（The Fifth Discipline）一書中提出此管理觀念，其主張企業應建立學習型組織，其涵義乃為面臨變遷劇烈的外在環境，組織應力求精簡、扁平化、彈性因應、終生學習、不斷自我組織再造，以維持競爭力。知識管理是建立學習型組織的最重要的手段之一。然而，學習型組織應包括五項要素（郭進隆譯，1994；Senge, 1990；MBA 智庫百科）：

一、**建立共同願景**（Building Shared Vision）：願景可以凝聚組織上下的意志力，透過組織共識，大家努力的方向一致，個人也樂於奉獻，為組織目標奮鬥。

二、**團隊學習**（Team Learning）：團隊智慧應大於個人智慧的平均值，以作出正確的組織決策，透過集體思考和分析，找出個人弱點，強化團隊向心力。

三、**改變心智模式**（Improve Mental Models）：組織的障礙，多來自於個人的舊思維，例如固執己見、本位主義，惟有透過團隊學習，以及標竿學習，才能改變心智模式，而有所創新。

四、**自我超越**（Personal Mastery）：個人有意願投入工作，並積極提升專精的工作技巧，個人與願景之間有種「創造性的張力」，正是自我超越的來源。

五、**系統思考**（System Thinking）：應透過資訊蒐集，掌握事件的全貌，以避免見樹不見林，培養綜觀全局的思考能力，看清楚問題的本質，有助於清楚了解因果關係。

學習是心靈的正向轉換，組織如果能夠順利導入學習型組織，不只能夠達到更高的組織績效，更能夠帶動組織的生命力。至其在警察機關之運用方面，例如前章所述之新加坡警察機構，運用學習型組織之管理技術，於其勤務的勤教、常訓與督導之運用上，獲得了甚佳之效果。新加坡在過去數年裡，組織

學習從一個流行語發展成為新加坡警察單位的一個組成部分。它在戰略層面和員警的日常工作之中，都有一定程度的在實施此策略。據此組織學習概念的認識和組織學習的工具，改變了新加坡警政的發展方向和警察的思考、行為和其工作之方式。這一變化反過來也提升了警察保護和服務新加坡人民的能力。1992 年當時的 Tee Tua Ba 局長於新加坡警察定期舉行的局、處長等領導幹部之論壇會議中，介紹了此一組織管理之新概念。此論壇更有趣的基本規則之一是，會議期間提出的意見將可暢所欲言不必負擔責任，以便出席者能夠自由的發言。雖然此會議是相對短暫的，然而它卻是團隊學習（team learning）與相互學習的一個重要的機制。自 1996 年起，新加坡警政首長指派一些科室的主管、某些警官幹部，為此關鍵性變革的推動者，並令其參加了為期 5 天的組織學習課程。隨著時間的推移，總共有 200 多名警官接受了組織學習與如何實踐之培訓。之後上述新加坡警察組織學習之論壇，甚而擴大到包括第一線基層幹部在內的整個領導班子的參與，並且引進了受過組織學習概念與其之工具培訓的年輕警官，來共同參與討論及腦力激盪，以便提升會議之品質與效益。至今大約每 2 週都有 40 名左右之成員所組成的小組，舉行 1 次此種組織學習之會議。於是，新加坡警察局、處長論壇會議，已從過去威權式硬性的執法議題，改變成為較軟性、開放，但仍然是警察執法的重要議題。其之議題則例如，一個警察單位如何有效的領導、內部如何有效的溝通、或者組織同仁對於警局之政策或推行之專案的看法等等。因此，在過去之新加坡警察的領導幹部會議，達到了以下兩項重要里程碑與成效：（一）創造了新加坡警察的共同願景（SPF Shared Vision）；（二）透過共同的協力與努力，來共創一個革新方案，以便達成此願景的實現。因此，我國之勤務督導系統，不論是專責督導類型中之駐區督導、機動督導及聯合督導，或者單位主管類型之督導，抑或各級主管業務人員之督導與其他經指派之勤務督導等，若要落實「警察勤務條例」第 26 條之規定中，最為重要的勤務督導目的，亦即各級警察機關為激勵服勤人員工作士氣，而遂行勤務之督導，則新加坡警察運用組織學習之原理與技術，於其勤務品質提升之成功經驗，甚值得我國警察勤務督導，在激勵服勤人員工作士氣與提升勤務效率之上，來深入研究與仿效的他山之石。

第 三 節 警察勤務督導之類型與方法

對於外勤活動，各國警察機關均有專設單位掌理監督之工作，如我國各級警察局的督察室；日本警察本部及各都、道、府、縣警察局之下的警備部或課（Security Bureau）；美國警察局的巡邏科（Patrol Division）或制服警察科（Uniform Division）均屬之。這些單位有權直接監督外勤之勤務單位，同時可派員實地監督外勤的執行。這種監督人員我國名之為督察，英文名之為Inspector。然而，我國之勤務督察系統，乃專門執行勤務督導之單一功能的機制，其與前述日本警察的警備部，美國警察局的巡邏科之功能顯有不同。因為，美、日等國之該等單位，乃為規劃及管制勤務執行為其主要功能，對於勤務之督導並未特別的強調，其大凡交由單位主管來監督勤務，故而與我國專責勤務督導之督察系統有所差異。復以，2003 年警政署創設政風室，並於各警察機構設置政風單位之後，對於我國專責之督察系統之存廢，就有不同之見解。亦即，是否應如各國警察之機制，即由單位主管來督導，或由各業務單位來執行勤務之督導即可；抑或者有關勤務風紀之案件，亦可交由政風單位處理即可等等之提議。綜上所述，我國警察勤務之監督之類型與方法，可略分之如下。

壹、警察勤務督導之類型

一、我國警察勤務督導「專責（業）督導類型」之規定，根據「警察勤務督察實施規定」第6點之規定，勤務督導分為駐區督導、機動督導（專案督導）及聯合督導等 3 類。

二、單位主管類型之督導類型：根據「警察勤務督察實施規定」第3點之規定，各級單位正、副主官（管）亦負責勤務督導之責。而大多數各國警察勤務督導之責，亦多由單位主管負主要之督導責任。

三、各級主管業務人員之督導類型：即由各警察業務之主管科（室）或各組，針對其業務之範圍，對於其之下屬單位執行該項業務，進行督導之工作。

四、其他經指派之勤務督導類型：根據「警察勤務督察實施規定」第3點之規定，所謂其他類型之勤務督導，乃指專案勤務之推展時，對於該項專案之勤務，進行特定之勤務督導。

貳、警察勤務之督導之方法

　　根據全球各國警察之督導中，警察監督的方法可概分爲外勤和內勤兩大類之監督方法（李湧清撰，2008：289-292）。其外勤之監督即以「勤務」之督導爲主，至所謂內勤之監督則以「業務」執行之監督爲主。然本章將以外勤之勤務督察爲主，並以前述之勤務督導類型，來申論外勤勤務方面之督導方法如下之所述：

一、**形式的督導**：所謂形式的督導，俗稱爲「查勤」。其目的在於了解外勤人員是否如勤務分配所定的班次、地點、路線、時間在執行勤務。其查考方法包括：

（一）出勤與查勤之簿表、巡邏箱、巡邏線等的使用。

（二）警用電話的運用：在衝要地區裝設警察專用電話，值勤人員巡邏至該處時運用電話向查勤單位報告。在該地守望者，應定時向查勤單位連絡，如此可以知道該值勤人員確實已達衝要點。

（三）無線電話的使用：使用無線電話車輛的巡邏人員，應按時用無線電話向查勤單位報告其位置。此外，查勤單位亦可不定時查詢其位置及路線。

（四）車輛定位系統的使用：在警用車輛加裝電子儀器，使之發出訊號。警車出勤後，始將訊號傳送至勤務管制單位之地圖上，管制人員便知道該警車之位置。此系統具備有兩種功能，亦即除了可以發揮形式上的監督作用外，當有任何案件發生，勤務指揮中心接到報案後，更能從地圖上迅速找到距離該案件發生地點最近之警車，指揮其趕到現場以爭取時間。

（五）實地考察：即監督人員分區實地考察各外勤人員是否按規定出勤。這些方法，對於外勤工作在形式上都可發生極有效的監督作用，使外勤人員不易偷懶。

（六）電子設備巡簽之新制：例如，新竹市警察局與合併前之臺中縣警察局，都曾嘗試以紅外線簽巡邏箱之創新作爲；又如，前曾述及之臺北市警察局 2018 年 3 月起示範使用行動載具掃描 QR-code 之巡簽新制，其均可落實勤務之執行，同時因其巡簽時的便捷與快速，因而可保障員警執行巡簽時本身之安全。

二、**實質的督導**：實質的督導是指工作成果的實地檢查而言。實質的勤務督導是要了解是否勤務能發揮預期之功能與作用的方法。實質督導的辦法，包括下列要點：

（一）勤務執行成效的查考：各國有實行「勤務積分制」者，其辦法乃先規定勤務執行的項目（如巡邏時必須處理的業務項目），每一項目予以一定分數。經考查凡能一一作到者，給予規定分數，未能作到者則扣除該項分數。每月或若干時間結算 1 次，作為外勤人員升遷獎懲的主要依據。美、日等國實行此制的警察機關，成效甚著。

（二）以警察事故處理數量及結果為考查標準：對值勤人員處理警察事故的數量，處理的方法和處理的後果為何，都作詳細的查考，處理數量多，方法適當成效顯著者為優，敷衍塞責虎頭蛇尾者為劣。依優劣決定獎懲升遷。

（三）從民眾反應中查考：警察外勤無不與民眾利害息息相關，故若干警察機關有從側面向民眾調查對值勤人員的觀感及反映者，例如警政署每季所作的治安狀況與民意反映調查，或者各警察局所自行進行之民意對警察值勤的滿意度調查等。由於這種調查結果可能會受特殊事件影響，因此這種調查，只能作考核的參考。

（四）調閱有關勤務執行報告並予抽查，以明瞭該項報告是否正確：這種辦法對調查、訪問與外勤工作的監督，最為有效。

（五）運用激勵管理與組織學習之原理於勤務督察之上：運用前述之激勵理論，可了解被督導之員警的個別需求，掌握其之激勵與保健的因素，並且善加運用於勤務督導之上，則警察勤務督察在激勵與指導這兩項功能方面，必定能有更多的創新之作為，並能真正達到激勵基層員警工作之效率與士氣。亦可運用組織學習之原理於勤務督導之上，其不只能夠達到更高的組織績效，更能夠帶動組織的生命力。亦即，可以運用學習型組織之管理技術，於其勤務的勤教、常訓與督導之運用上，而獲得了勤務品質提升之效果。

　　以上形式與實質的督導辦法，可以同時使用，務使外勤人員腳踏實地去執行勤務，杜絕僅重形式而無內容的勤務執行。勤務監督的嚴密，是內外勤工作是否能有效而成功的保證。而科學化的督導，必須形式與實質並重，並盡量利用科學設備，各級主管與專責監督單位分頭負責，並運用激勵管理與組織學習

之原理於勤務督察之上，且以具體事實爲查考的根據，並能賡續的創新勤務督導之方法，如此的勤務督導方式，才是警察勤務推動的原動力。

第（四）節　警察勤務督導之改進措施

警察勤務之督導，對於勤務之落實與勤務效率之提升，有其關鍵性之影響作用。我國警察勤務督察之規範，雖如前述已有一定之督導機制在運作之中，然爲了百尺竿頭更進一步的發展，在此綜合前述爲了達成激勵服勤人員工作士氣，指導工作方法及考核勤務績效等目標，進一步提出內部與外部督導之綜合性的改進策略，分述之如後。

壹、內部勤務督導之改進策略

Merton 認爲，警察組織的內部控制方式可大別爲兩類：（一）隱性的內部控制（Latent Internal Control）；（二）顯性的內部控制（Manifest Internal Control）。所謂隱性內部控制，就是透過一般人不可見的一面，來進行內部控制。例如，建立法令或規則、運用組織管理及型態、訴諸勤前教育等等。所謂顯性的內部控制，則可包括科技產品之運用、勤務督考人員之運用，以及外顯象徵方式之運用等等[1]（李湧清撰，2006：101-108）。因此，一個有效的警察組織內部之勤務督導策略，除了前述我國勤務督察現行之規範與機制外，或許可以更進一步有下列數個值得依循之有效的原則或規範，茲論述之如下：

一、**有效的督導工具之研發與運用**：例如，運用電子設備巡簽之新工具，亦即可研發嘗試以紅外線、QR-Code 或其他簽巡邏箱之創新作爲，則可達成勤務落實執行之目的，同時可保障員警執行巡簽時本身之安全。

二、**運用激勵管理於勤務督察之上**：運用前述之激勵理論，可了解被督導之員警的個別需求，掌握其之激勵與保健之因素，並且善加運用於勤務督導之上，則警察勤務督察在激勵與指導這兩項功能方面，必定能有更多的創新

---

[1] 所謂外顯象徵方式的運用，包括統一之制服、胸章或階級章、臂章以及臂章上之號碼、與巡邏工具之標幟化等，藉此來監督與確認員警是否真正落實的執行勤務。

之作為，並能真正達到激勵基層員警工作之效率與士氣，以及獲得了勤務品質提升之效果。

三、**運用組織學習之原理於勤務督導與勤教革新之上**：以前述新加坡警察將組織學習之原則，落實至其勤教、常訓或督勤系統之中，使得員警在每次執勤之後，均有所學習與成長，以便激發其工作之潛能，並且提升其自動自發之榮譽感與責任心。若然，則整體組織之勤務效率自然會跟著提升。

四、**加強督察人員之調查能量**：督察單位可考慮增設駐區督察配合其工作之人力，以便提升勤務督導之效能，達到立竿見影最直接之效果。因為，目前專責督察之駐區人員人力過於單薄，似乎無法達到督勤之效果，或可考量於各警察單位，全面的創設政風駐署人員，與督察系統之駐區人員，對某些勤務與政風有相關之案件，作串聯行動並相互支援，以便發揮相成之嚇阻效果。因為，根據前述表 8-1 內政部警政署督察室與政風室權責劃分之規範，督察與政風業務雖有分工，但對於員警違法犯紀之事件，仍應有合作的空間與必要性。因此在實務運作上，或許可再詳定該二單位，對於員警之某些違法犯紀事件，有分進合擊之聯合策略與規範。

貳、外部勤務督導之改進策略

外部控制之所以被強調，反映出在民主法治社會中，經常被提到的一個問題，亦即誰來監督監督者？（Who guards the guardians?）特別是警察組織擁有強制力，而所有的強制力又可能對民眾造成重大傷害時。因此，利用社會上所存在的各種組織，對警察組織進行控制，在一個民主的社會中可能有其必要，因為在某種程度中，這意味著對警察權力的制衡。因而在某些情況下，建立外部勤務督導之策略，可能是有其一定良性之影響與作用。其方式與原則可有以下數項：

一、**運用民意調查與輿論的力量**：許多研究者認為，警察的勤務違失或者貪瀆情況，在特定的警察局是特別的嚴重。其乃因為當地的政治文化能夠容忍它，因此要控制員警勤務違失或者貪瀆，就要動員輿論的力量來制衡此現象。而媒體對於制衡警察之貪污扮演重要的角色。然而，依靠媒體還是有其限度，媒體通常傾向短暫報導員警之醜聞，而公眾僅會有短暫的注意，且媒體傾向報導醜聞中最戲劇化的部分，並往往對醜聞傾向於戲劇化的回

應。例如，聚焦於開除或者對特定貪瀆違失員警調職之報導，其並不一定會真正碰觸到事件的核心議題。因此，警察局對醜聞的回應，僅常常是對該員警重新調配工作。Kornblum 就發現，在紐約市警察局的大量人員調動之中，不但會影響到有違失之員警，也同時會影響到誠信工作的好警察之職務，然而卻完全沒有觸及該勤務違失的基本因素之處理或改革。因此，若能善用媒體正確之監督功能，甚而其他外部之監督機制，例如議會、社區組織、學者專家、及各類民間組織基金會或者地區民眾的意見調查等之輿論力量，則可能產生制衡勤務違失更為有力之機制。

二、建立「預警系統」之預警機制：觀諸美國警察機關參照危機管理的概念，針對警察不端行為建立「預警系統」的機制，其乃依據多項的警察違反勤務規範或勤務紀律之徵兆，過濾篩選有違反傾向者，然後施以「干預與訓練策略」，並追蹤考核以降低違規或違紀問題，此種措施確實甚值得援引與創新；亦即透過因素之量化分析資料，建立違規或違紀之預警燈號系統，機先提出對有問題之組織或個案之警示（Proactive Stance），以便及時的處置。這個機制與我國警政行之有年的風紀狀況評估制度有許多雷同之處，不過預警系統成功的關鍵在於干預訓練與追蹤考核，而其在短期內難以立竿見影，必須獲得上級持續的支持才能奏效。

三、建立民眾投訴有效的新系統：因為從危機管理的角度來看，民眾投訴是警察違紀的重要徵兆之一，所以「國際警長協會」肯定民眾投訴系統的建立，對警察風紀的正面意義，並強調適當的監督機制可以減少警察之不端行為。傳統上，美國警察機關對民眾投訴的審查（Review）都是由各機關自行處理，往往被批評為黑箱作業或官官相護。而為了取信於民，增加社會大眾對警務工作的支持，許多警察機關自 1980 年代起，開始讓非警界人士有機會參與投訴的審查。美國警政學者 Walker 和 Bumphus 曾經針對民眾參與投訴審查的制度進行研究，他們調查了 50 個大型警察局，發現 32 個警察局已經採行民眾參與投訴審查的制度，依照參與程度之不同，他們將這些警察機關分成 3 級，第 1 級警察機關（計 12 所）讓民眾全程參與，包括初步的事實調查和處分行動之建議；第 2 級警察機關（計 14 所），其之初步事實調查由警察負責，但是民眾得以參與處分行動之建議；第 3 級警察機關（計 6 所），其之初步調查和處分行動均由警察負責，但是如果民眾對警察處理的結果不滿意，得以訴請參與審查。Walker

和 Bumphus 雖未對實施後的效果進行調查，卻讚譽這個新作法是處理民眾投訴警察違紀的適當方法（王曉明，2006）。而此處理民眾投訴的新系統，確實值得我國警察之督察單位在處理民眾投訴案件時之參考。

參考書目

一、中文部分

內政部警政署（2018），警察實用法令，內政部警政署組織法、內政部警政署處務規程。

李湧清（2006），警察勤務，警察行政，國立空中大學發行。

李湧清（2008），警察勤務，警察學，中央警察大學印行。

郭進隆譯，Peter Senge著（1994），第五項修練—學習型組織的藝術與實務，天下文化出版社。

陳明傳（2004），警政管理新策略，警學叢刊，34卷6期，中央警察大學印行。

MBA智庫百科，學習型組織，2019年3月15日取自：https://wiki.mbalib.com/zh-tw/%E5%AD%6%E4%B9%A0%E5%9E%8B%E7%BB%84%E7%BB%87。

內政部警政署，內政部警政署督察室與政風室權責劃分表，2019年3月15日取自： https://www.npa.gov.tw/NPAGip/wSite/ct?xItem=42672&ctNode=12362。

內政部警政署，警政署政風室工作職掌與工作重點，2015年2月15日取自：http://www.npa.gov.tw/NPAGip/wSite/ct?xItem=62927&ctNode=12211。

王曉明（2006年11月1日），美國警察不法行為，警光雜誌社，第604期，2012年11月15日取自：http://www.police.org.tw/aspcode/magContent.aspx?menuno=19&oid=116808701。

立法院（2018年10月11日），議案關係文書，院總第915號委員提案第22305號，2019年3月15日取自：https://lci.ly.gov.tw/LyLCEW/agenda1/02/pdf/09/06/03/LCE-WA01_090603_00024.pdf。

國立臺灣大學圖書資訊學系，激勵和獎勵員工，2019年3月15日取自：https://www.lis.ntu.edu.tw/~pnhsieh/courses/mgt/ch10.ppt。

二、外文部分

Galloway, Robert, and Laurie A. Fitzgerald (1992), Service Quality in policing, FBI Law Enforcement Bulletin, Nov.

Hui, Khoo Boon, and Antony Ng, Toward Organizational Learning in the Singapore Police Fore, in System Thinker, March 15, 2019, retrieved from https://thesystemsthinker.com/toward-organizational-learning-in-the-singapore-police-force/.

Senge, Peter M. (1990), The Fifth Discipline-the Art and Practice of the Learning Organization, N.Y.: Doubleday.

CHAPTER

9

警察勤務裝備

第 一 節　警察勤務裝備之規範

　　我國警察勤務之演變，如前所述可區分為從民國初年至民國 38 年的國民政府遷臺前之草創暨發展時期、從民國 34 年至民國 60 年代的臺灣光復後之發展期、至民國 60、70 年代的警察勤務條例立訂專法的法制化與專業化發展時期。至民國 76 年至今又可歸納成為由警察系統內之專業領導的警察勤務發展時期，亦即解嚴後之社區警政發展時期。

　　而上述我國警察勤務哲學與策略之發展，亦與全球警察勤務策略與哲學的 3 種不同之類型，即：（一）傳統報案反應類型（或謂執法或快速打擊犯罪取向之模式）；（二）社區取向或問題導向之類型（或謂服務取向或預防取向之模式）；（三）整合類型相吻合。其中，傳統報案反應類型，是以報案反應快、巡邏密度提高，及優勢警力等為主軸。認為反應時間快、機動性強、密度高及可見性高，即可以有效的偵查並遏阻犯罪。在此模式下，裝備、人力、通訊系統的擴增與提高效能，便成為重要的手段。至於，社區取向、問題導向、整合類型，或者美國於 2001 年 9 月 11 日遭受恐怖攻擊之後的國土安全警政時期（Homeland Security for Policing），其之勤務作為則較為強調情資導向之發展策略（Intelligence Led Policing）（陳明傳、駱平沂，2011）。以上勤務思惟與策略的轉變，都會在警察之勤務裝備上產生顯著之變革與演進。因此，採用不同類型的勤務策略，就會在組織、管理、勤務運作、裝備、教育訓練方式，以及效率效果上，產生截然不同之結果。本章即延續前述各章之論述，在警察勤務裝備之演變上，討論其未來之發展。而警察應勤裝備尚可包括：（一）交通應勤裝備；（二）刑事鑑識應勤裝備；（三）保安應勤裝備（車輛裝備及防彈裝備）；（四）行政應勤裝備（警察廳舍、警察宿舍及武器械彈等）（章光明、陳明傳等合著，2013）。

　　然而，警察之勤務裝備乃歸屬於所謂之「機關管理」（Office Management）之管理內涵之中。而機關管理又可稱之為「公務管理」或者「事務管理」，而其管理之範疇，又可以有廣義與狹義兩種意涵。綜觀各研究者的各項相關的解釋，所謂廣義的機關管理可以被視作為一種行政技術活動，其乃屬於「廣義的公務管理」之範疇，其亦是利用科學的方法，有計畫的、有效率的、有技術的規劃、管制、聯繫、協調，和運用機關的組織、人員、物材和經

費，作適時、適地、適人、適事的處理，以提高行政效率，發展機關業務，達成機關的使命。相對的，所謂「狹義的公務管理」即在於合理的安排機關的辦公室處所、配置合適的設備、保持優美的工作環境，及系統的處理公文及檔案、案卷等，是一種技術性的知識與方法，並不涉及到太多的理論。其與前述廣義的公務管理，在規範上有一定程度之不同（雲五社會科學大辭典，1987：212）。而警察機關乃屬政府行政的一環，故其警察機關管理之方法，實與一般行政之廣義的或者狹義的公務管理之原理雷同。其中，警察行政之治安維護，或具備有其特殊專業的功能，故其機關管理之內涵容或有些許之特殊需求與管理方法，在此特別說明之。

至於我國在機關管理之實定法方面，自民國46年8月2日行政院臺人字第4212號令訂定發布「事務管理規則」，歷經30餘次之修正，共分為：（一）總則；（二）文書管理；（三）檔案管理；（四）出納管理；（五）財產管理；（六）物品管理；（七）車輛管理；（八）辦公處所管理；（九）宿舍管理；（十）安全管理；（十一）集會管理；（十二）工友管理；（十三）員工福利管理；（十四）工作檢核等等共14編，總共415條之多。然而至2005年6月29日該管理規則廢止，其中修正「事務管理手冊」中之物品管理部分，自2005年7月1日生效。而其乃為配合「事務管理規則」之廢止，故而相關之規定擬全部改以手冊個別規範之，並回歸相關法令之中。所以，現行之「事務管理手冊」將依各主管業務機關，以各個部分抽印成各種手冊，不再彙編為單一本，並各自訂定其名稱（陳明傳等，2006）。

因而，為了配合前述「事務管理規則」之廢止，「事務管理手冊」之檔案管理、集會管理及員工福利管理3部分規定已於2005年7月1日停止適用（行政院94年7月1日院臺秘字第0940087490號函）；行政院人事行政總處（原人事行政局）已函頒「工友管理要點」，於2005年7月1日生效。另「辦公處所管理手冊」已於2018年8月15日停止適用（行政院107年7月30日院授內營秘字第1070812860號函）。而出納管理、國有公用財產管理、物品管理、車輛管理、宿舍管理、安全管理等手冊及「工友管理要點」之主辦機關如下：（一）出納管理手冊：財政部國庫署；（二）國有公用財產管理手冊：財政部國有財產署；（三）物品管理手冊：行政院主計總處會計管理中心；（四）車輛管理手冊：交通部總務司、公路總局；（五）宿舍管理手冊：財政部國有財產署；（六）安全管理手冊：內政部消防署；（七）工友管理要點：行政院人事

行政總處；（八）文書處理手冊（行政院全球資訊網）。

因而警察機關之管理，應依照此最新之規範，即應參酌各類機關管理之權責機構，其所頒行之單行本之規定，來執行其機關管理之業務。又依據內政部 2013 年 12 月 30 日訂定發布「內政部警政署處務規程」第 10 條之規定，警政署後勤組掌理事項如下：（一）警察機關（構）武器、彈藥與防彈裝備配賦基準及警用車輛設置基準之訂定；（二）警察機關（構）武器、彈藥、防彈裝備與警用車輛之購置、補充、汰換、報廢、保養檢查及督導；（三）警察機關（構）警用資訊、保安等專業裝備之採購與員警服裝之籌製、配發及管理；（四）本署及所屬機關（構）財產之帳籍登記及盤點清查之督導、管理；（五）本署廳舍、會館與眷舍整建、營繕工程之督導、執行及管理；（六）本署土地及警察公墓之管理；（七）本署警用車輛駕駛之訓練、考核及管理；（八）其他有關警察後勤事項（內政部警政署全球資訊網）。至於，我國警察機關管理中與勤務裝備較有相關之事務，亦都有相關之規定加以管理。例如，2004 年 5 月 19 日內政部警政署警署後字第 0930084983 號函訂定發布之「警察機關公務車輛使用管理要點」，對於車輛之使用有一定之規範。又例如依據警政署「後勤業務要則」第六章警用武器彈藥管理第 41 點至第 43 點規定，以及內政部警政署 2005 年 3 月 10 日警署後字第 0940031059 號函發「警察機關加強武器彈藥查核管制措施」之規定，對於武器彈藥之管理與使用均有定訂相關之規定（內政部警政署，2016：227）。至於根據我國「警械使用條例」第 1 條第 1 項之規定，警察人員執行職務時，所用警械為棍、刀、槍及其他經核定之器械。該條例第 1 條第 3 項之規定，第 1 項警械之種類及規格由行政院定之。因此，又依據 2006 年 5 月 30 日行政院院臺治字第 0950023739 號函頒之「警察機關配備警械種類及規格表」之規定，警察機關配備警械種類及規格，如下表 9-1 所示（內政部警政署，2018：223）。然而。此依據「警械使用條例」所制定之警察機關配備警械種類及其規格，於 1986 年 6 月 27 日行政院臺字第 13403 號函訂頒之後，至 2006 年才作第一次之修訂，而現今又經過十餘年，其中在社會問題的快速變遷影響之下，此警械之種類及規格，實有必要再次的檢討與修訂，才足以有效的處理影響社會安寧的各類之治安事件。

表 9-1　警察機關配備警械種類及規格表

種類		規格	備考
棍	警棍	木質警棍	
		膠質警棍	
		鋼（鐵）質伸縮警棍	
刀	警刀	各式警刀	
槍	手槍	各式手槍	
	衝鋒槍	各式衝鋒槍	
	步槍	半自動步槍	
		自動步槍	
	霰彈槍	各式霰彈槍	
	機槍	輕機槍	
		重機槍	
	火砲	迫擊砲	
		無後座力砲	
		戰防砲	
其他器械	瓦斯器械	瓦斯噴霧器（罐）	
		瓦斯槍	
		瓦斯警棍（棒）	
		瓦斯電氣警棍（棒）	
		瓦斯噴射筒	
		瓦斯手榴彈	
		煙幕彈（罐）	
		震撼（閃光）彈	
	電氣器械	電氣警棍（棒）（電擊器）	
		擊昏槍	
		擊昏彈包	
	噴射器械	瓦斯粉沫噴射車	
		高壓噴水噴瓦斯車	
		噴射裝甲車	
	應勤器械	警銬	
		警繩	
		防暴網	

第 二 節　警察勤務裝備之沿革

　　後勤工作是警察勤務的支援補給站，具有相當重要功能，對於改進警察應勤裝備、提升勤務效率、保障執勤安全、強化機動能力、加強財產管理及改善工作環境，能發揮極大之作用。內政部警政署特別設置後勤組，其乃掌理全國警用裝備檢查、督導與考核及後勤業務講習工作，並審核全國警察機關公用財產管理、檢核、財產增加、報損、除帳、移動及撥用事宜、擬訂警察應勤裝備（手槍、子彈、防彈頭盔、防彈盾牌、防彈衣、車輛及警察制服等）規格與裝備配賦數量，同時採購各種保安裝備、防彈裝備、交通器材，並負責執行各縣市警察局、派出所廳舍整建工程勘察、營繕工程、土地及宿舍之處理與維護修繕及警光會館、警察公墓管理等等事宜。因此，警察勤務之相關裝備非常的龐雜，舉凡與勤務有關之裝備，例如武器彈藥、辦公廳舍、應勤之制服配件、車輛等交通器材、保安與刑案器材、通訊器材等等不勝枚舉。因而如前節之所述，警察之應勤裝備則可包括：（一）交通應勤裝備；（二）刑事鑑識應勤裝備；（三）保安應勤裝備（車輛裝備及防彈裝備）；（四）行政應勤裝備（警察廳舍、警察宿舍及武器械彈等）。

　　然而，本節將僅簡略的選擇我國警察之交通應勤裝備，以及行政應勤裝備中之武器械彈兩項，來說明應勤裝備之大略發展狀況。因為擬藉此兩項之先、後的概略演進過程，以便說明警察勤務裝備中，較與基層員警有直接相關之應勤裝備，以體會警察裝備之演化梗概，並作為未來警察裝備革新的參酌、考量之論理依據。

一、交通應勤裝備

（一）腳踏車、摩托車

　　民國 40 年由於正處於二戰之後物資缺乏的 40 年代，我國員警執勤時所使用的舊式警用腳踏車，作為轄區巡邏或查察之用，如圖 9-1。自戰後日本撤退時接收此型鈴木機車，約在民國 46 年作為派出所於轄區內巡邏勤務時使用，這一款機車則配發在澎湖縣政府警察局使用，如圖 9-2。民國 60 年代偉士牌女警用機車執行勤務使用；警用大型重型機車，亦即哈雷機車執行勤務時使用之。民國 70 年代警用機車在民國 77 年之前排氣量為 125 CC，自民國 77 年

後全部改為 150 CC，是當年警察服勤的主力機車，直到民國 88 年後改配發在山地派出所分駐所使用，如圖 9-3 所示。民國 88 年，排氣量為 150 CC 無段變速，車型隨每年採購的品牌略有不同，但樣式不變，如圖 9-4 所示。

圖 9-1　民國 40 年代舊式警用腳踏車

圖 9-2　民國 46 年鈴木機車

圖 9-3　民國 70 年代警用機車

圖 9-4　民國 88 年排氣量為 150 CC無段變速機車

資料來源：內政部警政署，2011

（二）巡邏車

　　民國 50 年代執行巡邏勤務之警用巡邏吉普車，如圖 9-5。民國 64 年巡邏車曾使用福特六和跑天下，民國 87 年裕隆飛羚廠牌巡邏車，民國 81 年曾使用 Alfa Romeo 廠牌巡邏車以及福斯廠牌巡邏車，民國 86年曾使用福特天王星廠牌巡邏車，如圖 9-6。民國 80 年代吉普式巡邏車，如圖 9-7。民國 92 年亦曾購置高性能吉普式巡邏車，如圖 9-8。

圖 9-5　民國 50 年警用巡邏吉普車

圖 9-6　民國 80 年代警用巡邏車

圖 9-7　民國 80 年代吉普式巡邏車

圖 9-8　民國 92 年吉普式巡邏車

資料來源：內政部警政署，2011

二、武器、械彈裝備

　　民國 70 年代 38 式左輪手槍為我國警察早期警用配槍之一，彈藥一次可裝填 6 發，其優點為機械構造可靠，故障率低，如圖 9-9。38 式左輪手槍專用槍套，牛皮製，可放置手槍及彈輪，如圖 9-10。國造 65K2 步槍為中華民國自行設計生產之步槍，與美製 M16 功能相似，為我國警察 70 年代重要武器之一，如圖 9-11。民國 70 年代迷你烏茲衝鋒槍，每秒 16 發，裝 25 發彈匣時重 3.15 公斤，槍機開放及封閉時皆可發射，具半自動或全自動射擊模式，如圖 9-12。民國 80 年代美造 M16 步槍，M16 型步槍是世界上最早開始使用小口徑高速子彈的一種突擊步槍，現為我國警察處理各項重大治安事件，攻堅武器之一。民國 80 年代 90 手槍，我國警察現有配備槍枝，為員警執行巡邏、路檢及各項勤務之武器裝備，如圖 9-13。警用 90 手槍專用槍套，可放置手槍及彈匣、手銬，如圖 9-14。至於民國 90 年代 M4 卡賓槍，採用導氣、氣冷、轉動式槍機設計，以彈匣供彈並可選射擊模式，長度比 M16 突擊步槍為短，有利於狹窄之地形進行攻堅作戰。

圖 9-9　民國 70 年代 38 式左輪手槍

圖 9-10　民國 70 年代 38 式左輪手槍
　　　　　槍套

圖 9-11　民國 70 年代國造 65K2 步槍　圖 9-12　民國 70 年代迷你烏茲衝鋒槍

圖 9-13　民國 80 年代 90 手槍　圖 9-14　民國 80 年代警用 90 手槍專用槍套

資料來源：內政部警政署，2011

第 三 節　勤務思維與勤務裝備

　　如本書前文所述，治安策略或謂刑事司法模式（Criminal Justice Model），基本上可大略區分為強調實質正義之犯罪控制（Substantial Justice; Crime Control Model）與同時並重程序正義之模式（Procedural Justice; Due Process Model）兩類。前者重視窮盡一切刑事司法之功能與方法，以便發現犯

罪之事實，因此就易於運用高密度巡邏之模式，以便對於民眾之報案能快速的回應（Reactive Stance & Fast Response），而能提升破案率。然而，此模式就易流於以偵查為主之治安策略運作。至於程序正義之治安策略，則較易於同時注重執法程序的重要性，因此證據的蒐集方式與證據力的強弱，遂成為治安維護時必須重視的價值與規範，因此就會較以預防與機先預警之模式（Proactive Stance & Crime Prevention Model）來處理治安或犯罪之問題。此種同時注重預防犯罪之功能之模式，就較自然會以情資之研判，來制敵機先式的編排預防式勤務之型態，因而其勤務之裝備就會產生不同之配置標準與樣式。

如前文所述之刑事司法模式之不同，就會影響到警察勤務策略與思維之差異，而不同之勤務思維當然就會直接影響到勤務裝備之配備與其發展。因此，在不同之形式司法制度之影響下，如本書第三章所述，就曾有下列 5 種不同分類之勤務策略模式產生：（一）犯罪控制（Crime Control Model）或程序正義（Due Process Model）的勤務策略模式；（二）報案反應（Reactive Stance）或機先預警（Proactive Stance）之勤務策略模式；（三）專業化發展（Professional）或公私協力（Public Private Partnerships）之勤務策略模式；（四）攻勢勤務或守勢勤務之勤務策略模式；（五）集中制或散在制之勤務策略模式。以上 5 種勤務類型化之分類，可歸納整合成為兩大類勤務策略之分野。亦即，一類為以偵查為主之策略，並以共同勤務之執行為主；另一類則同時亦注意及之於預防勤務策略之執行，而亦有社區警政，以及個別勤務之警民合作方案的推展。亦即，前述之犯罪控制、報案反應、專業化發展、攻勢勤務，以及集中制之勤務策略模式，較屬於以「偵查」為主之勤務策略；至於程序正義、機先預警、公私協力、守勢勤務，以及散在制之勤務策略模式，則較屬於以「偵、防並重」或「同時注重犯罪預防」之勤務策略。因此對於治安維護模式運用之不同，自然就會影響到勤務思維之差異，而勤務執行之裝備，當然也就會有不同之規劃與設置，茲闡述之如下。

壹、以偵查為主之勤務思維與勤務裝備

警察之勤務作為若採以偵查為主，抑或快速回應民眾報案之思維與模式，則為了求取快速的到達事件之現場以便偵破案件，因此其裝備必定會在機動與快速的要求下，提升其回應之速度。並且認為速度快，就能掌握到更多現場之

情資與跡證，對於破案或者治安與交通事件之處置，會有一定之助益。所以，應勤之裝備就力求其快速與更新，以便快速到達現場。所以對於車輛機動性的提高，從早期之徒步巡邏、腳踏車、機車至汽車等機動車輛巡邏速度之提升上多所變革。在通訊器材裝備運用上，亦從早期的市內公用電話、無線通訊到雲端網路的通訊運用。雖然，1970年代堪薩斯市的預防式巡邏實驗證明，此種反應式之勤務思維對於治安之維護不一定有效，然而近百年來，全球之警政思維仍受到此傳統想法之影響，因而在快速反應的模式之下，求其快速之勤務裝備，則亦多所建置與發展。直至1980年代，全球社區警政潮流的開始倡導之後，才對勤務之思維產生衝擊與轉變。

貳、偵防並重之勤務思維與勤務裝備

　　至1980年代全球社區警政潮流之興起，也就是所謂英國皮爾爵士建立現代警察典範之思維再次被重視，亦即所謂警政的「復古運動」又被提倡之後，對於勤務之作為遂又再次強調警民合作與預防犯罪之重要性。因此勤務之裝備也必然受此思想之轉折，而產生一定之質變。例如，又重新思考以步巡的方式，試圖與民眾多所接觸，而建立合作之平臺，以便共同來維護社區之安全。又例如，提倡以馬巡、開放式的巡邏車，或者如前述之美國麥迪森市新推展所謂之「鄰里資源拖車」之新的便民的服務創舉，甚或行動派出所之運作方式等等勤務新的裝備型態，來增加與社區及民眾之接觸機會。透過此種蒐集民眾情資與整合民力之機制，來提升犯罪預防與犯罪偵查之效益。因而在此思維之下，則相信此種新策略比傳統快速反應之模式，更能有效的維護社區之安寧。因而其應勤之裝備，亦在此偵、防並重的思維之下產生一定之轉變。例如，派出所就不一定要設定成為打擊犯罪為唯一策略的衙門機制，而可以變成警民情資融合運用之中心（Fusion Center），或者公、私協力合作之平臺等。若然，在同時注意到機先預警之策略，對於治安維護亦會有一定之效益時，則勤務裝備之發展，必然會形成更為多元之偵、防並重的發展態勢。

　　另外，從前述之1980年代，全球警政逐漸轉向社區警政、警民合作與同時注重犯罪預防等策略之後，警政遂更進一步形成所謂之「偵防並重」之勤務思維。其即為警政發展一方面在勤務執行之科技上，作援引與革新之外，另一方面在犯罪預防的模式運用上，亦有甚多預防犯罪之相關應勤裝備之創新與使

用。因此，若以前述英國皮爾爵士創造現代警察概念之中，其所強調之效率與人權並重，並且以警民合作爲治安維護之良策以觀，則偵防並重實應成爲警政改革之主軸。至後來日本警察之警政策略，亦除了機動警力之強化外，日本的派出所制度之警民合作與預防犯罪之功能，亦成爲日本治安良好的重要關鍵因素。因而，若以此勤務思維爲勤務運作之主軸，則其勤務裝備亦必據此而配套的發展。例如，日本的機動警力之勤務裝備甚爲先進，但派出所之受持區的勤務，則仍以徒步或者腳踏車巡邏爲主，以便在家戶訪查時，能接觸民衆且較易於建立合作之平臺。又例如，我國在推行社區警政的策略中，對於機動性之要求，亦不斷的在提升之中，如前述嘉義市警察局的「i Patrol Car 雲端智慧巡邏車—行動派出所進化版 2.0」方案中，實境與虛擬巡邏之整合運作，但對於警民合作之平臺與機制之發展，亦不斷的援引新的工作模式與新的社區警政相關之應勤裝備。又例如，前述 2008 年桃園縣警察局之警政革新即以下列兩項爲重點爲發展主軸，亦即：（一）警政科技整合與運用；（二）推動現代化派出所之行動方案，此亦即爲偵防並重之勤務思維，與其配套裝備之多元運用之甚佳典範。另者，在勤務機構的行政裝備方面，其辦公廳舍不但要以行政效率之提升爲要，同時對於員警之休閒、育樂、健身活動等方面之建構，亦應同時的考量，藉此以提升員警之向心力與團隊精神，而此亦是社區警政策略中，內部參與式管理的重要原則之運用。

第 四 節　警察勤務裝備未來之發展

壹、以偵查爲主之勤務策略其勤務裝備的未來發展

時至今日，以偵查爲主之勤務裝備，仍然有甚多新的警察技術或執法之工具，深值我國警察予以研究、發展與運用，以便處理日漸嚴峻的跨國境犯罪之挑戰。今僅臚列數項新的執法科技之新發展，以說明工欲善其事，必先利其器之古訓，以爲我國警察在偵查犯罪之新科技發展與運用時之參考。

一、擴增實境（Argument Reality, AR）之技術

擴增實境，乃使用電腦生成的組件覆蓋成虛擬的信息，並傳達到一個眞實

的世界之技術，以完成各種任務。擴增實境仍然處於初期階段的研究和發展，它是結合真實與虛擬之資訊，並據而即時顯示出信息。其實擴增實境，已經廣泛的被使用。例如，你看電視的運動比賽，可能已經注意到，有線條或符號與文字等疊加在足球場之上，或者驅動程序和速度信息標示在賽車的跑道之上。又例如，軍事戰鬥機飛行員，可以在飛機駕駛艙的頂蓬上觀察到的重要信息等等。

　　基本上，一個擴增實境系統包括：一個可穿戴式的電腦、頭盔顯示器，以及跟蹤和檢測設備等，其並藉由先進的軟體和虛擬 3D 技術的應用，以便充分的運作該系統。它亦是一個移動的技術，旨在提高對現場狀態的感知和增進人類的決策速度。其中有一些已經開發運用，但需要改進其功能，以便提供給警察更方便的使用，並且其價錢必須合理。因而，其在未來治安工作執行上，預期能有更多樣化的用途與可能的發現，可如下所述：（一）即時語言翻譯，以及提供關於文化風俗和傳統之相關數據；（二）即時提供有關之犯罪情報與巡邏區內之罪犯情況；（三）面部、聲紋、數據和其他已知罪犯的生物特徵識別；（四）整合化學、生物和顯示污染地區的傳達感知器；（五）無障礙可擴展的 3D 地圖，包含建築平面圖、公用設施系統等等（Peak, 2009: 429-430）。

二、低致命性武器（Less-Lethal Weapons）的發展

　　自從英國倫敦警察出現專業化警政之後，警察即聚焦於低致命性武器的發展。雖然非致命武器（non-lethal weapon）經常被用來描述這些工具，然而這個名詞是不恰當的，因為任何工具或武器，如果它是使用不當，都可能會是致命的。因此，所謂之低致命性武器應當界定為，對人體健康之影響僅止於暫時性的，以及最小範圍的身體之傷害而言之警械。

　　自從英國 1829 年 9 月倫敦現代化的警察開始執勤，其手持短棒或警棍，此器械仍然是當時標準核定的武器。傳統上，它是用 2-4 公分的直徑，30-65 公分長的硬木製成。1840 年至 1870 年間美國社會動盪，導致警察使用武力的次數增加，然其本身也是經常被民眾譴責的受害者。因此警察暴行的指控是常見於 19 世紀中葉的美國，當時據稱美國警察頻繁地用棍棒，擊打應該受尊敬的公民。直到 19 世紀末，警棍仍然是美國警方主要的器械（Peak, 2009: 404）。

　　時至 1960 年代，則見證了低致命性武器重大的科技進步。氣溶膠的化學

劑（aerosol chemical agents）被發展爲替代警棍和槍枝使用之警械，成爲最流行的低致命性警用武器。1962 年出現了催淚彈（CR gas, dibenzoxazepine），它能引起極度的眼部壓力，且有時會產生歇斯底里的狀態。催淚性毒氣的彈藥，若用獵槍擊發，則其射程可達 125 公尺，早在 1968 年即被美國和英國使用。1967 年，致命性的鉛彈（lethal lead bullets）首次在香港使用。木輪（wooden rounds）能射擊的範圍爲 20-30 公尺，其被設計成爲能跳離地面的射擊武器，而能撞擊受害者的腿。木輪被證明是致命的，但是直接射擊則會使腿部造成碎裂。1967 年，在木輪出現的幾個月後，發展出橡皮子彈（rubber bullets），並核發給英國軍隊和警察人員使用。橡膠子彈主要在於提供相當於一記重拳的攻擊，其能造成嚴重的瘀傷和休克。至於橡膠子彈的跳彈射擊能力設計，讓防暴警察之射程，可以超過用石頭投擲的暴民範圍之上，而對暴民作較爲有效的控制。

1974 年發展出兩種警用新型的武器，亦即爲塑膠子彈（plastic bullet）和泰瑟槍電子控制裝置（TASER ECD, TASER Electronic Control Device, Tom A. Swift's Electric Rifle）。較軟的塑料子彈可以從各種防暴武器被發射，速度爲每小時 160 英哩，範圍在 30-70 公尺。其雖然類似前述之木製子彈，但這些新型塑料子彈可能是致命的，1980 年代初期在北愛爾蘭，民眾被這些子彈擊中頭後卻死亡。泰瑟槍電子控制裝置則類似手電筒，射擊時會發射出 2 個微小的鏢槍，細金屬導線附著在標槍中，藉由變壓器傳送 5 萬伏特的電擊，從而使人在距離 15 英呎內喪失行動能力。據美國司法部統計局 2006 年之報告顯示，當時約四分之一（23%）城市警察機構和 30% 警長辦公室授權的人員，可使用泰瑟槍或電擊槍，未來這些百分比將可能迅速增加，因爲這些裝置更易於攜帶且更能有效使用。最近，新的泰瑟槍被更進一步的研發改進，它能提供人員更多的保護，同時其新的功能亦包含記錄全音頻和影像的功用，甚至於零光線的情況下亦可作使用。2007 年底，威克森林大學（Wake Forest University）的醫學院宣布一項重要的專案研究，其研究稱爲—專案審查泰瑟槍使用之研究，其研究報告指出 99.7% 使用泰瑟槍的案件，其造成的只有輕微的傷害，如擦傷和瘀傷或沒受傷，只有 0.3% 受傷嚴重到需要住院治療。

時至今日，警察仍繼續尋求完全沒有爭議，且能有效使用的致命性武器替代器械。正如上述所論，過去的警械的創新發明有時是致命的或無效，因此尋找「完美」的低致命性武器仍在繼續研發之中。泰瑟槍的發展速度可能已經超

過了任何其他器械,而且可以認為是威力最強大的。2008 年,泰瑟槍將首次
以無線科技亮相,推出 12 口徑的散彈槍為 TASER X26。不過,一些城市,在
警方的致命槍擊事件發生後,已經遭到民眾強烈的抗議,因此繼續尋求出低致
命武器的替代器械,可能成為發展出真正能取代槍枝的研究者,持續追求的研
究標的。

三、無線電科技(Wireless Technology)的使用與發展

自 1970 年代起,行動數據系統(Mobile data systems, MDTs)已開始被發
展出來,但第一代系統是採用非常昂貴的大型電腦,而且預算往往超出了許多
小型和中等規模的警察機構所能負荷的。如今,則僅要帶著筆記型電腦和一個
無線網路接受裝置,美國警察人員幾乎可以即時獲得許多聯邦、州和當地資料
庫資訊。即使是很小的警察機構,都能買得起網絡和行動數據機。越來越多的
美國警察部門,使用筆記型電腦無線連接到汽、機車的犯罪資料庫。當輸入牌
照號碼於他們的電腦,警察人員可以獲得法院相關之文件、警察部門的內部紀
錄、電腦輔助派遣系統(computer-aided dispatching, CAD)的資料等。藉由全
國汽車及網絡犯罪紀錄資料庫,亦可以找到無照的駕駛人、過期或暫停牌照的
資料等等。此外,警察人員使用電腦,藉由電子郵件互相溝通訊息,而不是使
用公開的無線電通訊來聯絡。

四、資料庫(Integrated Databases)的整合與運用

美國司法部建構連結網絡犯罪的全球司法資訊網絡(Global Justice
Information Network),使相關之執法機構能夠進行交叉檢索資料庫,其中包
括地方、州、國家和國際層級的警察、法院和懲戒機構等等資訊的交換。電腦
化的犯罪測繪(Crime Mapping),則可從全球定位的衛星結合了地理資訊、
電腦輔助派遣系統蒐集的犯罪統計,和私人公司或美國人口普查局統計的人口
數據等資料得到完整的資料蒐集與運用。亦即結合不同組資料數據而得出的圖
片,可從全新的角度加以分析、審視與研判該犯罪。例如,犯罪地圖之測繪可
以援引失業率高地區的犯罪情況、廢棄房屋的位置、人口密度、毒品檢驗報
告、地理特徵(如小巷、溝渠或開放式的地區)可能形成犯罪的諸多因素,來
繪製犯罪測繪圖。此外,幾乎所有美國警察機構,都在使用造價不菲的此類之
硬體和軟體設備。美國於 1997 年國家司法研究機構,成立了犯罪測繪研究中

心（Crime Mapping Research Center, CMRC），促進了對於犯罪現象的研究與評估，並且發展和散播地理資訊系統科技的運用。另一個成功的測繪案例，乃是紐約警察局的電腦資訊統計分析的革新計畫（CompStat program, comparative statistics），可提供準確的統計數據、地圖和犯罪之模式，並建立各類犯罪之間的因果關係與最佳之因應策略。另外，亦可根據此系統，不斷的監控、評估該部門的勤務效率，並透過參與、溝通與討論，規劃出治安管理之最有效策略。

五、累犯的定位系統（Locating of Serial Offenders）

多數的犯罪人，選擇離家近且多重目標的環境，以掠奪其所選定的獵物——即被害者。地理剖繪分析（geographic profiling）為環境犯罪學（或謂生態犯罪學）的新發展領域。其分析了這些地區和受害者遭受攻擊、謀殺、棄屍的雷同情況，並藉此比對出最可能之犯罪嫌疑人（或累犯）所在的位置。地理剖繪分析，乃是分析犯罪行為與犯罪案件，最為有效的方法之一。當各警察機關有重大犯罪發生時，該案件遂被上傳到中央的犯罪資料處理系統，藉由比對目擊者描述的嫌疑人及車輛等等跡證，該處理系統的資料庫則進行掃描和文件的整理、比對，然後建立起一個有關犯罪者、受害者，以及該案件的檔案資料，該資料庫稍後遂進入地理資訊系統進行比對與分析。透過該系統，經比對嫌犯特徵、名字、地址等，並進一步根據其多次所犯的累犯罪行，進行實體的偵查工作，如此則該類案件（或累犯）之處理較為快速而有效。

六、槍擊案定位系統（Gunshot Locator System）

測量與確認開槍的位置是難度非常高的。槍擊定位系統乃使用麥克風狀的感應器，放置於屋頂和電線桿上，運用無線電波或電話線以便記錄和傳輸槍聲，並在電腦圖形上顯示閃爍槍擊位置之圖像，以便提醒處理該槍擊案的警察人員，確認槍聲的來源。在理想的情況下，這套系統測量出槍擊聲音需要多長時間會傳達到感應器，可機先的知會處理之警察人員，精確的趕赴該地點，大大降低警察抵達犯罪現場的反應時間，這意味著能更快速地援救受害者以及逮捕嫌犯。

另外，其他相關的地理定位科技系統，廣泛的應用在軍事和民營公司（如計程車公司、汽車租賃公司，以及快遞公司等等）。其中，例如全球定位系統

（Global Positioning System, GPS）等等，其以非凡的精準度來定位車輛，甚至是人的位置，以便相關之組織或行政管理機構的有效應用。

七、電子儀器在交通管理上的功用（Electronics in Traffic Functions）

（一）事故調查（Accident Investigations）：各種類的車輛事故可以把街道或公路變成停車場。事故發生後，警方必須蒐集證據，包括測量和現場描繪車輛、受傷者的位置、車輛滑行痕跡等等。這項交通警察的工作，通常需要用到測繪之滾輪、捲尺、筆記本和鉛筆等。然而某些警察機構，已經開始使用全球定位系統確定詳細的車輛位置和損壞情形及車速等。全球定位系統的發射器，採用一系列的偵測，找出確切位置以及測量事故之細節。例如，滑行痕跡、碰撞的地方和碎片等等。偵測之資訊遂下載到該定位系統中，同時並在空中拍攝該路段，或繪製道路之座標。繼而利用電腦科技，疊加在空中拍攝的影像，而重新建立車輛事故之現場。

（二）預防高速追車（Prevention of High-Speed Pursuits）：警察高速追車的行為，很可能導致受傷、財產損失、負債，有些警察機構的政策，完全禁止這種追車行為。這些碰撞、推擠、使用路障，或利用輪胎刺穿的技術，都可造成傷害和車輛的重大損毀。例如，當逃逸車輛接近時，若部署刺穿輪胎的工具，讓其他車輛和警車可以安全的通過。然而，刺穿輪胎往往無法有效的執行，或是會造成犯罪嫌疑人的車輛失控；此外，刺穿輪胎的作法，僅能受限於其他車輛可以安全的改道的時間和地點。因此，使用短脈衝電流破壞汽車的點火系統，是攔停犯罪嫌疑人車輛的新設備。然而，必須注意的是，該設備與技術必須近距離接觸犯罪嫌疑人的車輛，以避免其他鄰近的車輛和人員都會受到同樣的影響。

八、犯罪現場處理的新科技（New Technologies for Crime Scenes）

立體的電腦輔助派遣系統（Three-dimensional Computer Aided Dispatch, 3-D CAD）的軟體現已推出。操作該軟體的人員可從任何角度創建現場。法庭的陪審團亦可以了解犯罪現場和相關犯罪證據的位置，以便檢驗證人的說詞真偽。因為犯罪現場的證據通常太過於簡略，而不能明顯地解釋現場發生了什麼事情。有一種犯罪現場處理的新軟體——瑪雅（Maya）已經發展出來，幫助鑑識專家確認案件發生的始末。瑪雅軟體運用科學計算的方式，它可以從老舊的警察照片中，創建一個虛擬的房子，複製幾種類型的應力（作用力），例如

藉由虛擬複製地心引力的作用力，來說明火災如何蔓延整個房子，或是抽菸導致空難發生的過程。

　　美國聯邦能源部，亦正在測試配備數位攝影機、照相機、雷射測距儀和全球定位系統的筆記型電腦原型的模型機具，來更有效精確的創建能源相關之現場狀況。另外，偵查人員亦已使用光束資訊，從犯罪現場傳回到實驗室，讓鑑識專家能快速與全面的獲取資訊。研究人員亦正在開發所謂的實驗的晶片，這將使警方能夠處理更多的證據，例如包括 DNA 樣本。如此，可消除從犯罪現場送到實驗室途中被污染的風險。

九、與槍枝相關技術的發展（Developments with Firearms）

　　暴力犯罪分子的武器選擇幾乎一直都是手槍，特別是殺人犯。警察人員被殺的 10 個事件之中大約有 7 個是使用手槍，因此，訓練警察如何面對與處理民眾使用致命性的武器——槍械，是非常重要的課題。在此列述兩種新的處理此致命武器之新訓練模式如下：

　　（一）電腦輔助訓練模式（Computer-Assisted Training）：此種槍械訓練系統（firearms training system, FATS）是利用雷射光發射複製真實的武器，其不僅學習快速，而且能判斷何時擊發。

　　（二）使用槍枝之紋路偵破案件（Use of Gun "Fingerprints" to Solve Cases）：每把槍在彈藥上都會遺留下獨特型態微小標誌。如果槍枝製造商，在槍枝離開自己工廠前試射武器，警方可以利用回收的彈藥，從犯罪現場追蹤到槍，即便是槍本身難以恢復原狀，亦可藉此追查使用槍枝之嫌犯。這種科技甚至可以被發展出一種新的技術層次，亦即可能建立起一套自動化的新槍枝之紋路資料庫，以便於爾後能作為有效的鑑識與比對之用。

十、幫派的情報系統（Gang Intelligence Systems）

　　刑案現場之目擊者，通常對於幫派暴力事件只能有短暫之瞥見，亦即對於犯罪者及其顯著的特徵、交通工具與車牌號碼的模糊印象而已。然而近來，美國加州司法部開始安裝的 CALGANG 軟體（known as GangNet outside California），其聯網的網站可遍及整個加州，甚至可以連接到其他 9 個網址。基本上，其乃是一個幫派情報的資訊交流的中心，其中之資料包括關於幫派的成員、其常出沒的地方或住所或駕駛的汽車等。在刑案現場的警察人員，即可

以透過筆記型電腦和行動電話，連結到此幫派情報的資訊交流的中心，輸入資訊並等待比對。因此，執法人員甚至在犯罪實驗室技術人員採取或比對現場指紋或跡證之前，即可以根據此系統之情資，機先的進行逮捕行動。

十一、機器人的使用（Robotics）

最新的機器人科技，已使警察或執法工作變得更為安全。機器人裝有視頻功能，包括：夜視功能、攝影功能、泰瑟槍，甚至還能夠進行雙向通訊。最近則開發出一種最高時速每小時 20 英哩的小型遙控機器人模型機，其被設計在城市環境之中進行監視，其可以看到周圍的角落，並適時的傳送、警告該處境或現場是否有危險的訊息。

雖然處理爆裂物之機器人（bomb-handling robot）已被使用了好幾年，最近軍事單位開始使用能嗅出爆炸裝置的機器人。這種機器人有 7 英呎的工具，可掃描車輛內和底盤的爆裂物，並具備有照明設備、可縮放和旋轉的攝影機、類似手並具備關節的鉗子。其為了使士兵的檢測和處理炸彈能力更有效與安全，2007 年初已被送往伊拉克之戰場使用之。

對於警察人員而言，使用機器人最主要之困難乃受限於經費。炸彈嗅探機器人（bomb sniffing robot）約需 17 萬美元。若具備有一特殊輪子之機器人，其可以克服特殊地形之障礙，有助於警方之搜索和救援活動，其費用則超過10 萬美元。即便是只用於車輛檢查的機器人，仍高達 1.5 萬美元。許多執法機構因而無足夠之經費採購，或者必須等到機器人的價格下跌之後才能購置使用之（Peak, 2009: 405-417）。

以上各類以偵查為主之新勤務裝備之創新與運用，僅是舉例說明其一二。其實因為犯罪手法的多變，加上跨國犯罪與交通與通訊技術之快速變遷與發展，警察在偵查犯罪之應勤裝備上，亦必須日新月異，如此才能對違法犯紀者產生一定之嚇阻效果。所以，對此類勤務裝備之研發，亦必須不可停歇的賡續的發展與創新使用。

貳、偵防並重之勤務策略與其勤務裝備的未來發展

如前所述，邇來因為社會發展的快速，民眾對警察工作之品質要求日高，且參與公共事務之意願亦相對提升。在此狀況下，警察工作之遂行，不僅要求

要提高服務之量與量化之績效（如破案率等），更要提升服務之品質。且經研究證實此種警政策略的採行亦能更有效的抗制犯罪。故 21 世紀各國警政發展之主流，實均在如何改革警政工作品質上多所琢磨與著力。此種提升工作品質之策略固多，惟落實在諸般警察行政措施上，可從組織、人事、勤務及教育等策略上加以革新。然而，所謂工欲善其事，必先利其器，故而除了在勤務策略上有所精進與隨社會之進步而革新之外，更應在應勤之工具、裝備與器材之上，力求與時俱進的研發與應用，才能有效的提供警察維護治安與為民服務的品質。

從本章前述所列舉之警察應勤裝備之概要演進之中，可感知我國警政之著力與班班可考的戮力軌跡。其中警察應勤裝備方面，若採行前述之偵防並重之勤務思維與勤務裝備模式，則在社區警政與偵防並重的考量之下，其應勤裝備亦必須作適當之革新。如此，才能如前述之日本警察之勤務策略一般，在偵查、預防兩方面能達到相輔相成之治安效果。其中，在促進警民合作以及提升預防犯罪的作為方面，例如前述之 2005 年嘉義市警察局之革新中，即有包括警政業務全面的資訊科技化，並提供一個最標準、有系統及專業化的便捷模式來為民眾服務。而為達成此目的，該警察局有數項根據 ISO 而研發成之本土策略之配套作為，以便順利推展此願景。其即援引品管圈之技術與步驟，來研發創新 6 項便捷為民服務之方案中，其之第 4 項方案的校園治安淨化區 E 化專案、以及第 6 項方案之住宅防竊環境安全檢測，均需要創新相關之新的應勤裝備，以配合此勤務策略之革新與推行。

又例如，於 2008 年當時之桃園縣政府警察局的服務理念即訂為：（一）積極引進企業「全面品質管理」、「顧客導向」、「創新加值服務」等理念及作法，並持續性改善；（二）整合社區資源，促進全民參與，關懷弱勢團體，強調公共利益；（三）善用現代化科技，建立完整管理流程，提升效率；（四）對該局組織定位、願景與領導，形成共識，掌握環境發展趨勢，貼近民意需求。另外，其亦有下列兩大項關鍵之革新作為即：（一）警政科技整合與運用：運用科技，達到快速反應、縮短流程，提升服務效能；結合 110 系統、勤務規劃、派遣、GPS、GIS、治安分析及行政管理等七大子系統，另整合天羅地網、交通號控系統，發揮最大功效；（二）現代化派出所之創新服務：該局 85 個分駐派出所，同步推動現代化派出所行動方案，並包含下述 5 個發展方向。亦即科技化、人性化、多元化、顧客導向，以及創新加值服務等 5 個革新派出

所功能之革新。而期能達成環境佳、效率高、態度好,及創新的加值服務等效益,以便提升治安維護之偵查與預防犯罪的效率與效果。因此,傳統之強攻猛打並以「快速回應之勤務思維」(Reactive Stance)為主之勤務裝備,就無法達成此新勤務策略之要求,而必須同時研發預防犯罪之勤務配備,才能達成偵、防並重,機先預警的勤務新思維(Proactive Stance)之目的與要求。

根據此偵、防並重新的整合型的勤務思維,則發展配套之勤務新裝備,就成為未來革新裝備之重要考量元素。其中例如前述之美國的威斯康辛州的麥迪森市(Madison, Wisconsin),亦曾實驗警力散在式部署的門市部服務站之設置(storefront police station),並以固定式的指派專責之員警至該警察門市服務站,以及創新「鄰里資源拖車」(City of Madison Police Department)之便民服務之新的應勤裝備,與創建警民合作之新合作平臺之機制,均甚值得勤務裝備革新時之參考,如圖 9-15、圖 9-16 所示。又例如,於 2015 年 6 月 19 日,40 輛油電混合型新能源汽車正式交付上海市公安局,將成為在高架道路上執勤執法巡邏的「綠色衛士」,上海市公安局還將逐步考慮用新能源汽車替代傳統巡邏車,為城市低碳發展和節能減排作出貢獻〔上海公安局;好力電動車輛(蘇州)有限公司〕。而上海之電動巡邏車是一種為公安和安保部門的工作人員,提供其為巡邏代步而專門設計開發的一款車型,該車型分為封閉型和非封閉型(帶門和不帶門)。該四輪電動巡邏車特別適用於公安、特勤、安保巡邏、步行街等巡邏工作之執勤與代步的勤務工具,如圖 9-17 所示。該車輛既節能又環保,運營成本極低,維護簡單方便,操控性能好,外觀新穎醒目,機動性強,對於增加與民眾接觸,以及警民合作平臺之建立方面有相當之助益,值得參酌與仿效。

又例如在偵查之裝備方面,前述之新北市警察局根據情資導向警政為基礎的新發展規劃,自 2011 年 8 月 24 日起,由該局保安民防科成立「情資整合中心」,設置監視器管理相關 8 項系統,以及大型電視牆等硬體設備,以監錄系統之監控中心為主要功能,後由資訊室統籌管理之。該局積極導入 E 化及 M 化的科技與管制措施,結合高科技無線通訊技術、即時動態管理系統,能掌握案發機先時刻,有效處理犯罪案件。又在即時回應民眾需求方面,例如推動「即時到位」交通服務,提供民眾便捷交通,免於塞車之苦。在推動「快速打擊部隊」勤務措施方面,即能即時打擊街頭犯罪,提供民眾即時安全服務。在推動「防竊達人」與「報案到宅服務」方面,亦能即時提供民眾居家安全服務

等等。另外，又如前述之新加坡警察的鄰里警崗制，即有 E 化警崗之服務設置；而洛杉磯市警察局之 E 化警政，其所推廣之網路社區群組會員制之設置等等案例，均爲將警察勤務活動推向虛擬之雲端系統，藉由實境與虛擬勤務之結合，達成最經濟與最有效之治安維護效果。因此，若勤務思維朝向偵、防並重的策略方向來發展，則勤務裝備之設置，必然會有革命性的新穎之創新與運用。

圖 9-15　美國的威斯康辛州的麥迪森市「鄰里資源拖車」─1

圖 9-16　美國的威斯康辛州的麥迪森市「鄰里資源拖車」—2

圖 9-17　上海電動巡邏車

　　至於在警察執勤的警械方面，亦如前項之所述可以有新的革新與援引，以便於便捷與安全的使用警械。其中例如在武器彈藥方面，由於我國員警在使用警械時，尤其是槍械，往往會有是否有使用過當之爭議，甚且有時會因使用槍械而纏訟多年者。觀諸英國之警察在執行一般巡邏勤務時並不配槍，特殊狀況時才可報備帶槍執勤。因為自 1829 年倫敦首都警察局成立以來，除了白金漢宮、唐寧街 10 號首相官邸、倫敦希思羅機場、美國駐英使館等一些重要場所，及周邊的執勤和巡邏警察，以及反恐特警配備有槍支之外，執行一般日常勤務的警察和街頭的巡警是不配備槍支的。英國警長協會制定的《槍支使用規定》對使用槍支有嚴格規定，該協會的一份文件顯示，英國警察只有一小部分經過特別訓練可以佩戴武器，而此武裝之警察只占總警力的 5%。普通警察上街巡邏，一般配備一種利用高壓電擊使目標暫時癱瘓的電擊槍（新浪香港）。

　　美國警察曾有研究顯示，帶槍執勤不一定更為安全與有效（Kelling，1988），因此很多警察單位平常執勤時，均換成泰瑟電擊槍執勤（Wikipedia，維基百科）。[1] 警察是否可攜帶電擊槍執勤，一直以來是飽受爭議的話題，邇來舊金山警察委員會以 6 比 1 投票通過了警察攜帶電擊槍（也稱「泰瑟槍」）的提案（美國僑報網，每日頭條，2018）。目前，美國大部分城市警員都可以配備電擊槍，但是舊金山對這一武器應用政策的推行十分緩慢。反對者質疑電擊槍的效力，擔憂其不能制伏嫌犯，反而令警員被射殺；但支持者認為，警員佩戴電擊槍，可有效的減少許多不必要的傷亡。之前舊金山警員若不開槍制伏嫌犯的話，只能採用胡椒噴霧等武器，電擊槍的配備，有望能在非必要射殺時，

----

[1] Wikipedia, Tom A. Swift Electric Rifle (TASER)，泰瑟槍的發明者是美國人John "Jack" Hingson Cover Jr.，他曾是美國美國國家航空暨太空總署（或稱宇航局NASA）的一名科學家，他於1960年代開始研製泰瑟槍。然而20世紀初期的科幻小說作家中之Tom A. Swift曾於小說中描述此種電擊槍，Jack Cover遂以小說筆者的名字的首個字母，將此槍命名為 "TASER"，以紀念其在書中所提電擊槍枝之概念。泰瑟槍是一種與電擊棒完全不同的武器，雖然兩者同樣是利用電流作攻擊動能，但泰瑟槍在發射後會有兩支針頭連導線直接擊進對方體內，繼而利用電流擊倒對方。泰瑟槍沒有子彈，它是靠發射帶電「飛鏢」來制伏目標的。它的外形與普通手槍十分相似，裡面有一個充滿氮氣的氣壓彈夾。扣動扳機後，彈夾中的高壓氮氣迅速釋放，將槍膛中的兩個電極發射出來。兩個電極就像兩個小「飛鏢」，它們前面有倒鉤，後面連著細絕緣銅線，命中目標後，倒鉤可以鉤住犯罪嫌疑人的衣服，槍膛中的電池則通過絕緣銅線釋放出高壓，令罪犯渾身肌肉痙攣，縮成一團。

成為較為強力的威懾與制伏性武器。因此，我國之「警械使用條例」，以及前述之「警察機關配備警械種類及規格表」，若能與時俱進的參考全球警察使用警械之趨勢，加上國內實證的研究與發展，定能為我國警察之警械，創造出更為適用與有效的警械。

　　以上對於未來之警察勤務裝備之發展，即以「偵防並重」的勤務裝備思維模式來論說，然而前述之敘述僅為援引其中之一隅加以舉例說明，至其細部之研發則有待未來之警察人員，根據地區之特性與世界之潮流趨勢，予以舉一反三的創新與研發。是以，鑑往知來、溫故知新，從我國警政多年來在應勤裝備與器材的演進，以及全球警政之新科技與新執勤工具、機制的創新經驗之中，對於我國未來警察勤務裝備方面之精進，遂能較容易掌握其發展、研發與應用之方向。因之，對於警察工作效率與效果之提升，必能產生關鍵性之影響與助益。

　　綜上所述，如前述第四節壹、之「以偵查為主之勤務裝備的未來發展」所論，國際間在警察應勤裝備與應用之新科技，亦有更為長足之進步與發展。本書即以科技運用較為先進之美國警政為例，舉出 11 類「以偵查為主」的警察應勤之新工具，或者新的治安維護之情資系統。此類新警察科技或系統之開發與使用，筆者深信定能更為有效的打擊犯罪與維護社會之安寧與秩序。因而筆者以為，我國警政之未來發展，應本諸與國際密切結合與同步發展之基調，而在實務工作之推展上，應援引此類新的應勤之裝備，同時應再結合「偵防並重之勤務裝備」的概念，有步驟的來賡續研發出新的執法之新工具。若然，則我國警政在警察應勤裝備與科技方面之發展上，或可與先進國家同步，並可更為有效的維護國內社會之安寧與秩序。

參考書目

一、中文部分

內政部警政署（2011），百年歷史文物展，慶祝建國一百年警察歷史文物展活動資料光碟。

內政部警政署（2018），警察實用法令，內政部警政署組織法、內政部警政署處務規程。

內政部警政署編製（2016），警察機關分駐（派出）所常用勤務執行程序彙編，中央警察大學印行。

陳明傳等（2006），警察財務管理與機關管理，警察行政，國立空中大學發行。

章光明、陳明傳等合著（2013），臺灣警政發展史，內政部警政署、中央警察大學編印。

雲五社會科學大辭典（1987），行政學。

上海公安局，上海公安新能源警務用車今起上路巡邏，2019年3月15日取自：http://www.police.sh.cn/shga/wzXxfbGj/detail?pa=1ad5949dfce77ac60504627ff4254621a1300e874b7d84a29861a3596007bc9ceee449fc5e3b7d9b95952053c3b6c579。

內政部警政署全球資訊網，業務職掌，2019年3月15日取自：https://www.npa.gov.tw/NPA-Gip/wSite/ct?xItem=34027&ctNode=11939。

行政院全球資訊網，事務管理各手冊規定，2019年3月15日取自：https://www.ey.gov.tw/Page/9695ADCD1F0CB9F4。

好力電動車輛（蘇州）有限公司，2019年3月15日取自：https://www.my1818.com/e179638_6709.html。

美國僑報網（2018年3月19日），每日頭條，舊金山通過提案警察可佩戴電擊槍上街，2019年3月15日取自：https://kknews.cc/zh-tw/world/8l5vg2l.html。

新浪香港，各國警察開槍執法盤點，2019年3月15日取自：https://sina.com.hk/news/article/20150514/0/1/2/%E5%90%84%E5%9C%8B%E8%AD%A6%E5%AF%9F%E9%96%8B%E6%A7%8D%E5%9F%B7%E6%B3%95%E7%9B%A4%E9%BB%9E%E8%8B%B1%E5%9C%8B%E8%AD%A6%E5%AF%9F%E7%9B%B4%E6%8E%A5%E7%88%86%E9%A0%AD-531300.html?cf=o.news。

維基百科，自由的百科全書，2019年3月15日取自：https://zh.wikipedia.org/wiki/%E6%B3%B0%E7%91%9F。

二、外文部分

City of Madison Police Department Neighborhood Resource Trailer, March 15, 2019 from https://www.cityofmadison.com/police/community/neighborhood-resource-trailer/.

Kelling, George L. (1988), What Works-Research and the Police, in Crime File-Study Guide, National Institute of Justice, U.S. Department of Justice.

Peak, Kenneth J. (2009), Policing America-Challenges and Best Practices 6th ed., N.J.: Pearson/ Prentice Hall.

Wikipedia, Tom A. Swift Electric Rifle (TASER), March 15, 2019, https://en.wikipedia.org/wiki/ Tom_Swift_and_His_Electric_Rifle.

CHAPTER

10

警察勤務策略與運作未來之新發展

第 一 節 警察勤務機構未來之新發展

我國警察勤務之實施依據「警察勤務條例」第3條之規定,以行政警察為中心,其他各種警察配合之。至於警察勤務機構若以行政警察論之,則包含勤務執行機構的分駐所、派出所,勤務規劃監督及重點性勤務執行機構的警察分局,以及勤務規劃監督機構的警察局。基本上,在各縣、市均設有警察局,於各鄉鎮或縣轄市設有警察分局,而其勤務之規劃與監督數十年來均保持一定之規範與穩定性,較無重大之變異或改變。至於分駐所、派出所屬於第一線的勤務執行機構,與民眾之接觸甚為全面與頻繁,因而經常隨著社會環境之演進,而經常必須調整其執勤策略,以滿足社會與民眾之需求。

至於,在前述整合型警政時期或者國土安全時期,均強調必須採取全方位的警政策略發展,也就是說警察工作之新思潮,不僅在工作量之上力求提升效率,尤應在工作的品質上,提升其維護社會安寧與為民服務的效果。如此精神表現在勤務作為上,即為偵查與預防並重的策略。至於在偵查技術提升方面亦是發展迅速、一日千里。其中,科學的警政與科技之運用典範之提倡(“scientific policing” and technology)(Rowe, 2014: 271-273),即為此種警政新策略之重要發展主軸。同時有論者亦稱,未來警政之發展乃朝向以鄰里為導向之警政策略發展趨勢(Neighborhood-Driven Policing),同時以網絡為中心之警政發展取向(Netcentric Policing)。因此,以社區警政之「社區」為發展為主軸之進程,已經進化到以鄰里資源之整合與連結為重心。同時網路與通訊科技之快速發展與應用,也使得警察組織內、外之溝通與情資之分享,已打破傳統組織之界線、規範與藩籬。也就是說,警察組織之內、外均可以快速的傳達任何訊息,而不需遵照傳統指揮、領導的體系來層層的轉呈(Schafer et. al., 2012: 314-318)。因此,未來警察勤務組織之發展,亦可以雲端網路與大數據技術的巧妙運用,而創造出精簡而有效,且能因時、因地置宜的多元勤務組織之新型態。

其中,例如犯罪熱區之分析、大數據警政之發展,以及資訊科技的大量援引等,均提供警察即時現場影像的掌控,以便更迅速有效的掌握偵查破案之契機。因而,大數據的運用是近年來相當熱門的話題。例如曾經由行政院推出、落實到內政部警政署的「警政雲端運算發展計畫」,以雲端運算技術建構高安

全性、高可靠度、具擴充性的警政雲，發揮科技破案成效，讓民眾在安全防護上「確實有感」。警政雲在第一階段（2012年至2015年）持續整合並運用新科技，充實警政資訊應用系統與設施，運用雲端運算技術建構各項雲端服務，導入多元化智慧型手持裝置（M-Police），提升員警使用資訊系統的便利性，提高勤務效率，在治安、交通環境及警政服務上成效卓著。隨著第一階段計畫的結束，接下來的規劃重點，將深化、加強大數據分析及智慧化影像處理應用的技術。而內政部警政署近日推廣與全國執行之「各警察機關Web 2.0社群網站及APPS」應用軟體的推廣，即為運用此雲端系統的最典型之勤務與服務之革新，甚值得發展與期盼。而我國此種新勤務策略之發展模式，或可稱之謂「情資導向之警察勤務發展策略」。根據此全球新的情資導向之警察勤務發展策略的影響下，我國之警察勤務組織未來可能之新發展，論述如下。

如前所述，我國警察勤務條例之規定，警察分局為勤務規劃監督及重點性勤務執行機構，負責規劃、指揮、管制、督導及考核轄區各勤務執行機構之勤務實施「並執行重點性勤務」。警察局為勤務規劃監督機構，負責轄區警察勤務之規劃、指揮、管制、督導及考核，並對重點性勤務「得逕為執行」。然而，我國警察勤務若要調整到以「偵防並重」之策略為發展主軸，則一方面要強化偵查犯罪之效率與快速機動性，另一方面在預防犯罪之發生上，亦期能發揮預防之效果。因此，在警勤區及派出所之勤務機制，若以預防或所謂之「守勢勤務」為其發展之主軸，則相對的在分局方面，就必須強化其「攻勢勤務」之機動力，以及總攬業務執行之能力。循此模式之思維，則派出所應以結合民力與社區資源作好預防與服務性之勤務。其如前述之所論，可落實2018年修正之「警察勤務區訪查辦法」之意旨與精神，將派出所與警勤區之經營，調整成為警民合作、共維社區安全之「社區警政」的勤務執行型態。至於派出所亦可以科學的評估分析，作適當的裁併與恰當的設置，而此端末勤務機構與基本單位，亦可調整成為以勤務之執行為主，亦即不兼備業務，僅專注於勤務之執行。

若然，則警察分局與警察局就必須負擔業務的執行，以及推展偵查與攻勢勤務為主之勤務策略。因此，若在進行裁併派出所之變革後，則可以將警力適當的集中於分局，以便能順利與有效的執行分局全轄之攻勢勤務，以及所有業務的順利總攬與承辦。因為，以目前散在式警力的部署模式，分局之警力實不足以負擔所有業務之承辦。因此不得已只好將業務交辦給派出所來協助辦理，

然後再彙總至分局來整理之。次者，分局之警備隊或者警察局之專屬（大）隊，亦無法如前述洛杉磯市的基礎車輛巡邏系統一樣，足以負擔全都市的巡邏與攻勢勤務之執行。因而，若派出所不承辦業務，而專責於預防勤務的執行之上，那麼就有適當之空間作派出所之裁併，並把一部分警力集中於分局，來承辦業務及執行全轄的機動性的攻勢勤務。若然，則才能真正的落實「偵、防並重」之勤務效益，也才能遂行如日本警察勤務一般，在預防與偵查兩方面，因勤務機構與功能合理的分工與密切的配合之下，終能發揮出治安維護的最佳效果。

至於其警力部署於分局與派出所之比率多寡，以及派出所裁併之狀況，則宜如本書前文所述，必須透過工作量與人力資源整體的量化大數據之評估分析，才能釐定出合理化以及具體可行之組織結構規劃，以及勤務型態之改革方案。然而，對於業務由警察局及分局之總攬與執行的策略，除了前述之簡化業務以及減少職務協助項目之措施外，若能將業務之執行透過新的 E 化之處理，或者開發新的處理業務之各類軟體，對於業務之推展亦有一定之成效，也才能促使警察局與分局對於總攬業務之變革，較能成為具體而可行之方案。

在警察局或分局的機動攻勢勤務的執行方面，亦可開發相關的聰明警政之概念與策略。例如，以大數據之運用來連結報案地點、社區與民眾之需求、犯罪發生地等等相關之治安數據，使其與勤務執行產生密切之連結，而形成巡邏勤務之熱區，如此不但可以節省警力之虛耗，也可提高勤務執行之效益。另外，運用新的科技將實際之巡邏結合 CCTV 等虛擬雲端或者網路巡邏之機制，成為「神龍見首不見尾」之多元的巡邏模式，如此不但可以提升巡邏之密度與效益，同時可以讓犯罪者較無法得知或偵測出員警之行蹤，亦可提高員警勤務之安全性。又例如，本書第一章所述之新北市警察局所推出的情資整合中心，以及該局於 2011 年 1 月 3 日成立的快速打擊犯罪特警隊（簡稱快打特警隊）等等之勤務機動整合之新措施，亦是很不錯的勤務革之新嘗試。該局快打特警隊乃將該局現有編制警力，包括保安警察大隊之霹靂小組、刑事警察大隊人員等之員警與器材等，施以操作演練，精進反綁架戰技、戰術、體能特訓等。遇突發案件由上述單位之線上警力，組成高機動性之精銳特警隊。至於，在分局與派出所之落實區域聯防機動支援機制的落實方面，則以案發分局為軸心，結合鄰近分局組成聯防，各分局成立快打特警隊區域聯防相互支援。實際之支援順序視現場狀況、地緣遠近關係，以案發分局所請求者為主。而為了考量轄區

幅員及各分局治安特性，編成 16 個區域聯防相互支援之。此創新之作為，亦可成為未來警察局與分局在革新攻勢勤務時之借鏡與參考。

第 二 節　警察勤務策略未來之新發展

　　綜觀全球警察勤務策略之模式包括：（一）犯罪控制或程序正義的勤務策略模式；（二）報案反應或機先預警之勤務策略模式；（三）專業化發展或公私協力之勤務策略模式；（四）攻勢勤務或守勢勤務之勤務策略模式；（五）集中制或散在制之勤務策略模式等 5 大類。以上 5 種勤務策略類型化之分類，可歸納整合成為「兩大類型」之勤務策略的分野，亦即一類為以偵查為主之策略，另一類則同時亦注意及之預防勤務策略之重要之策略。亦即勤務策略中之犯罪控制、報案反應、專業化發展、攻勢勤務與集中制之策略，較屬於以「偵查為主」之勤務策略。至於勤務策略中之程序正義、機先預警、公私協力、守勢勤務與之散在制勤務模式，較屬於以「偵、防並重」之勤務策略。

　　前述兩大類型之勤務策略，加上 2001 年紐約市遭受恐怖攻擊之後，其所形成之國土安全警政時期之警察勤務新作為，則共可歸納成為三大類勤務之相關理論。亦即前述之警察勤務策略，屬於「戰略層面」之指導綱領與典範之引導（paradigm），而其所衍生之勤務之原理原則，即屬於勤務實務運作中之「戰術層面」的行動規範或理論（theories）。其之行動規範或理論亦可分為第一類為以偵查為主之勤務作為，第二類則同時亦注意及於預防勤務作為之重要性，第三類則為國土安全警政時期之勤務理論。而第一類以偵查為主之勤務作為的相關勤務理論又可含專業化時期的勤務理論、運用新科技的勤務規範、案件篩選之勤務管理規範以及問題導向之勤務規劃理論等 4 種。至於第二類以預防為主之勤務作為，則包括破窗理論、治安零容忍、日常活動理論、理性選擇理論、情境犯罪預防理論以及社區導向警政等 6 種。

　　然自 1829 年英國皮爾爵士創建「現代警察」（Modern Police）之後，即曾說明警察僅為來自民間之公務執法人員，因此警民合作共維社區安寧，以及預防、偵查並重之治安策略，才是現代警察所應追求之圭臬與標竿。然而，自 20 世紀初之警察專業化發展之後，警察之勤務策略受到科學化管理之世界管理思潮（Management Science）影響之下，勤務之作為則傾向以偵查、破

案爲主，而較不注重有否「效果」，而只關注「效率觀」之策略。至 1970 年代之堪薩斯市之預防式巡邏實驗證明，巡邏對於治安之維護不甚有效之後，復以 1980 年代社區警政的復古運動之崛起，勤務策略才又回到皮爾爵士的警民合作、偵防並重的勤務思維之中。亦即，在 20 世紀的警政發展策略，仍以專業化之發展爲主，而警察以打擊犯罪爲角色與功能自居，因此對於爲民服務、預防犯罪以及秩序之維護，其認爲不是執法之工作（not law enforcement per se），因此而未能強化此方面之功能。在美國曾有一個由總統任命之 21 世紀警政研究專案小組（the President's Task Force on 21st Century Policing），該研究小組即曾建議，美國警察之組織文化必須改變，才能提升執法與警民合作、共維治安之效率。也就是說，警察要建立與民衆之互信以及合乎人權之執法文化，並且以守護者角色自居，以便保護民衆，同時亦能維護民主之價值（Guardians who serve and protect democracy）。又國際警察首長協會亦曾於 2015 年的警察政策高峰會中（International Association of Chief of Police, IACP），除了建議上述警察角色之改變之外，同時亦建議亦要建立一套評估社區警政策略之執行，是否成功的一個科學的指標（Walsh and Vito, 2019: 329-330）。而在香港的警察單位，亦以此種同樣之警政新思維，在其員警之教育訓練方面，特別強調社區服務的警察文化之建立。在其教育訓練之課程，也特別的加上到老人之家或非華裔之弱勢家庭的訪問課程，以建立員警爲民服務與體恤民情之「服務型」警察新文化之建立。藉此以便擴大香港員警之治安策略之視野，同時深化警民之互助以及互信，而此警民合作之關係與聯繫平臺之建立，乃爲社區警政推展之關鍵性之警察新文化與核心之價值（Chung, 2012: 145）。至於我國之警政之策略發展進程中，亦曾於 2016 年警政發展的方向以「科技建警、偵防並重」爲警政革新之指標與新的勤務思維，並以大數據運用在警政工作，以及社區警政警民合作之策略模式，而成爲該年策略之重點。

綜上所論，我國警察勤務策略未來之規劃與發展，實應以「警民合作、偵防並重」爲勤務革新與未來發展之策略主軸。至其勤務策略規劃革新之實際作爲，除了融入前述之科學規劃方法、勤務之相關理論，以及警民合作、偵防並重的核心元素與價值之外，則其細部之作業，則必須運用下列勤務規劃之程序，加以進行：

一、必先以前述科學理性的方法，來量化分析第一階段所蒐集勤務規劃相關之情資，之後亦必須同時融入與考量前述林布隆先生所提之「漸進決策」的

可能影響決策之主觀因素，並進一步以主、客觀的系統性與整體性之分析來規劃勤務，才是最佳的勤務規劃之模式。

二、若以規劃警勤區之劃分爲例，則所謂之科學量化之規劃的革新作爲，應該是掌握前述章節勤區劃分之各類法規經驗與因素，並據以蒐集其量化之數據，然後加以適當之研究設計，不論是實驗研究設計、準實驗研究設計或者調查研究設計等等，之後再以適當之資料分析或統計軟體（如SPSS等）加以求取各因素之間的相關性，最後再以此類因素與其數據之輕重與因果影響關係，來決定勤區劃分之標準。

三、勤務策略之規劃仍有太多之新發展模式與可能性，在此或可參酌前述之警察勤務策略規劃之可行之新模式，例如資訊統計管理之警政及其勤務之規劃模式，以及大數據時代的警政策略及其勤務策略規劃之模式等。這些規劃之模式如前之第三章第四節的論述，請參酌之，茲不贅述。

第 三 節　警察勤務型態未來之新發展

如前節所述，勤務策略類型化之分類，可歸納整合成「兩大類型」之勤務策略的分野，亦即一類爲以偵查爲主之策略，另一類則同時亦注意及之預防勤務策略之重要之策略。因此，綜合前兩節之勤務組織與勤務策略未來發展之論述，以及前述對於我國現行勤務之檢討與分析，或可發覺出我國警察勤務方式與型態之未來發展方向，可以有以下之結論。

壹、值班勤務未來之發展

我國警察在值班勤務之便民與效率方面，有E化報案平臺、受理報案單一窗口等等之革新措施，唯在值班方式的規範上，能否大破大立的考量值班便民之功能，以及遂行散在式警力部署，與社區警政犯罪預防功能之強化，對於值班環境以更親民、便民之服務臺方式來設計與規劃，以達警民合作、共維治安之協力平臺建立之新模式的創新與改革。若然，則派出所預防犯罪之本質功能，必更能彰顯。日本之派出所、新加坡的鄰里警崗，以及大陸公安派出所之值班環境之規劃，即以此想法爲出發點，而降低值班臺、提供多樣性之服務樣

態，並且以顧客為導向之服務臺之設計，來與民眾更貼近的結合，均為我國值班制度未來朝向社區警政、整合民力與預防犯罪之功能上，力求革新與發展的重要指標。

貳、備勤勤務未來之新發展

我國之警察勤務組織之部署屬於散在式警力之態樣，因此在端末之分駐（派出）所警力單薄的情況下，必須有備勤勤務之安排。雖然邇來在前述各種勤務的規範上，有部分改成「巡邏線上備勤」之調整規定，其目的乃一以節省備勤之警力，再者可擴大見警率，亦即巡邏密度可因而提高。唯根本之道，是否應探討部分派出所裁併的可行性，將警力集中於分局。若然，則因為交通便捷、通訊器材發達之情況下，加上分局之內勤人力充足，可以有能力處理所有之業務，以及原來備勤需要負責之各項工作。如此，則可以完全改變成以線上備勤之方式，來取消原來備勤之勤務，增加線上巡邏密度與見警率之提升。

參、守望勤務未來之新發展

多年來在我國勤務之革新上，有多次嘗試「巡守合一」之變革。而警察勤務機構規劃員警巡簽巡邏箱時，應於巡邏箱設置處周遭適當範圍，實施重點「守望勤務」5分鐘至10分鐘，執行瞭望、警戒、警衛、受理民眾諮詢、整理交通秩序及其他一般警察勤務；並適時採徒步巡邏方式，深入社區、接觸民眾，增加警民互動之合作機會，有效預防犯罪。該項守望新的變革之規範，其主要之目的乃為了有效預防犯罪，故而其乃邇來我國警政機構，對於巡守合一勤務的新規範與重要之變革。因而，我國之守望勤務亦必然以此類提升效率之思維，不斷的加入新的元素來進行創新與改革，以便使得較屬守勢之守望勤務，能推陳出新並且發揮最大的治安效果。

肆、臨檢勤務未來之新發展

在前述之臨檢勤務論述中，Sherman之掃蕩研究之結論稱，警察若在掃蕩勤務的期間上，有所一定之規範與限制，亦即在不同目標之間輪動式的掃蕩，則掃蕩勤務可能會更為有效。因而，我國巡守合一勤務之變革，讓巡邏員警在

治安熱點守望一段時間，亦為此種治安效果提升之同一思維下，前述之守望勤務必然變革之方向；同理亦是警察勤務機構，未來在規劃臨檢勤務時，可以運用前述 Sherman 之研究結論，來規劃臨檢之方式，以便使得我國之臨檢勤務，蛻變成為更為有效之勤務活動。

伍、巡邏勤務未來之新發展

至於巡邏之勤務方式，應運用大數據之技術與通訊器材之革新，而如前述之洛杉磯市警察局或休士頓市警察局之巡邏勤務之革新一般，研究發展出一個「實境巡邏」與「虛擬巡邏」結合之新模式。讓結合虛擬之網路監錄系統或無人飛機或機器人等之巡邏態樣，期能無形間提升巡邏之密度與嚇阻犯罪之效果。亦即，或可研發以虛擬之監錄系統等機制，如前述我國新竹市警察局曾發展與運用的「平安燈」等等之新機制，讓犯罪者以為警察在該轄區有巡邏之勤務安排，如此可互補實境巡邏密度之不足處，而形成相輔相成的嚇阻犯罪之效果。

陸、勤區查察勤務未來之新發展

對於勤區查察之未來發展，筆者認為若要徹底的簡化員警勤區查察之工作負擔，並能提升情報佈建之效率，則警政署前述之各種勤區查察之革新與修法之作為，僅能在簡化業務及工作鬆綁方面有所成效，至於情資蒐集之功效方面，可能要另圖改革、創新之模式，才能收其成效。因為，過去威權時代之「戶口查察」之功能，或許在民主、法治與尊重民眾人權與隱私權之現代，無法繼續的執行，但是過去戶口查察在情資蒐集的功能上，恐非內政部修訂之「警察勤務區訪查辦法」所可替代其原有之功效。因此之故，所以就必須有所調整與創新勤區查察之革命性作為，否則情資之整合將會落空。

因而在此列舉下列數個類似「勤區查察」勤務革新之他山之石，以供參酌如下：

一、首先在警勤區的設置方面，應有科學量化之分析以為依據。例如，前述美國之專業化警政時期的警察行政著名學者 Orlando W. Wilson，力倡更為專業化與科學化的規劃該市之警察巡邏區（或謂必特區，Beat），其

即是以量化之「社區需求因素」來規劃其勤務之方法（proportionate need factors）。因此，應該積極的發展我國警勤區劃分較為科學的模式。前述我國之警政發展確即曾於 1979 年，時任警政署長孔令晟為了推動「警政現代化」，並訂定「革新警察勤務制度初步構想」，其中即曾經調查基層派出所員警轄區之工作量，並設計一個多元（複）迴歸分析方程式，其統計方法為杜立德法，其乃以警勤區警員「平均」每日之工作時間為應變數，警勤區之「基本資料」及「員警個人能力資料」為自變數，輸入電腦並以統計軟體求得各變數（項）的交互相關數，逐得出一個複迴歸方程式，其將作為量表。據此量表再逐一將現有每一警勤區之各項資料，代入此方程式中加以計算，即可求得每一警勤區每日之平均工作時間，以每日 8 小時計算，即可得知其是否符合服勤時間與工作量之標準。以上警勤區工作量之設置與規劃之科學方法，確實可當作日後勤區規劃之參考。

二、又例如，前述之洛杉磯市警察局新推展之基礎車輛巡邏計畫，在其計畫中有配合 E 化警政的創新作為，在每個分局的轄區內，設有各個社區的社區警察聯絡官（Senior Lead Officer, SLO）負責與社區民眾聯絡，並邀請認證後之市民參加該社區警民共同籌組之網路群組，並由此聯絡官來聯絡與相互的在雲端交換情資、受理報案，或分享各種治安之資源。此種透過網路的警民合作之 E 化警政之雲端交換與分享情資的平臺，就正如同筆者前述建議之勤區查察大破大立的革新之主張，亦即「多用網路、少走馬路」之情報布建之新作為。此新作為亦可當作我國勤區查察勤務，未來改革之重要參考。因為此新方法不但可節省警力、便捷警民之聯繫，而且情資之蒐集也較不會落空。

三、援引前述國土安警政時期，其所論述之情資整合新發展機制中之融合中心的新概念，亦是非常好的勤區查察革新之方向。美國之國土安全情資融合中心之概念，其乃發揮整合橫向之公部門的情資，與互相密切配合之機制，並期能更加適當的融合民間之情資系統，並且建立起一定之情資運用之安全權限與使用之規則。而所謂之公私協力之國土安全新趨勢，其乃強調公、私整合平臺全面性的融合中心之創立，與其情資之便捷運用，且更精準的作到公私機構的情資之分享。所以，若我國警察之派出所，若能定位成為預防犯罪的情資融合之中心，而警勤區之經營方式，若亦能相對應的訂出一套安全管制情資之分享機制，則對於全方位之情資分享與運用，

以及整體社區安全之提升，一定會產生警民合作、公私協力等之加乘效果。若然，則新的勤區查察，必更能整合社區情資與相關之資源，其亦必然比現行之勤區查察之效果更為方便、落實與有效。

綜上，若要如前之所述進行各類警察勤務型態之創新與變革，則警察單位應建立起強而有真正實力之未來發展之研究單位（Futures Research Unit and Capability）（Swanson et. al., 2008: 669-671）。因為社會之發展日新月異，社會之衝突或者違法違規之事件，亦是層出不窮。因此，警察維護社會治安之技術或者勤務之型態與方式，亦應隨之不斷的研究發展，以為有效之因應。所以強化警察對於因應未來可能發生之各類社會事件，其研究發展與其必備之研究組織與研究能量，就必須有一定人力與資源的投入。所以警察勤務新型態之規劃與研究，以及新勤務方式與新勤務技術的援用，就必須強化此研究發展之機制與功能。

第（四）節　警察勤務其他運作未來之新發展

壹、警察勤務時間未來之新發展

誠如前述英國警察之所述，英國首都倫敦警察的勤務時間是一項 24/7 全年無休的工作。這份工作的性質不論是海洋派或大陸派警察制度之國家，也都是意味著需要一定的多樣性之工作指派，也就是說員警不能因為正式的工作時間已經到了，就突然停止追捕嫌疑人，同時必須是 24 小時全年無休的為社區與民眾提供安全的服務。然而，英國內務部亦曾經於 1992 年，以排班制度之改革，來進行一個實證性之比較研究，其研究發現有以下之結論，亦即就經費而言，沒有確鑿的證據表示新的所謂之渥太華輪班制度，能提高警政工作的任何治安之效益。事實上在這一新制度下，有人對渥太華制度是否有能力滿足緊急事件處理，或者非巡邏工作的職能要求表示懷疑。所以，問題可能不在於時間的編排這麼單一的因素之上，或者不一定要如傳統之勤務編排方式，亦即兵疲馬困式的 24 小時不眠不休的執行勤務，才足以提高治安的效率。其中，例如前述國土安全警政，或者問題導向警政之中，所謂之情資之蒐集與研判分析，並據此情資作更為有效相對的勤務時間的對應安排，才是勤務時間編排更

為重要的影響因素。對於勤務時間與提高勤務效率之相關性,則諸多勤務規劃理論均可成為提高效率之更佳策略選擇,其中本書前述之大數據警政之運用,亦是更好的抉擇之一。

綜合本書前述有關勤務時間編排的各個實證之研究,均可得到一個類似之結論,亦即生理時鐘確實會受到輪班制度之影響,而年紀越長則影響越鉅。其解決之方案則或可如前述美國警政推行之「全方位的疲勞管理改進方案」,包括:輪班工作對健康和安全的影響教育、提高工作場所干預之警覺性的措施,以及睡眠障礙的檢查等等,均可以大幅度地減少輪班工作可能產生的負面影響。抑或如英國之案例,或我國警政於 2018 年新修訂之「各級警察機關辦理勤務審核作業規定」等案例,勤務之編排必須能夠平衡員警的個人和警察職業的勤休生活、開放基層代表有參與勤務時間規範評估之機會,以及採取保障措施,確保工作時間較長的員警在輪班之間有足夠的休息時間。同時為維護員警身心健康,每日勤務時數應按各單位員警增補情形漸進調整,並且嚴禁 3 段式以上勤務編排方式,亦即不宜將勤務時間切割成勤、休互相間格的 3 段式以上之編排,至影響員警之休息與生理時鐘。以上種種改革之措施僅為觀念之提出,至於具體可行之作為,則必須以個案之研究與因地制宜之措施加以評估與制訂。

然而於 2018 年 10 月立法委員提案修正「警察勤務條例」,稱有鑑於警察勤務條例自 2008 年最近一次修正以來已逾九年,由於時代進步,社會快速發展,諸多規範已不合時宜,無法合理因應實際之需求轉變。再者,現今醫學論證,睡眠時間不固定,長期會損傷身體健康!而警察在值勤時其身體狀況是重要指標,若無良好之體能狀況,不僅值勤時無法擔負重責,甚且可能讓民眾之生命財產發生危害,爰提出針對警察人員之值勤工時分配、勤務編排方式及勤務督導目的重行規定,期能符合時代演進與任務需求。至其修正之重點為:(一)為符合人體生理之需求,讓值勤者獲得連續休息之睡眠時間,以勤 8 休16 為原則,並刪除深夜勤不超過 4 小時之規定;(二)班表固定以 3 個月為 1期為原則。深夜勤得連續排班,但不得連續超過 3 期;(三)值宿規定,10 人以下之單位,夜間值班得以值宿(立法院,2018a)。其即朝較為人性化的勤休編排方式發展,吾等樂觀其成,並期能早日修法完竣。

又 2019 年 2 月 24 日有新聞報導稱,略以:「過往由於警力不足,員警需常態性每天服勤 12 小時,雖有超勤津貼補助,但長久下來,高工時幾乎壓垮

了警察身心，政府這三年大量撥補警力，幾已近滿編，警政署長陳家欽從去年底走訪各單位，聆聽基層聲音，綜合意見後，制定全新勤務編排規定，未來每日服勤將以 8 小時為原則，無法因應需求時，以 10 小時為度，或以週休 2 日，每週合計 50 小時以下作為勤務時數管制。」（姚岳宏，2019）。至於前述之內政部警政署 2018 年新修定之「各級警察機關辦理勤務審核作業規定」中，有關勤休時間之規定為應嚴禁 3 段式以上勤務編排方式，以及各單位應避免每日常態性編排連續 12 小時勤務，並逐步增加每人每日 10 小時以內勤務日數等等之規定，亦均為勤務合理化編排的進步作法，值得賡續的研究與革新基層員警工時的問題。

然而，前述各國警政所謂之差別回應報案之篩選案件之管理模式（Case Screening and Case Management Model），也是解決勤務時間編排的困境之另一較佳替代思維。也就是說，根據民眾報案之案件性質以及地區、發生之頻率等因素，來決定勤務派遣之優先順序、型態、時段與巡邏路線等勤務之部署與管理；如此編排勤務則較為科學與有效率。至於前述之資訊統計管理之警政管理與情資導向之警政策略，更是可以運用的勤務部署與時間編排的新發展之模式與指標。所以，不論是偵查或者預防之勤務策略，均可跳脫傳統之不眠不休的 24/7 的勤務時間編排之思維與侷限，而以更多元、寬廣之策略來處理社區安寧之議題。又例如，可以發展實境與虛擬勤務之結合，透過雲端、網路、大數據警政模式或者新的勤務科技工具（CCTV 等）作巧妙的整合，不但能更為經濟與有效的維護社會治安，同時能間接的促使員警勤休與生理時鐘更正常的發展。

貳、警察勤務指揮中心未來之新發展

如前述第一章之第一節的柒、之中所述的大數據時代的警政策略新發展之國內、外各種新的警政經營模式，例如我國之「警政雲端運算發展計畫」、美國之西雅圖市警察局亦曾推動名為 SeaStat 的新方案，以及紐約市警察局與微軟聯手合作在 2012 年研發並使用所謂之轄區警報系統（the Domain Awareness System, DAS）等等勤務運作與指揮系統的科技化與現代化之革新，均可為我國警察勤務指揮中心革新時之創新發想與重要之參考元素。至其基本之精神與研發之原則，乃是運用大數據分析之技術並將其推向雲端，且將其運作與指揮

之模式與通路，直接連結至端末之派出所、巡邏車，以及警勤區員警等手邊的資訊工具之上。若然，則各級勤務指揮中心的指揮體系，就更能全面、快捷的掌握最多的訊息，並作出最正確的指揮，達到如臂使指的快速而有效之警力運用之功效。

然而，我國勤務指揮之體系，若要落實前述之「社區警政」之概念，則或許可以將分局與派出所之勤務指揮，適當的強化其在地化（localizarion）的指揮功能。因此除了強化以「情資導向」為主軸發展之 110 報案系統之勤務指揮功能之外，在分局轄區之勤務指揮功能方面，或許亦可以在地化的規劃，提升其地區性勤務執行之迅速性與效益性。例如，大陸公安分局之「勤務調度中心」之建置，而不僅是接收警察局 110 報案中心轉傳及通報之指令而已。至於，派出所除了值班臺接受民眾報案之外，應可以思考設置「值班所長」之發想，讓所長及數個副所長（可思考增設數個副所長以為應對）輪流值班，及指揮派出所全部之勤務，如此，也可以提高基層端末派出所的勤務執行之成效。

故而，如前述之聖路易市警察局之即時犯罪中心（類似我國之勤務指揮中心）的執勤員，都必須具有操作多種頻道的無線電設備，和使用電腦派遣轄區內的警力、消防及緊急醫療服務人員的基本職能。其執勤人員之能力，則應包括接聽處理緊急求救電話技巧、冷靜處理危機事件、無線電通訊技巧、人際溝通、壓力調適、警網派遣等等能力。再者，在今日科技日新月異情況下，勤務指揮中心之執勤員，也必須扮演著使用創新科技與設備的領航員之角色。所以，執勤員的職能需要經過適當的培訓養成或者認證，且在職期間宜作不定期的常年訓練，以強化執勤員警之職能，而能提升勤務指揮中心的服務績效。故而，我國未來之勤務指揮中心人員之派任，必須選派較優秀表現之員警來任用，並且給予一定之訓練課程，或者應建立勤務指揮執勤人員之認證制度的新規範。同時，人事制度方面的職務加給，以及升遷獎勵等制度，亦必須配套式的加以革新，如此才能保證此一新改革的順利推展，並且達到提高勤務指揮預期之效果。

參、警察勤務督導未來之新發展

警察之勤務督導考核，理論上與實務上應該具備有消極與積極兩種行政管理之功能。因而，我國的「警察勤務條例」也規定，勤務督導的目的在於：

（一）激勵工作情緒；（二）指導工作方法；（三）考核勤務績效。又根據前述之立法院 2018 年 10 月 11 日印發之議案關係文書，其中說明有關勤務督導的部分略以：「有鑑於警察勤務條例自民國 97 年最近一次修正以來已逾九年，由於時代進步，社會快速發展，諸多規範已不合時宜，無法合理因應實際之需求轉變。……爰提出警察勤務條例第 16 條、第 17 條及第 26 條條文修正草案，針對警察人員之值勤工時分配、勤務編排方式及勤務督導目的重行規定，期能符合時代演進與任務需求。」其中有關勤務督導之修正建議為：「第 26 條各級警察機關為激勵服勤人員工作士氣，指導工作方法及考核勤務績效，應實施勤務督導及獎懲。特殊地區，應加強勤務督導。而勤務督導應以指導改善工作為主，而非以懲處為目的。」（立法院，2018b）。足見立法院對於警察勤務督導之性質與其功能，亦認為勤務督導應以指導改善工作為主，而非以懲處為目的。筆者則期待，此等修正能早日完成立法，讓勤務督導能真正達到激勵員警士氣，並因而提升工作效率之良好結果。

另外，2017 年內政部警政署督字第 1060086598 號函修訂之「警察機關強化勤務業務紀律實施要點」第 8 點規定：「各警察機關（單位）主官、主管、督察及業務系統應分層負責，深入考查紀律及績效，發現有偏失或未依規定執行或辦理者，應即主動指導或查明處理。」其之第 9 點又規定：「各警察機關發生勤務或業務紀律違失案件後，應立即將案發經過及處理流程等內部管理不善事項加以檢討，擬定策進作為（含控制機制及檢討方案等），依案情適時陳報上級警察機關，並作成案例教育教材，利用勤教宣達。」然而，其具體之策略與細部之作為，則均僅僅以個案處理之而已。故而，實應該擴大到前述論述之相關的激勵管理、指導工作方法，以及考核勤務績效等三方面的「學術原理」之援用，以便提升督察之功能。

因而警察勤務之督導，對於勤務之落實與勤務效率之提升，既然有其關鍵性之影響作用。然而，我國警察勤務督察之規範，雖如前述已有一定之督導機制在運作之中，然為了百尺竿頭更進一步的發展，茲綜合前述為了達成激勵服勤人員工作士氣，指導工作方法及考核勤務績效等勤務督導的目的之上，本書於前文已進一步提出內部與外部督導之綜合性的改進策略，茲再略述之如後：

一、內部勤務督導之改進策略

Merton 認為警察組織的內部控制方式可大別為兩類：（一）隱性的內部控

制；（二）顯性的內部控制。因此，一個有效的警察組織內部之勤務督導策略，除了前述我國勤務督察現行之規範與機制外，或許可以更進一步發展，而有下列數個值得依循之有效原則或規範：

（一）有效的督導工具之研發與運用：例如前述運用電子設備巡簽之新工具，即可研發嘗試以紅外線或其他簽巡邏箱之創新作為，則可達成勤務落實執行之目的，同時可保障員警執行巡簽時本身之安全。

（二）運用激勵管理於勤務督察之上：運用前述之激勵理論，可了解被督導之員警的個別需求，掌握其之激勵與保健之因素，並且善加運用於勤務督導之上，則警察勤務督察在激勵與指導這兩項功能方面，必定能有更多的創新之作為，並能真正達到激勵基層員警工作之效率與士氣，以及獲得勤務品質提升之效果。

（三）運用組織學習之原理於勤務督導與勤教革新之上：以前述新加坡警察將組織學習之原則，落實至其勤教、常訓或督勤系統之中，使得員警在每次執勤之後，均有所學習與成長，以便激發其工作之潛能，並且提升其自動自發之榮譽感與責任心。若然，則整體組織之勤務效率自然會跟著提升。

（四）加強督察人員之調查能量：督察單位可考慮擴增駐區督察之配合人力，以便提升勤務督導之效能，以便達到立竿見影的最直接方法。因為目前專責督察之駐區人員，人力過於單薄，似乎無法達到督勤之效果。故而，可考量於各警察單位全面的創設政風駐署人員，與督察系統之駐區人員對某些勤務與政風有相關之案件，作串聯行動或者相互支援，以便發揮相輔相成之嚇阻效果。

二、外部勤務督導之改進策略

建立外部勤務督導之策略，可能會有其一定良性之影響與作用。其方式與原則可有以下數項：

（一）運用民意調查與輿論的力量：許多研究者認為，警察的勤務違失或者貪瀆情況，在特定的警察局特別的嚴重。其乃因為當地的政治文化能夠容忍它，因此要控制員警勤務違失或者貪瀆，就要動員輿論的力量來制衡此現象。

（二）建立「預警系統」之勤務督察的預警機制：觀諸美國警察機關參照危機管理的概念，針對警察不端行為建立「預警系統」的機制，依據多項的警察違反勤務規範或勤務紀律之徵兆，過濾篩選有違反傾向者，然後施以「干預

與訓練策略」，並追蹤考核以降低違規或違紀問題，則亦甚值得援引與創新；亦即透過因素之量化分析資料，建立違規或違紀之預警燈號系統，機先提出對有問題之組織或個案之警示（Proactive Stance），以便及時的處置。

（三）建立民眾投訴有效的新系統：因為從危機管理的角度來看，民眾投訴是警察違紀的重要徵兆之一。傳統上，美國警察機關對民眾投訴的審查（Review）都是由各機關自行處理，往往被批評為黑箱作業或官官相護。而為了取信於民，增加社會大眾對警務工作的支持，許多美國之警察機關自 1980 年代起，開始讓非警界人士有機會參與投訴的審查。而此處理民眾投訴的新系統，確實值得我國警察之督察單位在處理民眾投訴案件時之參考。

肆、警察勤務思維與勤務裝備未來之新發展

如本書前文所述，治安策略或謂刑事司法模式，基本上可大略區分為強調實質正義之犯罪控制與同時並重程序正義之模式兩類。前者重視窮盡一切刑事司法之功能與方法，以便以偵查之手段來發現犯罪之事實，因此就易流於以偵查為主之治安策略運作模式。至於程序正義之治安策略，則較同時重視程序的重要性，因此證據的蒐集方式與證據力的強弱遂成為治安維護時必須重視的價值與規範，所以就較會以預防與機先預警之模式，來處理治安或犯罪之問題。此種同時注重預防犯罪之功能之模式，就較自然會以情資之研判，而較不會強調以偵查與破案為主。因此，對於治安維護之模式運用之不同，自然就會影響到勤務思維之差異，而勤務執行之裝備，當然也就會有不同之規劃與設置。

因此邇來全球之警政機關在警察應勤裝備與應用新科技方面，亦有長足之進步與發展。本書第九章即以科技運用較為先進之美國警政為例，舉出 11 類「以偵查為主」的警察應勤之新工具，或者新的治安維護之情資系統。此類新警察科技或系統之開發與使用，筆者深信定能更為有效的打擊犯罪與維護社會之安寧與秩序。因而筆者以為，我國警政之未來發展，應本諸與國際密切結合與同步發展之基調，而在實務工作之推展上，應援引此類新的應勤之裝備，同時應再結合前述第九章之中「偵、防並重之勤務裝備」的各類新的應勤裝備與新模式，有步驟的來賡續研發出新的執法之新工具。若然，則我國警政在警察應勤裝備與科技方面之發展，或可與先進國家同步，並可以更有效的維護國內社會之安寧與秩序。

　　然而在從事裝備之革新與運用之時，警政決策者必須了解，在全球警政因為國土安全新警政思維的推波助瀾之下，有朝向運用新科技與新裝備於勤務活動之趨勢。此趨勢乃因為 21 世紀的跨國犯罪與國際型與國內型之恐怖主義之問題日趨嚴峻，因此各國警政遂有朝設置特勤專業單位之軍事化警政發展之趨勢（Police Militarization）（Phillips, 2018: 136-154）。其不但如前之所述，援引最先進之武器與裝備至此專責之特勤單位（Tatical Unit），而且對於一般之行政或著制服之地區警察，亦在裝備與訓練方面，朝向此軍事化發展的建置之上努力。尤其美國在 2001 年遭受 911 恐怖攻擊之後，警政遂形成了前述之「國土安全警政時期」的伊始，在美國地區警察的 18,000 餘個警察機構中的750,000 餘位地區之員警，都委以此種強勢性的執法之職權。但是，此種軍事化發展之趨勢，是否真能更有效的保障民眾與員警本身之安全，又其執法程序會否影響到程序正義等負面之效應，都必須審慎的再進一步的研究，以便釐清警察在民主社會之執法當中，其之適切的角色定位與合乎時宜之策略。

　　此種民主警察之執法思維以及勤務模式與功能角色之設定，正如英國警政學者 Timothy Brain 之呼籲稱，2010 年代英國警察因為經濟之因素以及保守主義之政府執政之下，其警力之增加不易，而且政府及民眾亦都期待警察能行政中立，且能與民眾合作共同維護治安，以及盡量不使用強制力的要求下，1829 年創始現代警察之皮爾爵士的警政原則（the Peelian Principles），又被重新的提起與重視（Brain, 2013: 222-224）。所謂皮爾原則，即定義一個合乎道德標竿的警察組織，所提出的優質警察的思維與其角色之定位。其在英國、加拿大、澳大利亞和紐西蘭等國家，這些警政之基本原則，通常被稱之為「經民眾同意的治安維護」之策略（policing by consent）。在這種治安模式中，員警被視為穿著制服的公民。他們在民眾的保守式的同意下，行使其職權。而所謂「經同意之治安維護」，說明在民眾的想法中，警察人員維持治安的合法性，是植基於其對於該職權的透明度、行使這些職權的正當性，以及對其行使這些權力的課責的正確之認知，所建構而成的。因此，警察執法即要運用警民合作之模式來共維社會之安全，並且要注重人權與正當、合法的程序，而且要克制其強制力之使用等。以上皮爾爵士之理想與英國學者之呼籲，對於警察在強制執法與運用新裝備或警械時，就必須考慮這些優質警察之規範，並將其落實至警察之教育與訓練之中，以便建立起員警優質之執法價值與規範。

參考書目

一、中文部分

立法院（2018a年10月11日），第9屆第6會期第3次會議議案關係文書，院總第915號委員提案第22305號，2019年3月10日取自：https://lci.ly.gov.tw/LyLCEW/agenda1/02/pdf/09/06/03/LCEWA01_090603_00024.pdf。

立法院（2018b年10月11日），議案關係文書，院總第915號委員提案第22305號，2019年3月15日取自：https://lci.ly.gov.tw/LyLCEW/agenda1/02/pdf/09/06/03/LCE-WA01_090603_00024.pdf。

姚岳宏（2019年2月24日），自由時報，揮別12小時上班！警政署長推減少警察工時新規，2019年3月10日取自：https://news.ltn.com.tw/news/society/breakingnews/2708495。

二、外文部分

Brain, Timothy (2013), A Future for Policing in England abd Wales, UK: Oxford University Press.

Chung, K. C. (2012), the generational gap: Values and Culture-Building in the Hong Kong Police Force", in M. R. Haberfeldet. al. ed., Police organization and Training-Innovations in Research and Practice, NY: Springer.

Phillips, Scott W. (2018), Police Militarization-Understanding the Perspectives of Police Chiefs, Administrators, and Tatical officers, NY: Routledge

Rowe, Michael (2014), Introduction to Policing 2nd. Ed., Los Angeles: Sage. Schafer, Joseph A. et. al., the Future of Policing- A practical Guide for police managers and leaders, NY: CRC Press, Taylor & Francis Group.

Swanson, Charles R., Leonard Territo, and Robert W. Taylor (2008), Police Administration -Structures, Processes and Behavior, 7th ed., NJ: Pearson/ prentice Hall.

Walsh, William F., and Gennaro F. Vito (2019), Police Leadership and Administration-A 21st Century Strategic Approach, NY: Routledge Taylor & Francis Group.

國家圖書館出版品預行編目資料

警察勤務與策略／陳明傳著. ──初版.──
臺北市：五南, 2019.05
　　面；　公分
ISBN 978-957-763-415-3（平裝）

1.警察勤務制度

575.86　　　　　　　　　　108006794

1RA9

警察勤務與策略

作　　者 ─ 陳明傳（263.6）

發 行 人 ─ 楊榮川

總 經 理 ─ 楊士清

副總編輯 ─ 劉靜芬

責任編輯 ─ 林佳瑩、許珍珍

封面設計 ─ 姚孝慈

出 版 者 ─ 五南圖書出版股份有限公司

地　　址：106台北市大安區和平東路二段339號4樓

電　　話：(02)2705-5066　　傳　　真：(02)2706-6100

網　　址：http://www.wunan.com.tw

電子郵件：wunan@wunan.com.tw

劃撥帳號：01068953

戶　　名：五南圖書出版股份有限公司

法律顧問　林勝安律師事務所　林勝安律師

出版日期　2019年 5 月初版一刷

定　　價　新臺幣420元